Informations juridiques

© 2021

Johannes Wild
Lohmaierstr. 7
94405 Landau
Allemagne

3dtechworkshop@gmail.com

L'œuvre, y compris ses parties, est protégée par le droit d'auteur. Toute utilisation en dehors des limites étroites de la loi sur le droit d'auteur n'est pas autorisée sans le consentement de l'auteur. Cela s'applique en particulier à la reproduction électronique ou autre, à la traduction, à la distribution et à la mise à disposition du public.

Avant-propos

Merci beaucoup d'avoir choisi ce livre !

Vous êtes intéressé par la conception et la simulation d'objets tridimensionnels à l'aide du logiciel "Inventor" d'Autodesk ? Vous n'avez aucune connaissance en CAO ou vous avez déjà acquis une première expérience avec d'autres programmes de CAO, mais vous souhaitez passer à "Inventor" ou poursuivre votre formation ?

Alors ce livre est exactement celui qu'il vous faut ! Je suis ingénieur et j'aimerais vous présenter le programme professionnel "Inventor" dans son application pratique, de manière simple et facile à comprendre !

Voici le lien vers le téléchargement et la version d'essai gratuite :

https://www.autodesk.fr/products/inventor/overview

Ce cours complet et détaillé s'adresse spécifiquement aux débutants et montre dès le départ comment réussir les conceptions CAO, les animations et les simulations FEM. En plus des explications théoriques sur l'utilisation du logiciel et de l'approche, vous apprendrez dans ce cours principalement par le biais de projets de conception pratiques et passionnants !

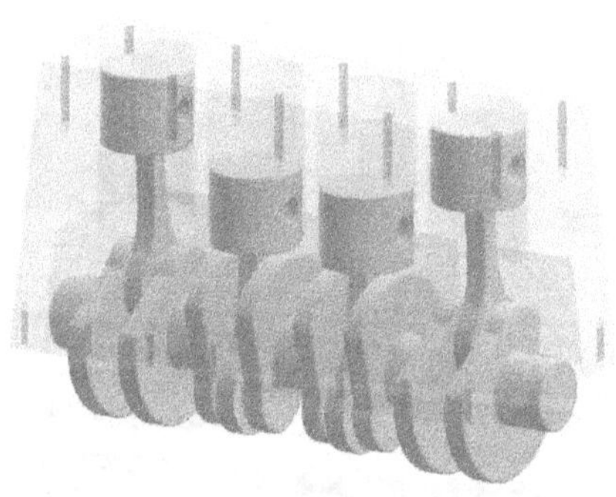
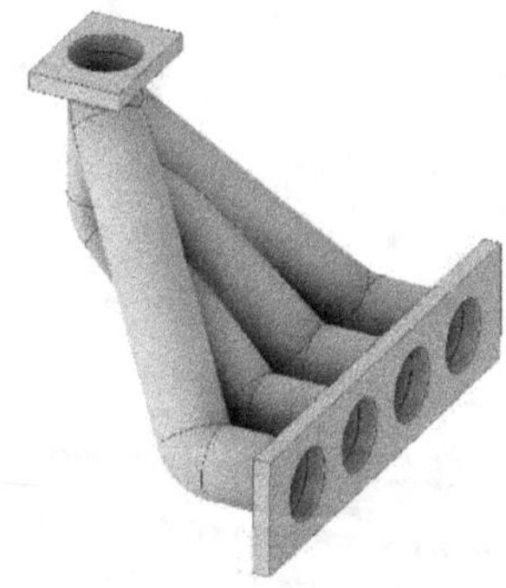

Dans ce cours, vous apprendrez tout ce que vous devez savoir en tant que débutant sur "Inventor" et la conception CAO ou la simulation FEM ! Commencez dès aujourd'hui avec ce livre dans le monde fascinant de l'"Inventor" ! Allons-y !

Table des matières

1 Introduction : portée du cours et logiciel

1.1 Ce à quoi vous devez vous attendre et ce que vous apprendrez dans ce cours

Bienvenue au cours "Inventor" pour les débutants !
Merci d'avoir choisi ce cours !

Dans ce cours, vous trouverez une introduction aux bases du grand programme de CAO "Inventor" d'Autodesk et vous apprendrez en particulier à connaître et à comprendre la conception CAO en détail. En tant qu'ingénieur, je vous montrerai, étape par étape, mes connaissances issues de mes études et de ma pratique professionnelle, afin que vous puissiez obtenir un succès d'apprentissage optimal avec des bases théoriques d'une part, mais surtout avec des exemples pratiques d'autre part. Après une introduction théorique, ce cours comprend de nombreux projets de conception pratiques pour apprendre la conception et le programme à partir de zéro.

Et avec "Inventor" d'Autodesk, comme avec d'autres programmes de CAO, vous pouvez non seulement concevoir. Au contraire, ce programme combine et relie plusieurs disciplines de l'ingénierie, telles que la CAO ("Conception assistée par ordinateur") et la FEM ("Méthode des éléments finis"), en une seule plate-forme. Avec "Inventor", vous pouvez donc non seulement créer des composants ou des assemblages, mais aussi effectuer des simulations et des animations ainsi que créer des rendus. Ce cours est principalement axé sur la conception avec "Inventor", c'est-à-dire la partie CAO du programme. Cependant, les autres fonctions ne seront pas négligées, ne vous inquiétez pas !

Comme déjà mentionné, l'abréviation CAO signifie "Conception assistée par ordinateur". Qu'est-ce qu'un logiciel de CAO ? Les logiciels de CAO sont utilisés pour créer ou modifier virtuellement des objets tridimensionnels. En commençant par de simples pièces individuelles, en passant par des pièces complexes, jusqu'à des ensembles entiers qui peuvent être assemblés virtuellement.

Dans ce cours, qui s'adresse spécifiquement aux débutants, vous apprendrez comment l'environnement "Inventor" est structuré et comment utiliser au mieux les différentes fonctionnalités pour créer des objets tridimensionnels. Chaque projet du cours peut être suivi pas à pas et individuellement, ce qui vous permet de vous familiariser facilement avec le matériel et de vous familiariser davantage avec les nombreuses fonctions du programme à chaque leçon.

En bref, cela signifie que vous pouvez apprendre les éléments suivants en détail dans ce cours :

- Trouvez votre chemin dans le programme "Inventor" rapidement et en toute confiance
- Maîtrisez toutes les fonctions importantes de "Inventor" rapidement et en toute confiance
- Apprendre les bases de la conception CAO et les différentes manières de travailler / méthodes
- Se familiariser avec le croquis 2D et la création d'objets 3D
- Créer des pièces individuelles et des assemblages
- Rendu et animation de pièces individuelles et d'assemblages
- Simuler des pièces individuelles et des assemblages, c'est-à-dire appliquer des charges et afficher les contraintes et les déformations (simulations FEM)
- Apprendre à connaître l'environnement des dessins techniques et créer des dessins techniques

Il est préférable de respecter l'ordre donné dans le cours, car les leçons se construisent les unes sur les autres. Si vous ne comprenez pas tout de suite certaines fonctions ou commandes ou si l'explication d'une fonction vous échappe, tenez-vous-en à cette formation. Le cours est structuré de manière à ce que toutes les fonctions importantes et de base soient expliquées de manière suffisante et intuitive. Par conséquent, les explications des chapitres peuvent se chevaucher ou certaines fonctions peuvent n'être traitées en détail que dans un chapitre ultérieur.

1.2 Le programme de CAO "Inventor"

Le programme de CAO professionnel "Inventor" d'Autodesk offre une interface utilisateur claire et simple, mais il a aussi son prix ! Une licence coûte actuellement environ 350 € par mois et environ 2 900 € par an. Si vous achetez une licence pour une période plus longue, vous pouvez économiser un peu. Les élèves et les étudiants ont la possibilité d'obtenir un permis pour la durée de leurs études. Tous les autres peuvent tester gratuitement le programme dans son intégralité pendant au moins 30 jours. Il n'est plus possible d'acheter directement le logiciel, il n'y a que la possibilité de s'abonner au logiciel pour une certaine période de temps. Avec un abonnement, "Inventor" peut ensuite être installé sur un maximum de trois ordinateurs. Cependant, il ne peut être utilisé que sur un seul ordinateur à la fois et uniquement avec les données de connexion de l'acheteur. La structure des caractéristiques de conception est relativement identique dans tous les programmes de CAO courants utilisés par les ingénieurs et les techniciens dans leur travail quotidien. Il existe une sélection de base de programmes professionnels de CAO. Outre "Inventor", les plus connus sont : SolidWorks, Catia, SolidEdge, Pro/Engineer, également connu sous le nom de Creo, et probablement le plus connu de tous : AutoCAD. Il n'y a pratiquement pas de grandes différences de prix, de sorte que ces programmes ne sont généralement intéressants que pour les utilisateurs professionnels et les indépendants.

Et maintenant, c'est parti ! Avant d'aborder les bases de la conception CAO, nous allons procéder aux réglages généraux du programme et nous familiariser avec l'interface et les fonctions du programme.

2 Préparation : Premiers pas avec "Inventor "

2.1 Effectuer les réglages généraux

Lorsque nous démarrons le programme pour la première fois, trois fenêtres et trois barres de menu s'affichent au départ. Dans la barre de menu "Get started", nous trouvons des options standard telles que la création d'un nouveau fichier ou l'ouverture d'un fichier déjà créé. En outre, nous pouvons travailler à l'aide de didacticiels, voir ce qu'il y a de nouveau dans une version actualisée de "Inventor" et demander ou rechercher de l'aide.

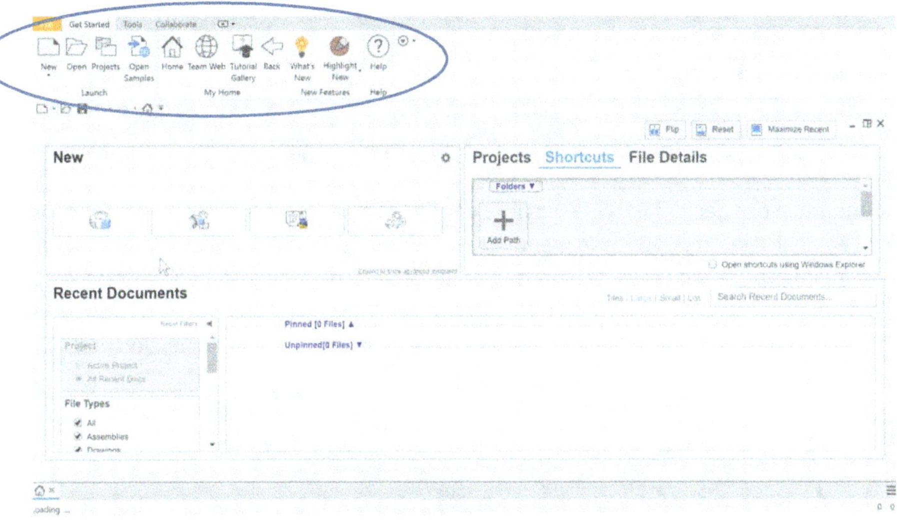

Figure 1: Lorsque le logiciel est démarré pour la première fois, cet affichage apparaît ; onglet "Get started" sélectionné

Dans la barre de menu "Tools", nous pouvons utiliser le bouton "Application Options" pour effectuer les réglages initiaux du programme ou réactiver les réglages existants. Grâce à ces paramètres, il est possible d'individualiser un peu le programme, par exemple en réglant la couleur de fond dans la section "Colors" - je préfère la mise en page blanche "Presentation" - ou en effectuant des réglages graphiques, en fonction du matériel, dans l'onglet "Hardware" du menu.

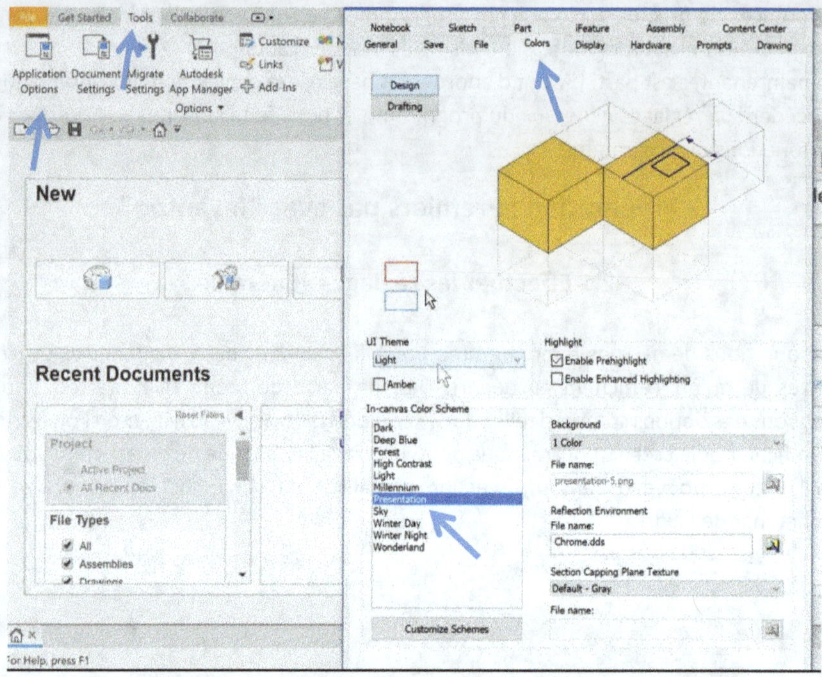

Figure 2: Effectuer les premiers réglages dans l'onglet "Tools" avec "Application Options"

Ici, nous devons décider entre la qualité de l'affichage ou les performances, en fonction de l'équipement du PC. Dans le menu "Sketch", nous activons deux fonctions, à savoir "Grid lines" et "Snap to grid", afin qu'une grille soit affichée lors de l'esquisse dans l'environnement 2D et que nous puissions sélectionner les points de la grille plus facilement avec le curseur. Toutefois, ce réglage n'est en fait qu'une question de goût.

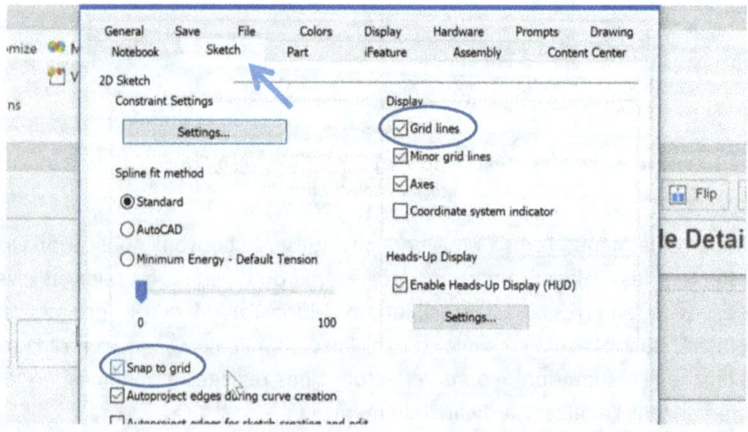

Figure 3: Activez les options "Grid lines" et "Snap to grid" dans l'onglet "Sketch"

Enfin, nous aimerions effectuer un réglage pour les unités dans ”File”. En cliquant sur “Configure Default Template”, nous pouvons le changer en "mm" et régler la ”Drawing Standard” sur ”ISO”.

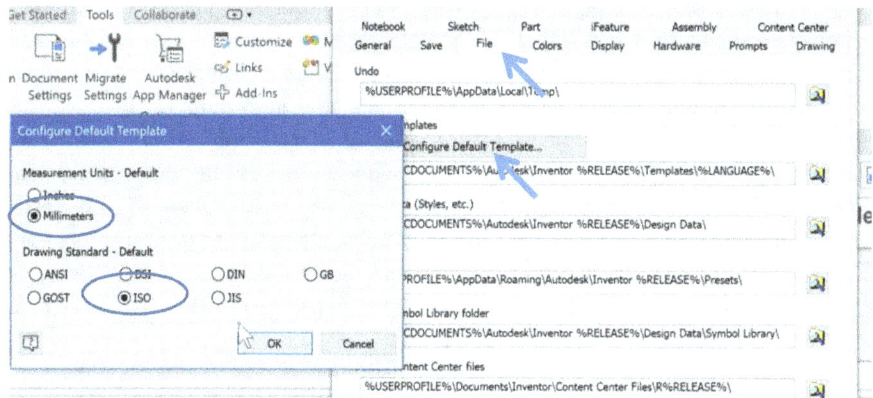

Figure 4: “Configure Default Template” réglé sur "mm" et ”ISO” ; onglet du menu ”File”

Pour des raisons d'organisation, la langue du programme reste l'anglais. Cela vous permet, d'une part, de mieux vous repérer dans l'environnement de travail international et, d'autre part, dans les forums ou la communauté Internet majoritairement anglophones. Nous n'avons pas besoin d'autres paramètres pour l'instant, ils sont beaucoup trop spécifiques pour le début et peuvent être laissés aux valeurs par défaut. Nous sommes maintenant dans la fenêtre de démarrage du programme, dans laquelle se trouvent toujours les trois sections ”New”, ”Projects” et “Recent Documents”. Ceux-ci sont relativement explicites ; “Recent Documents” vous montre les fichiers les plus récemment utilisés après la création des premiers fichiers. Dans la section ”New”, nous pouvons choisir entre la création d'une pièce individuelle ”Part”, d'un assemblage ”Assembly”, d'un dessin technique ”Drawing” et d'une ”Presentation”.

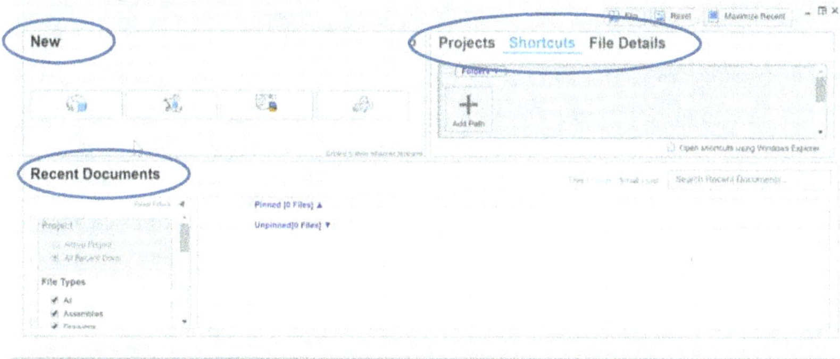

Figure 5: Les trois zones de la fenêtre de démarrage

Si vous n'avez jamais travaillé avec un programme de CAO, vous vous demandez peut-être quelle est la différence entre une pièce unique : "Part" et un assemblage : "Assembly" et pourquoi une distinction est faite ici. Pensez-y de manière simple. Tout comme dans le monde réel, dans l'environnement virtuel d'un programme de CAO, chaque pièce plus complexe est assemblée à partir de plusieurs pièces individuelles. Une voiture, par exemple, comporte des milliers de pièces individuelles, du volant aux plus petites vis. Chacune de ces pièces est un élément individuel indépendant qui, lorsqu'il est assemblé dans son ensemble, donne lieu à un assemblage, la voiture. Dans le programme de CAO, un assemblage est donc constitué de toutes les pièces individuelles - tout comme dans un assemblage réel. Avec "Drawing", un dessin technique, une pièce individuelle avec des vues, des dimensions et toutes les informations nécessaires est décrite sur une feuille de papier en 2D de manière à ce qu'elle puisse être fabriquée dans une entreprise par un employé. Un assemblage peut également être décrit par un dessin technique.

Comme nous voulons commencer à construire notre première pièce - encore très simple - dès que possible, nous sélectionnons d'abord la création d'une nouvelle pièce individuelle : "Part".

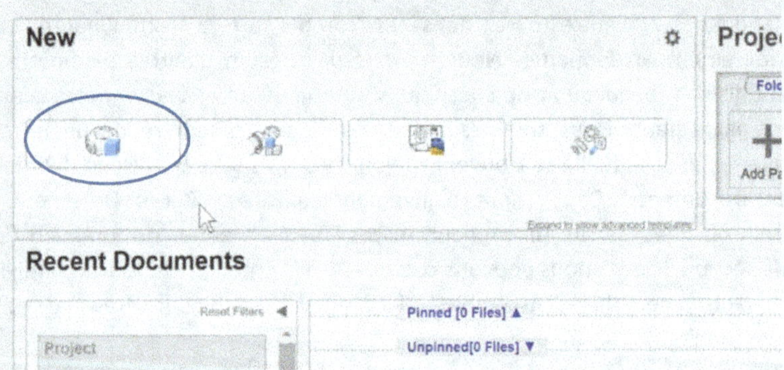

Figure 6: Création d'une nouvelle pièce individuelle : "Part"

À propos, la pièce individuelle, l'assemblage et le dessin technique ont chacun une extension de fichier différente. Dans ce cas, l'extension ". ipt" signifie "Part", c'est-à-dire les pièces individuelles, l'extension ". iam" signifie "Assembly", c'est-à-dire les sous-ensembles et l'extension ". dwg" ou ". idw" signifie "Drawing", c'est-à-dire les dessins techniques. Un regard sur ces terminaisons vous aide à identifier ce à quoi vous avez affaire dans un dossier. Nous arrivons ensuite à l'environnement de programme réel de "Inventor", dans ce cas l'environnement pour les pièces individuelles ("Parts"). Au fait, nous pouvons revenir à la fenêtre initiale en cliquant sur la petite boîte dans la barre inférieure.

Dans le chapitre suivant, nous jetterons un premier coup d'œil à l'environnement de programme et aux fonctions d'Autodesk "Inventor".

2.2 Aperçu de l'environnement et des fonctions du programme

Examinons d'abord l'environnement du programme et les barres de menu, qui se trouvent dans les zones supérieure et latérale.

Les barres de menu de la zone supérieure sont différentes pour chacun des quatre environnements :"Part", "Assembly", "Drawing" et "Presentation". Il y a toujours certains onglets qui apparaissent dans plusieurs ou tous les environnements, comme "3D Model" ou "Sketch", mais en général, il y a différents onglets et fonctions selon l'environnement. Nous apprendrons à connaître les différences au cours de la formation.

Nous sommes donc maintenant dans l'environnement : "Part".

En haut à gauche, "File" vous permet d'ouvrir, d'enregistrer ou d'exporter des fichiers et d'autres commandes de base.

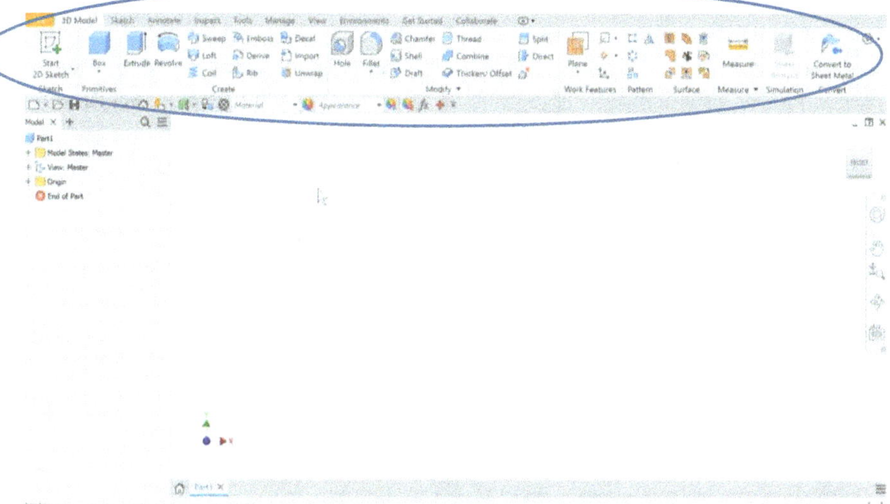

Figure 7: Environnement "Part" avec onglets de sélection, barres, caractéristiques et environnement de dessin

Les onglets de sélection sur le côté de "File" peuvent être utilisés pour basculer entre les sous-menus individuels pour les fonctionnalités dans l'environnement respectif. Dans cette première section, "Part", nous traitons d'abord des caractéristiques de conception d'une seule pièce. Il y a dix onglets différents ici : "3D Model", "Sketch",

"Annotate", "Inspect", "Tools", "Manage", "View", "Environments", "Get started" et "Collaborate".

Figure 8: Les dix différents onglets de l'environnement "Part"

Dans l'onglet de menu "3D Model", vous trouverez toutes les fonctions nécessaires pour créer ou modifier un objet tridimensionnel. Dans la section "Create", vous trouverez toutes les fonctions permettant de créer une pièce 3D. Dans la section "Modify", vous trouverez toutes les fonctions permettant de modifier une pièce 3D. Ce que ces fonctions peuvent faire et comment les utiliser, nous l'apprendrons en détail et étape par étape pendant le cours.

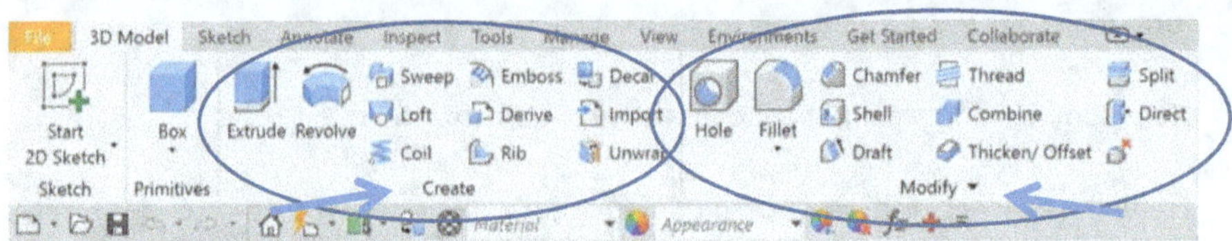

Figure 9: Les sections "Create" et "Modify" dans l'onglet "3D Model"

Dans ce chapitre, nous voulons d'abord avoir une vue d'ensemble. Le "Shape Generator" peut être utilisé pour créer une structure de composant optimisée en fonction d'une situation de charge (mot-clé : optimisation de la topologie). Dans les "Work Features", nous trouvons tous les outils de construction, c'est-à-dire les axes, les plans, les points et les systèmes de coordonnées. Dans la zone "Pattern", beaucoup de temps et d'efforts peuvent être économisés pendant la construction à l'aide d'une commande de patron. Les deux zones "Create Freeform" et "Surface" sont destinées à la méthode de travail de la modélisation en forme libre ou en surface. Toutefois, nous ne traiterons pas de cette méthode de travail CAO avancée dans ce cours pour débutants. Elle n'est également nécessaire que pour les pièces très complexes. Et avec les deux derniers points "Simulation" et "Convert", on peut d'une part lancer une analyse de charge FEM ou construire une pièce en tôle. En revanche, ces deux sections seront abordées dans ce cours car elles sont importantes et passionnantes.

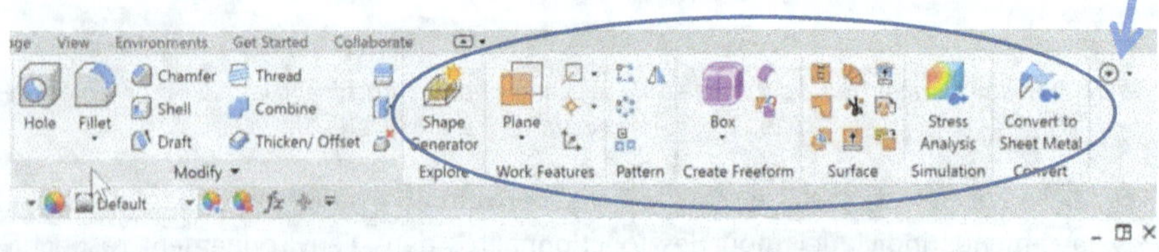

Figure 10: Autres fonctionnalités de l'onglet "3D Model"

Au fait, avec la petite flèche à l'extrême droite, cette barre peut être personnalisée dans chacun des onglets du menu, c'est-à-dire que les sections nécessaires ou non peuvent être affichées ou masquées. Ce qui nous intéresse, c'est par exemple "Primitive", avec laquelle on peut créer directement des corps simples comme un cube, et la fonction "Measure", avec laquelle on peut mesurer quelque chose dans l'environnement 3D. En échange, nous cachons "Explore" et "Create Freeform".

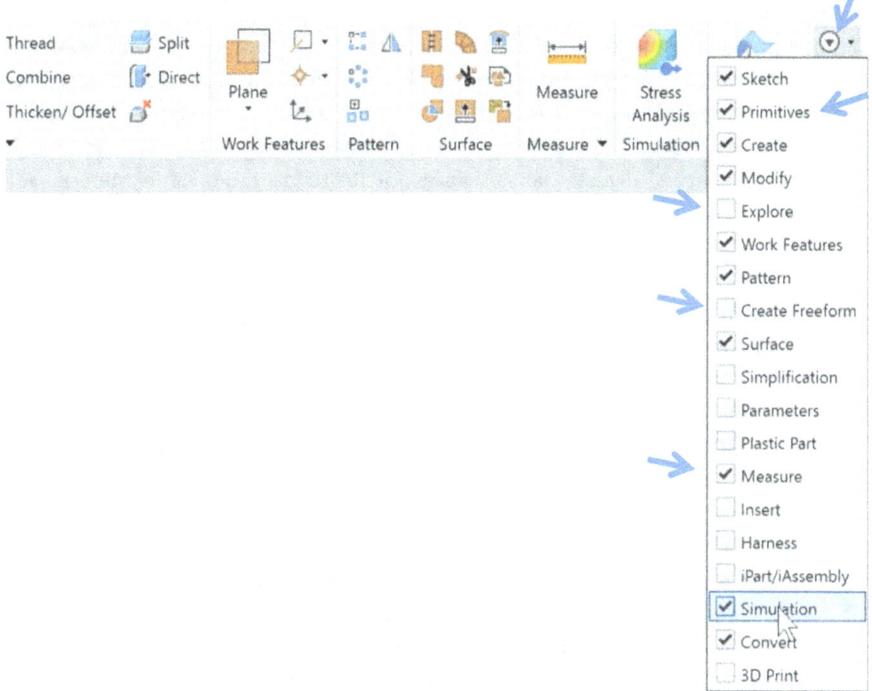

Figure 11: Effectuer des réglages pour les fonctions affichées

Vous êtes également invité à jeter un coup d'œil aux autres sections possibles. Dans la section suivante ″Sketch″, qui est destinée aux croquis 2D, nous retrouvons d'abord "Create", "Modify" et "Pattern". Des lignes, des cercles ou d'autres géométries 2D peuvent être créés ou modifiés ici.

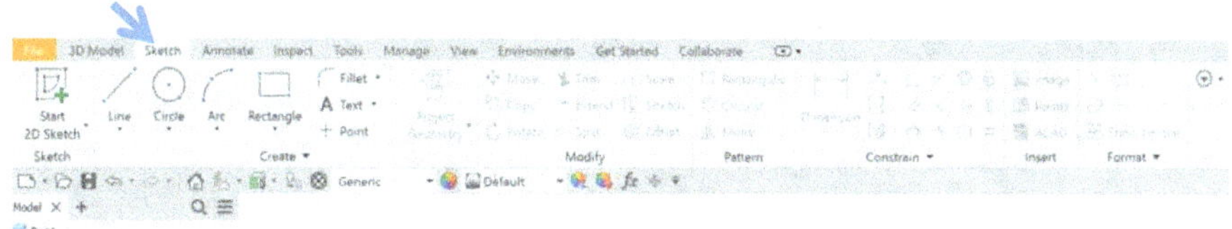

Figure 12: Les fonctionnalités de l'onglet de menu ″Sketch″

Si vous n'avez aucune connaissance préalable, vous devez diviser mentalement le programme de CAO et la construction d'une pièce individuelle en une zone bidimensionnelle et une zone tridimensionnelle. Vous commencez par une esquisse en 2D, puis vous créez un corps en 3D à partir de celle-ci. Mais nous en reparlerons plus tard !

Dans l'onglet de menu "Annotate", les tolérances, les dimensions, les détails de surface et autres remarques peuvent être appliqués directement au composant 3D sous forme d'annotation. Toutefois, cela n'est normalement pas absolument nécessaire et est généralement noté sur un dessin technique. Cependant, l'application de ces annotations directement sur le composant 3D peut présenter des avantages si le modèle 3D est transféré à la production en plus d'un dessin. Une analyse de tolérance peut également être lancée dans ce domaine. Dans les onglets de menu "Inspect" et "Tools", vous trouverez à nouveau la fonction de mesure générale, ainsi que la possibilité de lancer diverses analyses, la possibilité de modifier le matériau ou l'apparence d'un composant, ainsi que quelques autres commandes qui sont plutôt sans importance pour nous pour le moment. Nous sautons l'onglet de menu "Manage", car son contenu est également sans importance pour ce cours pour débutants. L'onglet "View" est toutefois important, car il permet de contrôler l'affichage de nos composants. Ici, en plus de l'affichage général des composants ("Visual Style"), vous pouvez également afficher le centre de gravité ou les ombres, ainsi qu'un arrière-plan. Nous en reparlerons plus tard. Le dernier domaine important est l'onglet "Environment". Dans cet onglet, vous pouvez passer aux autres environnements respectifs de "Inventor". En plus de la construction CAO, vous pouvez également effectuer une simulation de charge FEM avec "Stress Analysis" ou créer une animation et un rendu avec "Inventor Studio". L'analyse des tolérances peut également être effectuée, et il existe un environnement spécifique pour la création de pièces moulées et autres. Pour nous, la possibilité déjà mentionnée de construction en tôle avec "Convert to Sheet Metal" est toujours importante. Les deux derniers onglets de menu "Get started" et "Collaborate" sont très explicites et contiennent des commandes plutôt générales, alors n'hésitez pas à cliquer ici si vous en avez besoin. N'ayez pas peur de la multitude d'éléments et de fonctionnalités ! Au cours de la formation, nous apprendrons à connaître les différents éléments étape par étape et en détail à l'aide d'exemples pratiques. Par conséquent, seule cette explication courte et claire. Si nous regardons maintenant la zone de la couche de dessin, nous trouvons l'arbre de structure du fichier de construction dans la zone de gauche.

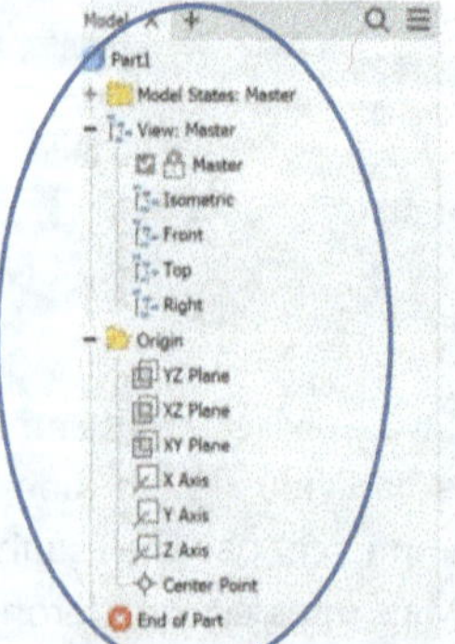

Figure 13. L'arbre de structure du dossier de construction est présenté à gauche.

S'il n'est pas affiché ou si vous l'avez fermé par erreur, cliquez sur le petit symbole plus et sélectionnez "Model Browser".

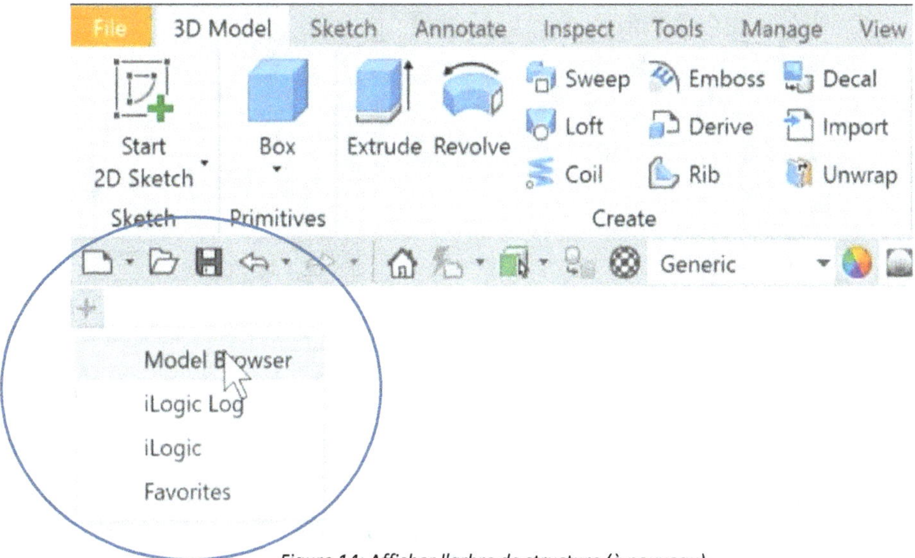

Figure 14: Afficher l'arbre de structure (à nouveau)

Cette arborescence contient toutes les vues, ainsi que l'origine, les niveaux et les axes d'un fichier. Cependant, la principale fonction de cet arbre de structure est de répertorier les croquis, les éléments de construction, etc. qui ont été créés. La principale fonction de cette arborescence est toutefois de répertorier les esquisses créées, les éléments de construction, etc., de manière chronologique, afin de les activer/désactiver ou de les modifier en cliquant dessus avec le bouton droit de la souris. Nous verrons plus tard comment cela fonctionne. Il est également très bon de prendre l'habitude de nommer les différents composants et éventuellement les croquis et les couches dès le départ, afin de s'y retrouver plus facilement par la suite dans une construction complexe. Il suffit de double-cliquer sur l'élément et de saisir un nouveau nom.

Dans la barre étroite située au-dessus de cette arborescence, vous trouverez à nouveau des fonctions générales telles que "Ouvrir", "Enregistrer", "Annuler", "Refaire" et des paramètres permettant de sélectionner des éléments ou des fonctionnalités, ainsi que des paramètres pour le matériau et l'apparence. Il se peut que cette barre soit également affichée en haut. En cliquant sur la petite flèche à l'extrême droite, vous pouvez modifier la position d'affichage si nécessaire.

Figure 15: Barre de commande générale au-dessus de l'arborescence ou en haut de celle-ci

Dans la zone supérieure droite se trouve le cube orbital. Ici, vous pouvez sélectionner des vues de la construction actuelle et faire pivoter l'environnement de dessin, y compris l'objet.

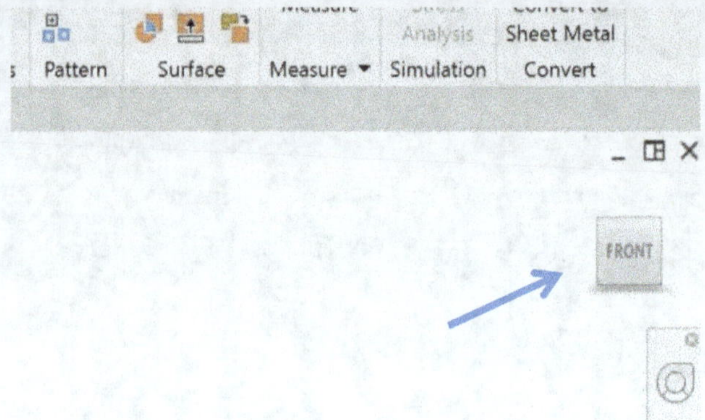

Figure 16: Le cube orbital pour les rotations et l'alignement des objets

La rotation de l'environnement de dessin est également possible en appuyant sur la touche SHIFT et en déplaçant la souris en même temps. Le déplacement est possible en appuyant sur la molette de la souris et en effectuant un mouvement de la souris. La fonction de zoom s'effectue comme d'habitude en tournant la molette de la souris.

Avec un clic droit sur l'environnement de dessin, nous pouvons appeler le menu de sélection rapide, avec lequel une variété de commandes peuvent être exécutées rapidement.

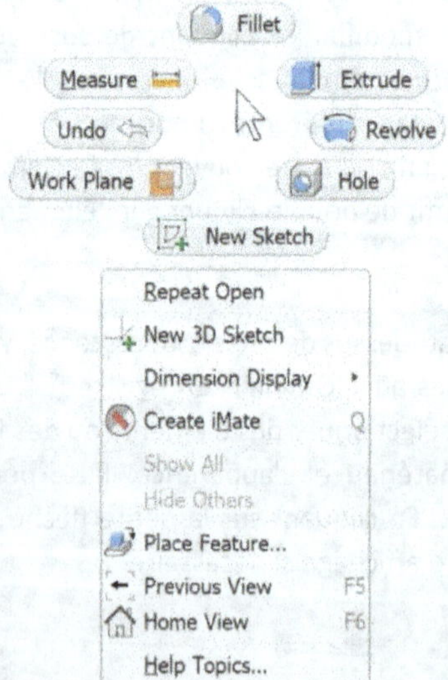

Figure 17: Menu de sélection rapide de "Inventor" ; s'ouvre avec un clic droit sur le calque de dessin

Dans la zone inférieure de l'environnement de dessin, nous pouvons basculer entre plusieurs fichiers ouverts.

La barre située à droite sous le cube orbital nous donne également la possibilité de déplacer ou de faire pivoter l'environnement ainsi que la commande "Look at", avec laquelle il est très facile de regarder verticalement une zone sélectionnée d'un composant. En outre, une roue de navigation peut être activée dans cette barre, qui est alors affichée en permanence et sert en quelque sorte de menu de sélection rapide. Ici, vous pouvez également choisir entre différents modèles.

Figure 18: Barre de sélection rapide (à droite) et roue de navigation activée (à gauche)

Très bien, après ce chapitre, nous nous repérons relativement facilement dans l'environnement du programme et pouvons commencer avec le chapitre suivant. Comme nous l'avons déjà mentionné, les programmes de CAO courants fonctionnent de manière très identique. Nous aimerions maintenant examiner en détail cette façon de travailler dans ce qui suit.

Section I : Construction / Conception CAO

3 Les bases de la CAO : Fonction et mode de fonctionnement

3.1 Environnement d'esquisse 2D

Chaque composant 3D doit d'abord être lancé sous forme d'esquisse 2D. Nous définissons ainsi le "plan de base" de l'objet, pour ainsi dire. Imaginez que vous regardez le sommet d'un objet tridimensionnel simple. Par exemple, que voyez-vous dans un cylindre lorsque vous le regardez d'en haut, à un angle parfaitement droit par rapport à l'axe ?

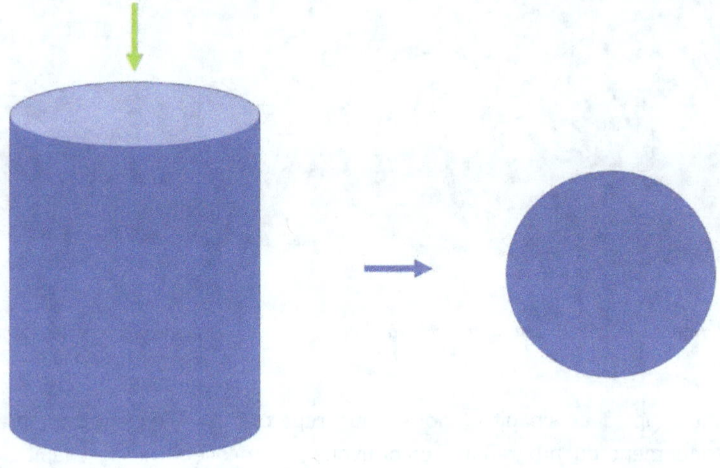

Figure 19: Un cylindre tridimensionnel a pour forme de base un cercle 2D

Correct, un cercle à deux dimensions, rien d'autre. Et c'est précisément à partir de cette forme 2D que le cylindre, analogue à tous les autres éléments, est également créé dans le programme de CAO. C'est précisément cette géométrie de cercle que nous devons dessiner pour cet objet, par exemple dans la première étape. La forme tridimensionnelle est ensuite obtenue par d'autres étapes de commande. Pour l'esquisse 2D, par exemple, la surface supérieure d'un objet ou une surface latérale, voire une surface partielle, peuvent également être considérées. Cela demande un peu d'imagination spatiale.

Pour chaque composant 3D, nous devons d'abord réaliser une esquisse en deux dimensions. Nous verrons en détail comment fonctionne la création d'une esquisse 2D dans ce chapitre. Au début d'une esquisse, dans la zone "3D Model", ou également dans "Sketch", sélectionnez la commande "Start 2D Sketch".

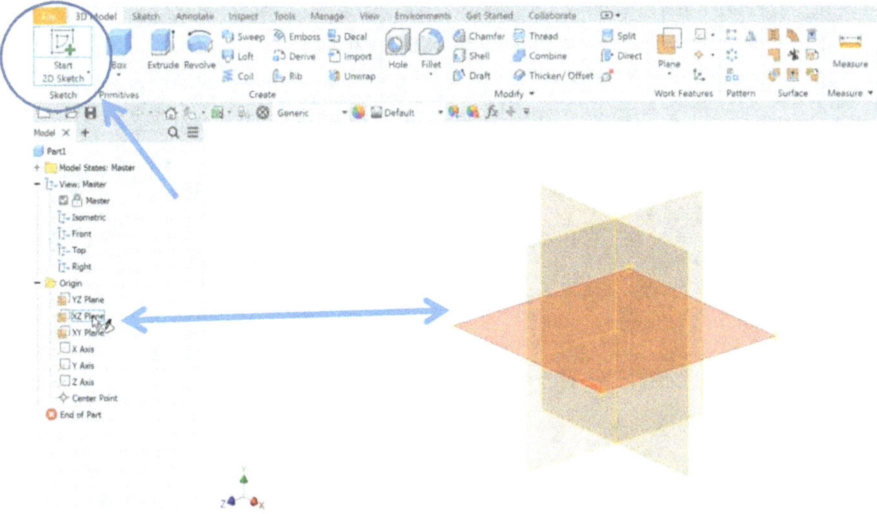

Figure 20: Démarrage d'une esquisse 2D et sélection d'un calque

On nous montre ensuite les plans du système de coordonnées et nous devons décider d'un plan de l'espace tridimensionnel sur lequel nous voulons dessiner notre croquis en 2D. Dans notre exemple, nous voulons regarder d'en haut la surface circulaire ou la surface supérieure, nous devons donc choisir le plan x-z, c'est-à-dire le plan qui forme les axes x et z. Le plan que vous choisissez n'est fondamentalement important que pour l'alignement des vues. Le programme ouvre alors le plan d'esquisse sélectionné. Comme vous le remarquerez, la barre de menu "Sketch" s'ouvre automatiquement dans la zone supérieure, où vous trouverez toutes les commandes 2D.

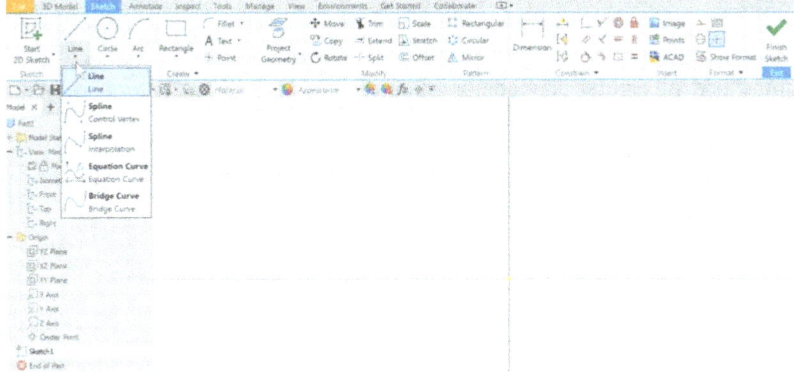

Figure 21: Environnement d'esquisse 2D avec la barre "Sketch" et la grille de dessin

Une variété d'éléments de dessin de base sont maintenant disponibles pour créer la géométrie d'une esquisse 2D. En sélectionnant une "Line", par exemple, une géométrie peut être formée à partir d'éléments en forme de ligne. Faisons un essai. Pour ce faire, il suffit de cliquer sur un point quelconque, par exemple au centre du système de coordonnées, et de commencer un dessin en cliquant et en faisant glisser la souris.

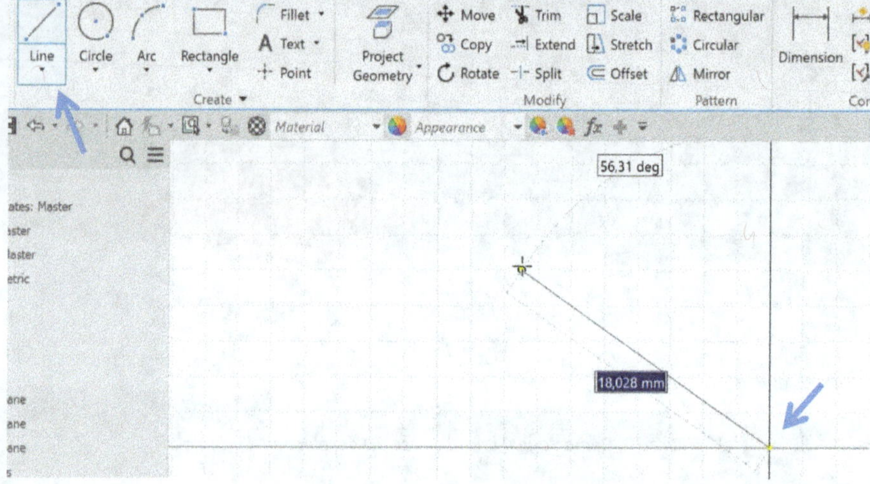

Figure 22: Création d'une première ligne

Cliquez à nouveau pour créer la ligne. Si vous voulez ensuite continuer à dessiner directement après cette ligne, continuez simplement à dessiner, sinon utilisez la touche "ESC" et recommencez à une position différente.

Le dessin doit, par exemple, correspondre à la section transversale de l'objet 3D souhaité ou, dans le cas d'objets simples, à la surface supérieure ou à la section transversale de l'objet. Saisissez les dimensions souhaitées en même temps à l'aide de votre clavier. Vous pouvez passer de la mesure à l'angle à l'aide de la touche de tabulation. Vous pouvez également dessiner librement et utiliser les valeurs affichées comme guide, ou ajouter ou modifier les dimensions et les angles ultérieurement.

Les petits symboles qui s'affichent pour un rectangle, par exemple, sont les "Constraints" ou les "dépendances" des lignes respectives. Nous allons les examiner de plus près dans un instant.

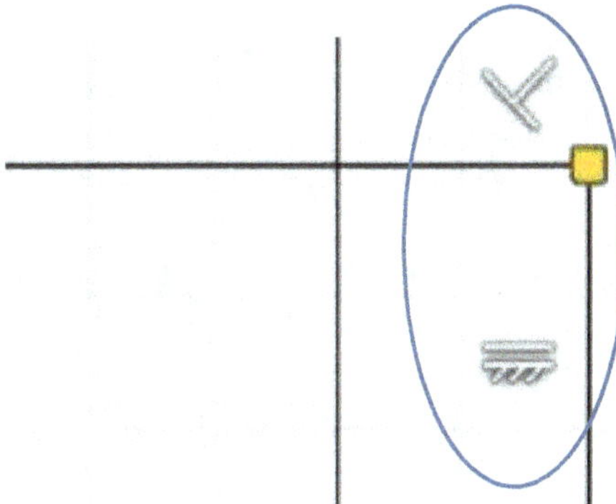

Figure 23: Les "Constraints" ou conditions / dépendances des éléments de l'esquisse

Outre une ligne, vous pouvez également créer un cercle, une ellipse, une courbe de forme libre, un arc, un trou oblong ou un rectangle. Essayons-les l'un après l'autre.

Dans le menu "Create", vous trouverez également : un point, différents arcs et divers autres éléments.

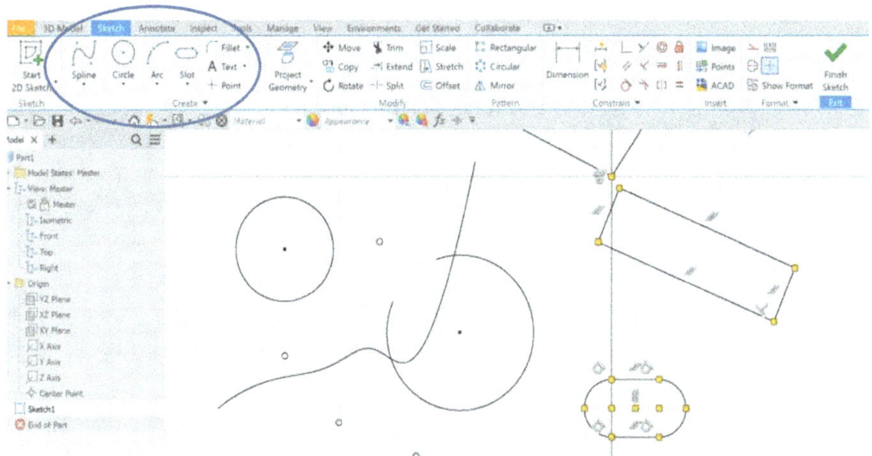

Figure 24: Exercices d'esquisse avec différentes commandes, telles que cercle, rectangle, trou oblong, etc.

Il est préférable d'essayer simplement tous les éléments au moins une fois. Pour ce faire, il suffit de faire une courte pause et de démarrer indépendamment dans l'environnement d'esquisse du programme de CAO. Il est préférable d'utiliser cette procédure tout au long du cours. C'est la manière la plus efficace d'apprendre.

Une autre astuce concernant les éléments géométriques préfabriqués, tels que le rectangle ou le cercle : lors du dessin, vous remarquerez que le rectangle, par exemple, part d'un coin. Toutefois, si vous souhaitez que le rectangle commence au centre, vous pouvez également sélectionner un "rectangle central" ou un "rectangle à 2 points" en utilisant le menu déroulant pour "Rectangle". Avec le cercle, vous pouvez - si vous le souhaitez - également créer un cercle tangentiel au lieu d'un cercle central.

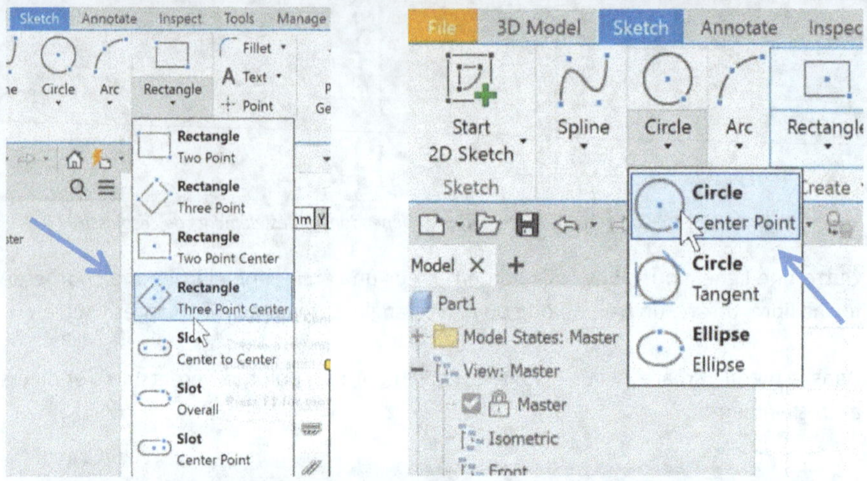

Figure 25: N'oubliez pas le menu déroulant des éléments 2D

Dans la section Modifier, nous pouvons effectuer diverses opérations pour modifier une esquisse. Voyons d'abord les commandes "Move", "Copy", "Scale" et "Stretch".

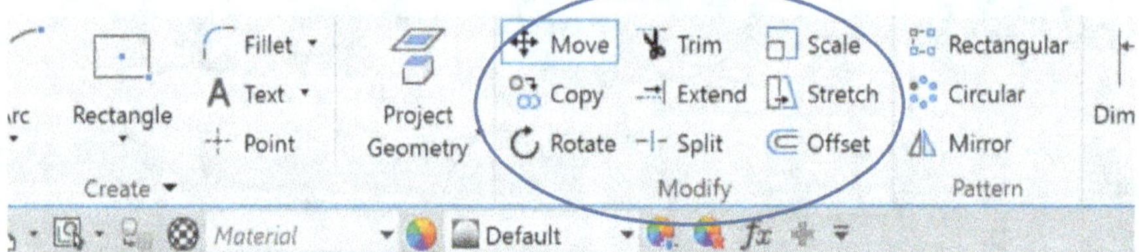

Figure 26: La section de menu "Modify" dans la barre "Sketch"

Ils fonctionnent de manière très similaire, mais chacun a bien sûr un effet différent. Essayons les commandes sur l'exemple d'un rectangle. Le fonctionnement est le suivant. Sélectionnez d'abord la commande, par exemple "Move", puis le curseur "Select" dans la fenêtre. À l'étape suivante, sélectionnez le rectangle ou les lignes individuelles ou un autre élément géométrique avec la souris. Sélectionnez ensuite le curseur "Base Point" dans la fenêtre de commande et définissez un point de référence sur le plan de dessin. Si nous déplaçons maintenant notre souris, nous pouvons voir comment nous pouvons déplacer la pièce en utilisant le point de référence.

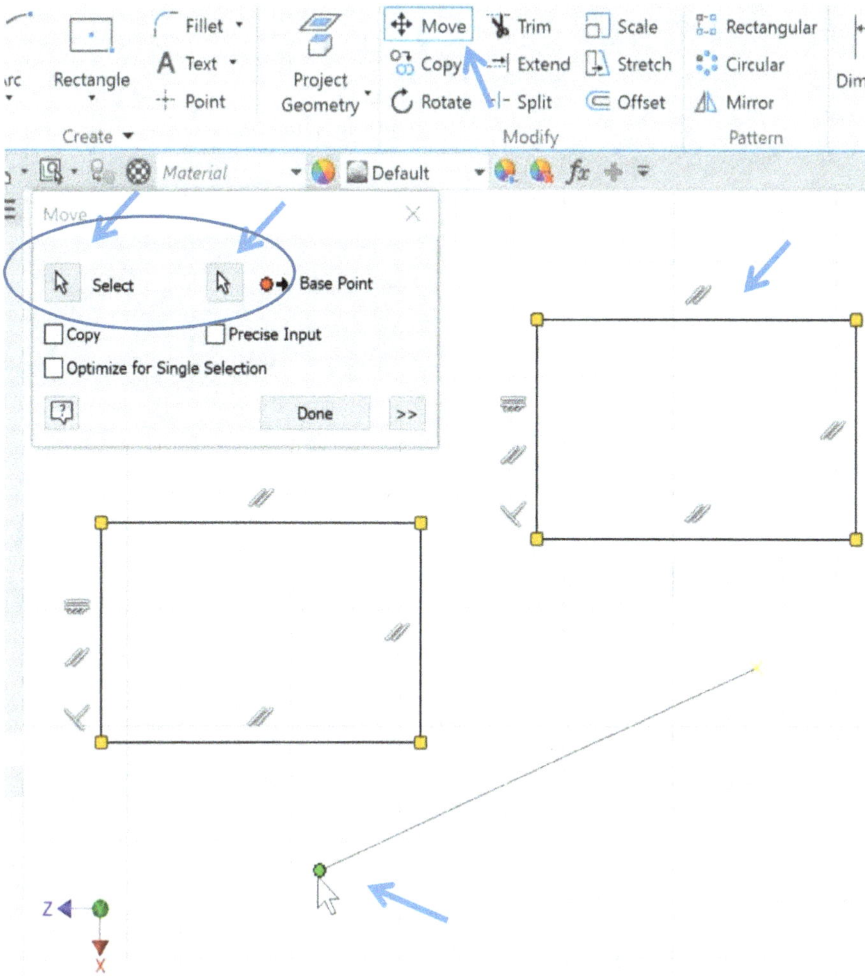

Figure 27: La commande "Move" dans l'application ; le rectangle en haut à droite doit déjà exister, il suffit donc de le dessiner ; celui en bas à gauche est ensuite créé avec la commande

Le rectangle peut ensuite être placé à l'endroit souhaité par un clic. Pour "Copy", "Scale" et "Stretch", cela fonctionne - comme déjà mentionné - de manière identique. Pour "Rotate", nous n'avons pas besoin d'un "Base Point", mais nous devons saisir un angle pour la rotation. "Trim" et "Extend" peuvent être utilisés pour raccourcir ou allonger un segment de ligne. "Split" peut être utilisé pour diviser une ligne en deux lignes au point le plus proche. Et avec "Offset", vous pouvez créer un élément géométrique identique avec une distance par rapport à l'élément original.

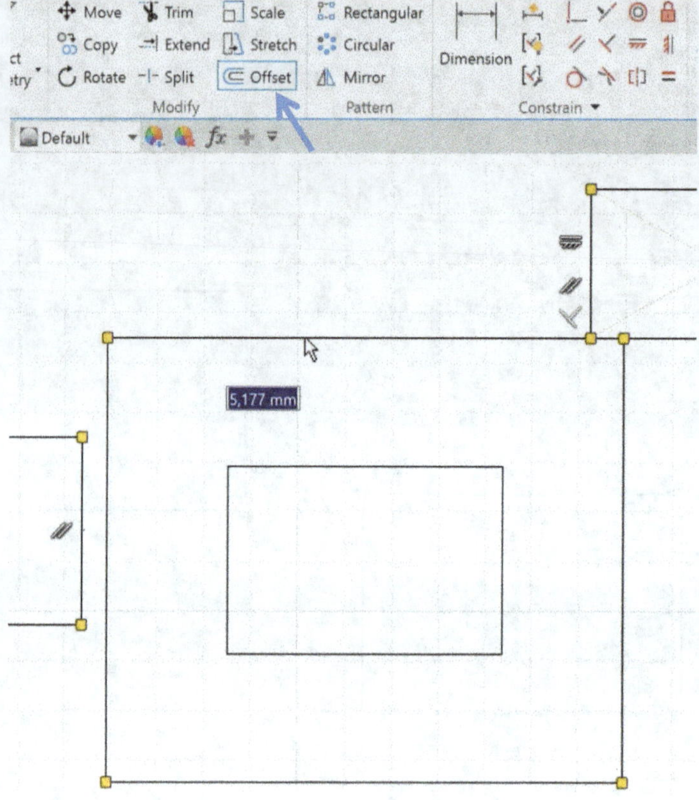

Figure 28: Créez un autre rectangle avec un espacement en utilisant la fonction "Offset"

Vous pouvez y effectuer des opérations de dessin relativement basiques. Nous apprendrons à connaître la zone de menu "Pattern" plus tard dans le cours.

Avant de conclure ce chapitre, faisons connaissance avec le monde des "Constraints" comme promis. Vous pouvez les utiliser dans l'environnement d'esquisse 2D et les utiliser pour créer des conditions entre les différents éléments géométriques. C'est parfois, mais pas toujours, nécessaire ou utile. À propos, dans cette zone, vous trouverez également la fonction "Dimension" pour créer des dimensions.

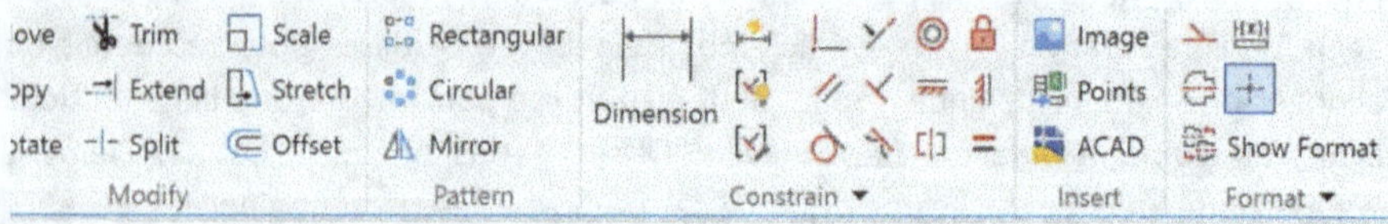

Figure 29: La zone "Constrain" de la barre "Sketch"

Nous allons maintenant examiner de plus près les "Constraints" les plus importantes. Commençons par les contraintes horizontales et verticales. Supposons que nous essayions de dessiner un rectangle à main levée et que nous obtenions un polygone dont les lignes ne représentent malheureusement pas un rectangle.

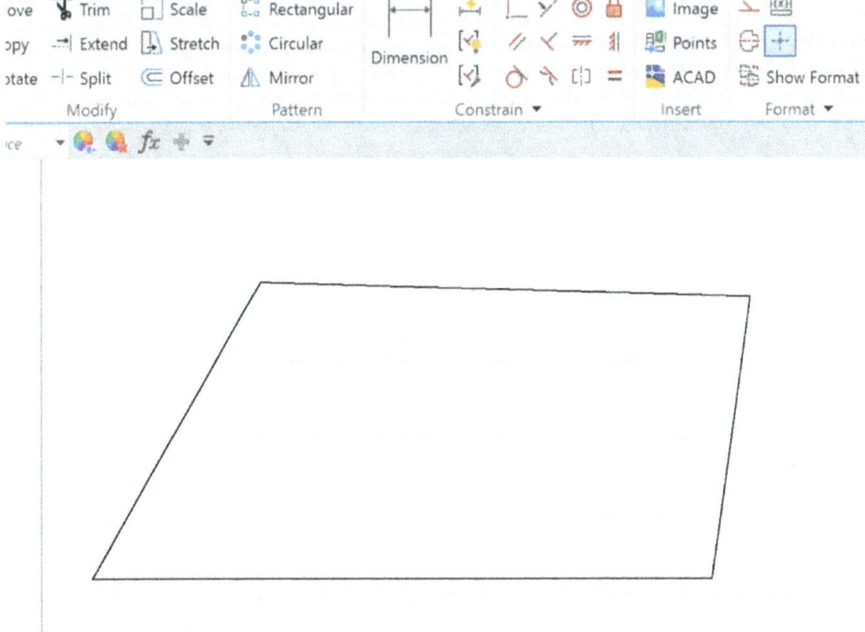

Figure 30: Pour l'exercice, dessinez le polygone suivant à partir de lignes individuelles ; sélectionnez simplement les dimensions / angles comme vous le souhaitez

En sélectionnant la condition "horizontal", nous pouvons créer deux lignes parfaitement horizontales en cliquant sur la ligne supérieure et inférieure. De manière identique, nous appliquons la condition "vertical" aux lignes latérales et obtenons finalement un rectangle. Comme vous pouvez le voir, ces conditions nous sont affichées sous forme de petits symboles à côté de la ligne respective et sont également déjà suggérées lors de la création d'une esquisse.

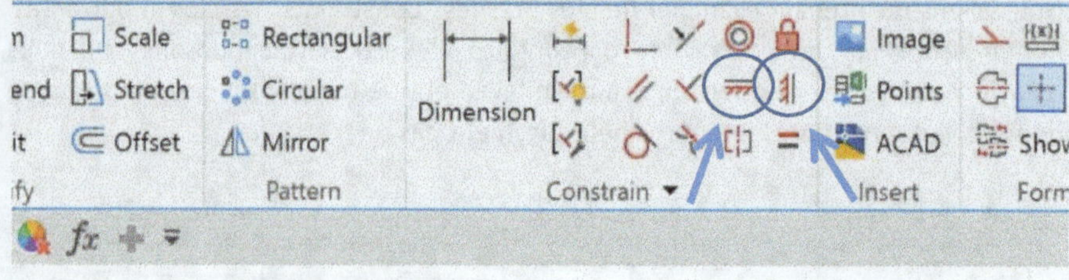

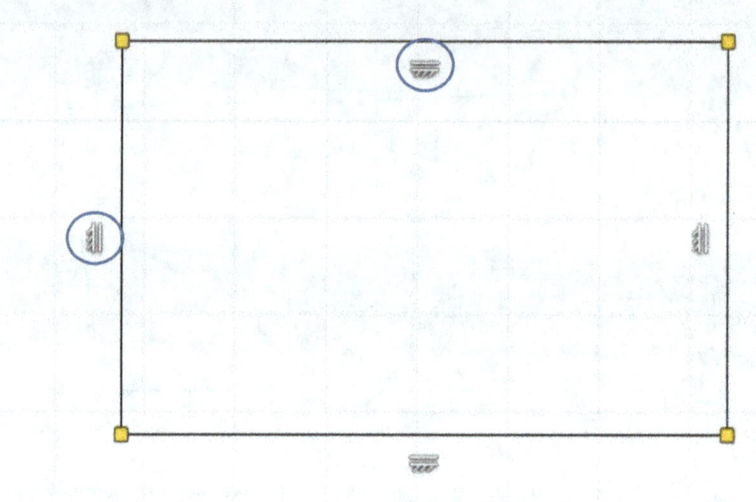

Figure 31: Appliquez la contrainte "horizontal" et "vertical" ; cliquez toujours sur les lignes opposées après avoir sélectionné la commande.

Dans la barre en bas, vous pouvez également masquer l'affichage de ces conditions. En outre, vous pouvez utiliser "Snap to Grid" pour définir si le curseur doit s'accrocher aux points de la grille lors du dessin, c'est-à-dire s'il doit rester attaché aux points de la grille comme un aimant pour faciliter le croquis, ou non.

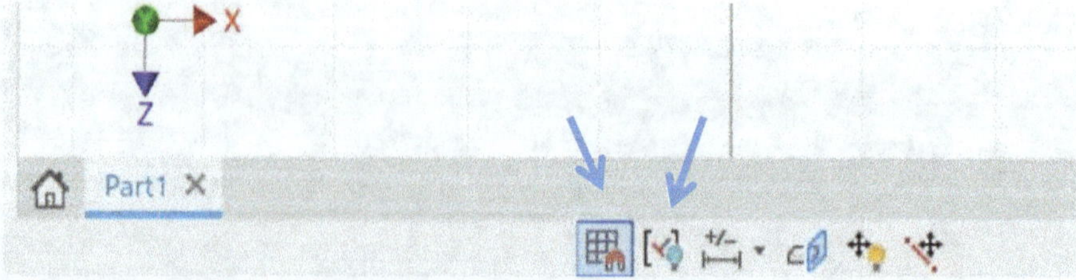

Figure 32: Afficher/masquer les dépendances ("Constrain") et active / désactive l'option "Snap to Grid"

Retour aux "Constraints". Avec la relation "concentric", deux structures circulaires peuvent être placées concentriquement l'une par rapport à l'autre. Par exemple, dessinons un grand cercle et un autre légèrement plus petit. Nous voulons obtenir deux cercles concentriques, c'est-à-dire deux cercles dont les centres sont congruents. Nous y parvenons en sélectionnant la dépendance correspondante et les deux cercles.

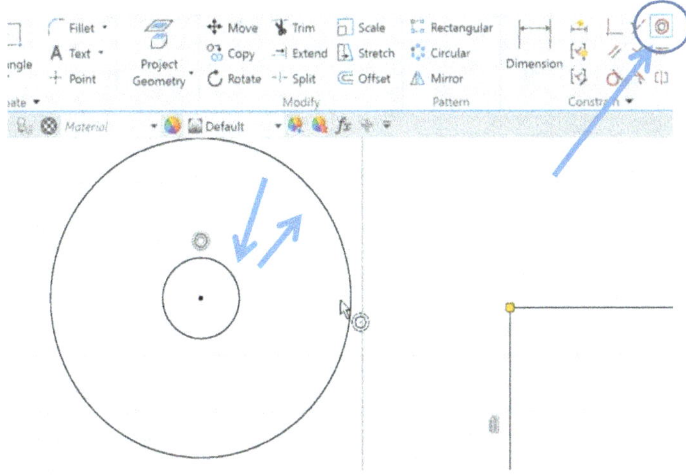

Figure 33: La dépendance "concentric" ; sélectionnez la commande et sélectionnez les cercles l'un après l'autre

Les deux "Constraints" : "Perpendicular" et "Parallel" sont relativement explicites. Néanmoins, regardons un petit exemple avec deux lignes chacune. Pour la fonction "Perpendicular", nous traçons les deux lignes suivantes. En sélectionnant la condition et en sélectionnant les lignes, nous obtenons comme résultat deux lignes qui sont perpendiculaires l'une à l'autre.

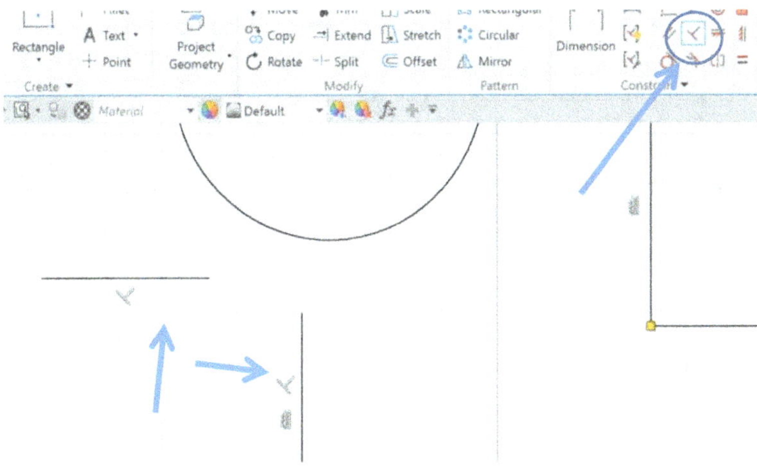

Figure 34: Le lien "Perpendicular"

Pour "Parallel", nous traçons deux lignes supplémentaires et obtenons deux lignes parfaitement parallèles en sélectionnant la condition.

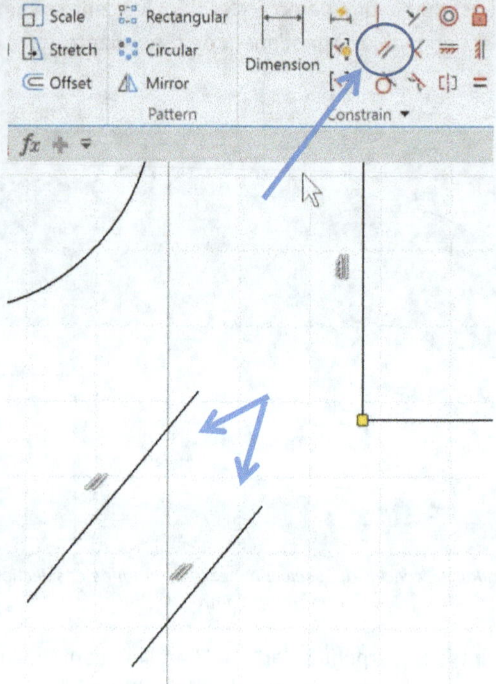

Figure 35: La dépendance "Parallel"

Nous utilisons les "Constraints" : "Coincident", c'est-à-dire congruent et "Colinear", c'est-à-dire colinéaire, chaque fois que nous voulons relier deux points ou amener une ligne en dépendance linéaire avec une autre ligne d'un autre élément. Pour illustrer cela, dessinons un rectangle et deux lignes. Nous voulons relier la première ligne à un point d'angle du rectangle et rendre la deuxième ligne colinéaire à l'autre ligne.

À propos : vous pouvez également appliquer plusieurs "Constraints". Par exemple, nous pourrions toujours appliquer la contrainte horizontalement à une ligne qui a déjà une autre contrainte - sauf verticalement.

Jetons un coup d'oeil à la condition "Tangent". Comme son nom et la petite image l'indiquent déjà, nous pouvons l'utiliser pour définir une ligne tangentielle à un cercle, par exemple. Essayons-le. Dessinez d'abord le cercle, puis une ligne et appliquez ensuite la condition.

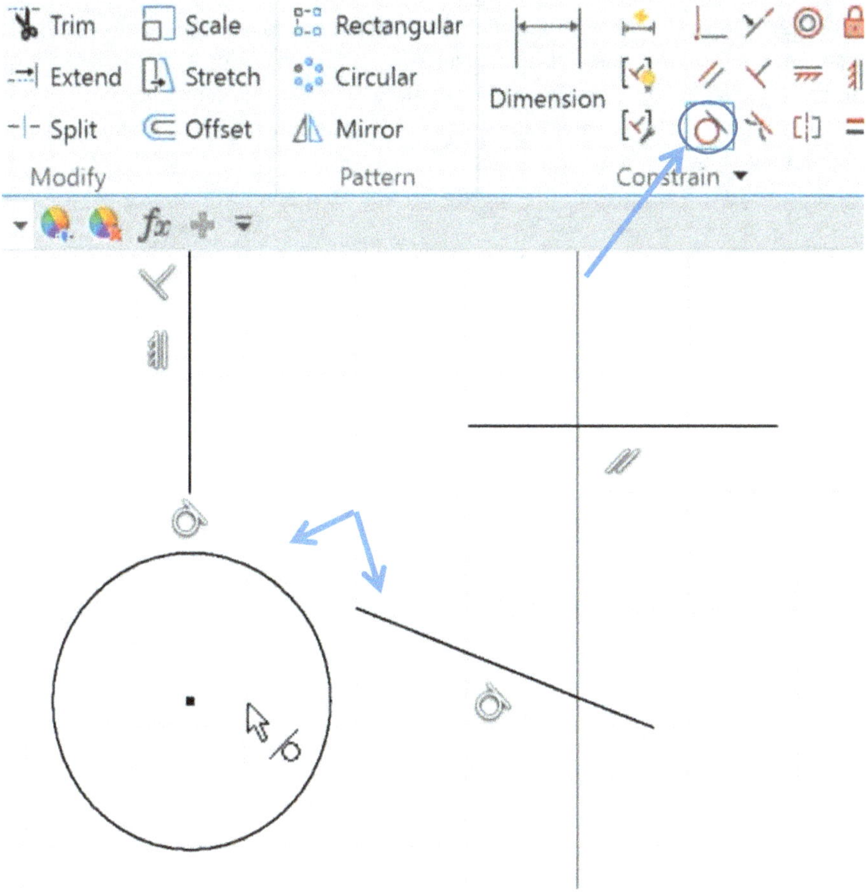

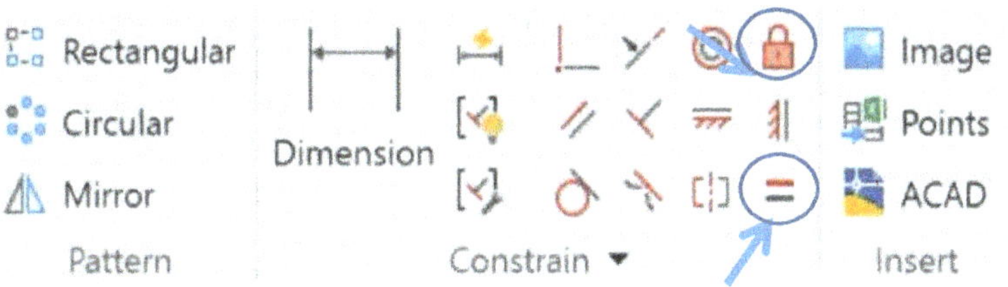

Figure 36: Le lien "Tangent"

Essayez vous-même les deux "Constraints" : "Fix" et "Equal". Vous ne pouvez pas vous tromper et le nom est relativement explicite. La contrainte "Fix" fixe simplement un élément en place dans le plan de dessin et "Equal" garantit que la même cotation existe entre les éléments.

Figure 37: Les dépendances "Fix" et "Equal"

Avec "Symmetric", vous pouvez définir deux éléments, par exemple deux lignes, de manière symétrique à une troisième ligne, c'est-à-dire un axe de symétrie. Il suffit de tracer trois lignes, de sélectionner la première ligne, la deuxième ligne et enfin la troisième ligne. Les deux lignes extérieures sont alignées de manière axisymétrique par rapport à la ligne centrale.

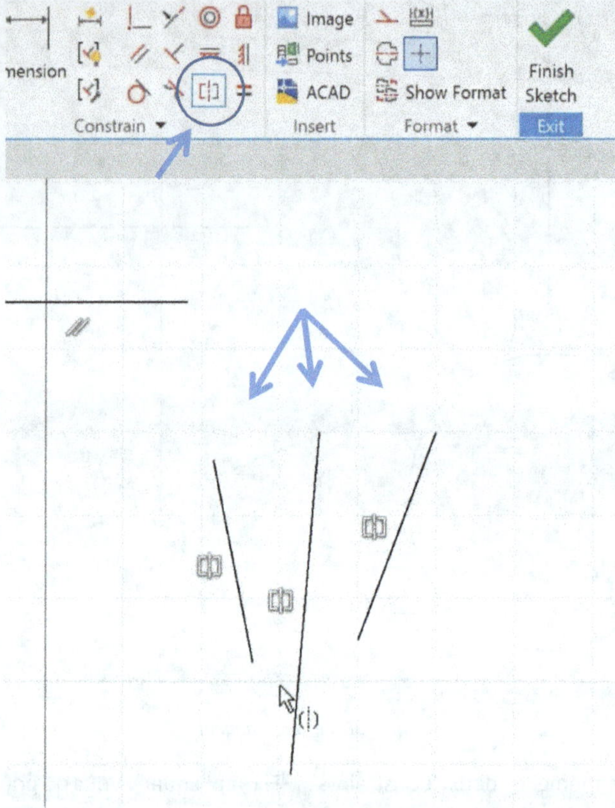

Figure 38: La dépendance "Symmetric" avec l'exemple de trois lignes

Avec la commande "Image", nous pouvons insérer une image dans l'environnement de dessin si, par exemple, nous voulons simplement tracer une géométrie.

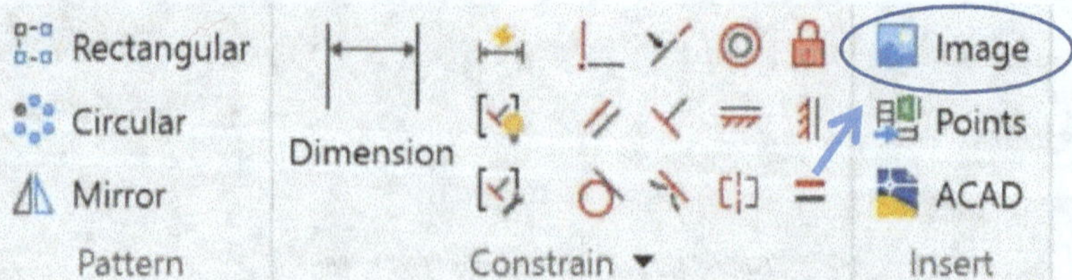

Figure 39: La commande "Image" de la section "Insert"

Pour conclure ces premiers exercices de croquis en 2D, veuillez dessiner un autre cercle dans un nouveau fichier, que vous pourrez ensuite doter de dimensions fictives à l'aide de la fonction "Dimension". Par exemple, sélectionnez un diamètre de 50 mm. Il suffit de dessiner le cercle et de sélectionner l'outil "Dimension". Il y a deux façons de procéder avec les dimensions, qui mènent toutes deux au but. Vous pouvez dessiner un cercle dont les dimensions sont déjà correctes en saisissant les valeurs au clavier pendant le dessin. Utilisez la touche de tabulation pour passer d'un champ à l'autre pour la saisie des dimensions. Vous pouvez également dessiner n'importe quel cercle, puis en modifier les dimensions. Vous le faites avec la fonction "Dimension" et un double clic sur la dimension. Saisissez ensuite la valeur souhaitée et confirmez avec la touche Entrée.

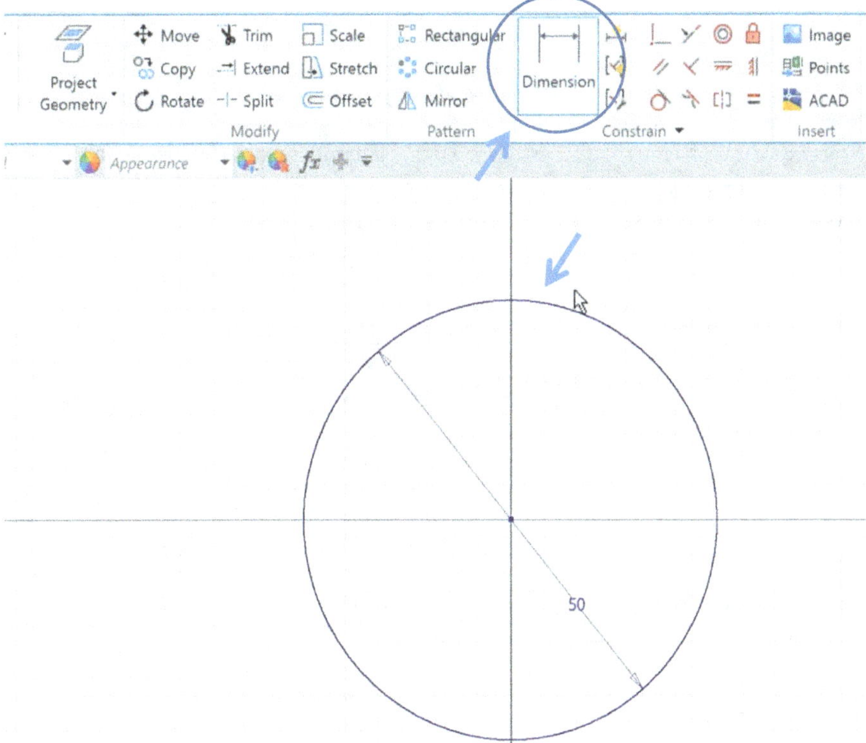

Figure 40: Dessinez un cercle d'un diamètre de 50 mm et dimensionnez-le avec "Dimension"

Vous pouvez également utiliser cette commande pour dimensionner la distance entre deux lignes. Pour ce faire, il suffit de cliquer d'abord sur la première ligne, puis sur la deuxième ligne dont vous souhaitez dimensionner la distance.

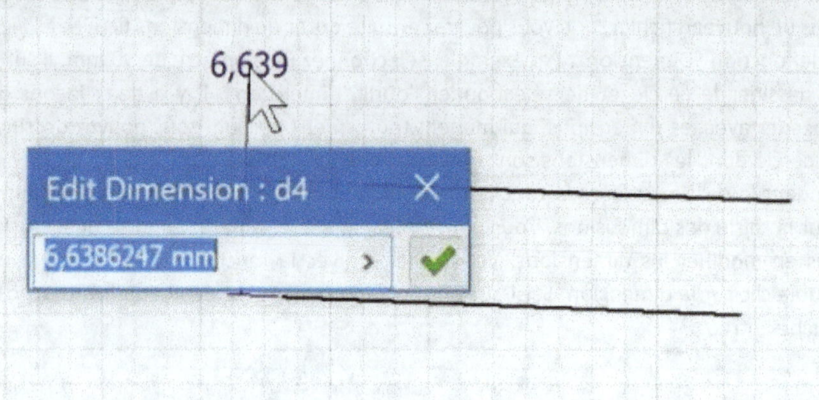

Figure 41: Cotation de la distance entre deux lignes parallèles avec la commande "Dimension"

Vous pouvez quitter le mode d'esquisse 2D en cliquant sur la coche verte dans la barre de menu supérieure. Le programme repasse ensuite à l'environnement 3D et nous montre notre croquis sous forme de profil sur le plan sélectionné.

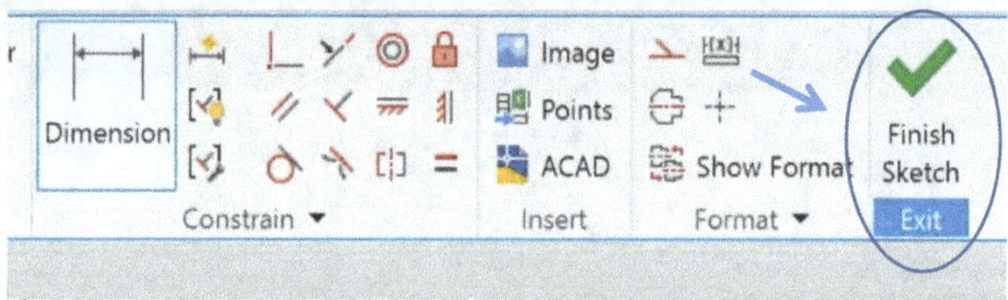

Figure 42: Sortie du mode d'esquisse 2D et donc retour au mode 3D

Pour créer un objet tridimensionnel, il est important que l'esquisse 2D soit complètement fermée et ne présente aucun vide.

À propos, un double clic sur la molette de votre souris vous permet d'intégrer un objet dans la vue actuelle. Ceci est très utile si vous vous trouvez un jour très loin dans l'espace virtuel et que vous ne pouvez plus voir un objet.

Dans le chapitre suivant, nous allons créer un objet tridimensionnel à partir de l'esquisse 2D que nous avons réalisée. Très bien, vous faites de bons progrès ! Bientôt, nous arriverons déjà au premier vrai projet de construction !

3.2 Environnement d'objets 3D

Dans ce chapitre, nous souhaitons maintenant créer un objet 3D à partir de la surface 2D précédemment esquissée. Pour ce faire, nous allons utiliser les fonctions de la section ”Create” dans la zone ”3D Model”. Pour créer un cylindre, nous utilisons probablement la fonction la plus fréquemment utilisée de ce menu. Nous utilisons la commande "Extrude". Cette fonction est une commande dite d'extrusion. Dans d'autres programmes de CAO, vous trouverez donc souvent la désignation "Extrusion" ou "Extrude Linear" ou similaire.

Il suffit maintenant de sélectionner la fonction et le profilé est normalement déjà extrudé automatiquement.

Sinon, il suffit de cliquer sur le profil. Faites glisser la flèche orange affichée avec votre souris dans la plage de mouvement possible et modifiez ainsi les dimensions de l'objet 3D. Vous pouvez également saisir la dimension souhaitée et confirmer avec Entrée.

Dans la fenêtre qui s'ouvre lorsque la commande "Extrude" est sélectionnée et qui s'appelle "Properties", il est possible de sélectionner ou de désélectionner le profil et de déterminer la direction de l'extrusion, c'est-à-dire vers quel côté il doit être extrudé ou s'il doit être extrudé symétriquement dans deux directions à partir du plan de l'esquisse. Sous "Advanced Properties", vous trouverez l'option permettant de rendre l'objet conique.

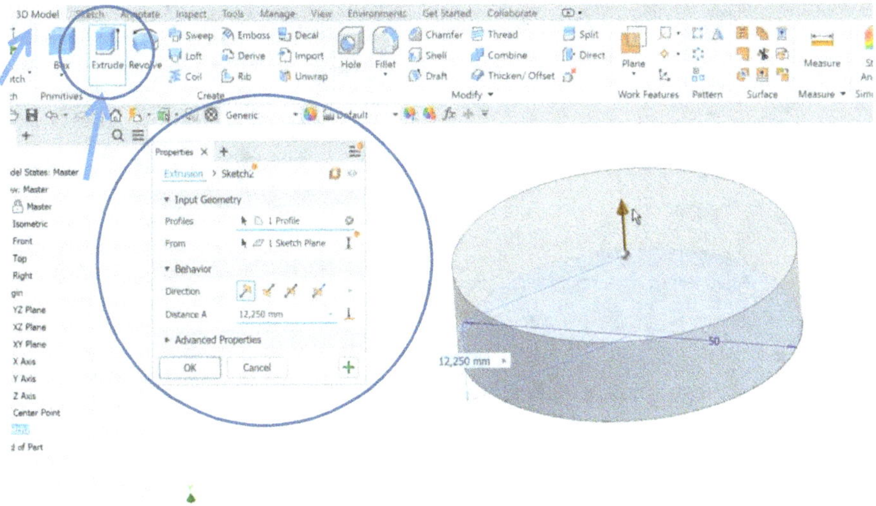

Figure 43: La commande "Extrude" dans l'application ; entrez 50 mm comme dimension

Avant de traiter les autres commandes du menu ”Create”, nous utilisons le cylindre construit pour nous familiariser d'abord avec les commandes les plus importantes de la section "Modify". Nous utilisons toujours cette section lorsque nous voulons modifier un objet déjà construit.

Par exemple, nous pouvons arrondir un ou plusieurs bords avec la fonction "Filet". Il suffit de sélectionner la fonction et de choisir un ou plusieurs bords. Une flèche apparaît à nouveau, que nous utilisons comme avec la commande "Extrude". Dans la fenêtre "Properties", nous pouvons ensuite modifier d'autres options.

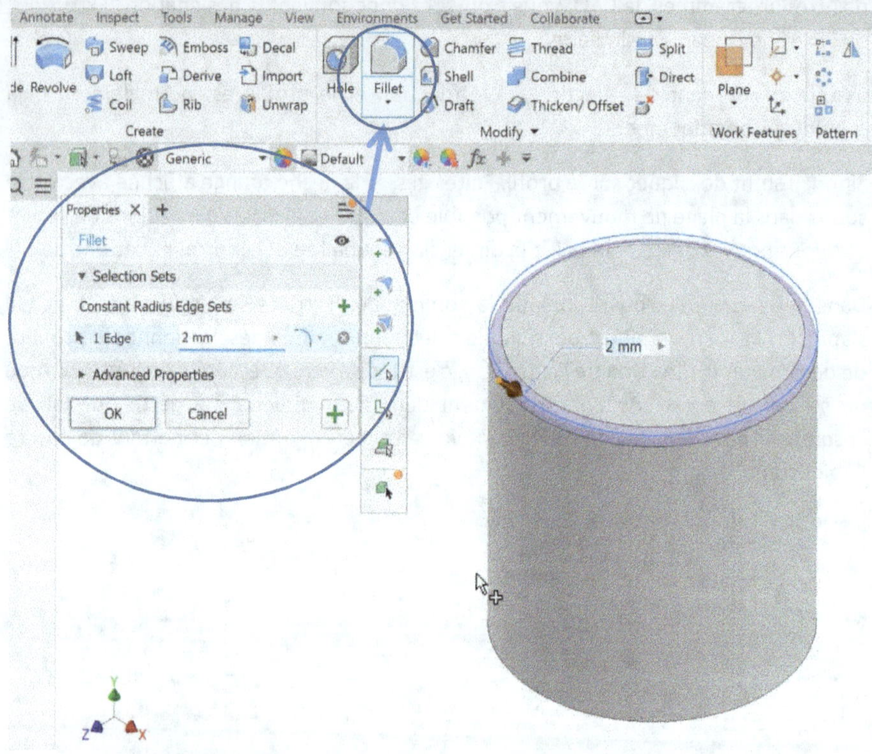

Figure 44: La commande "Filet" de la section "Modify" pour les filets d'arête

De manière analogue, nous pouvons créer un chanfrein avec "Chamfer".

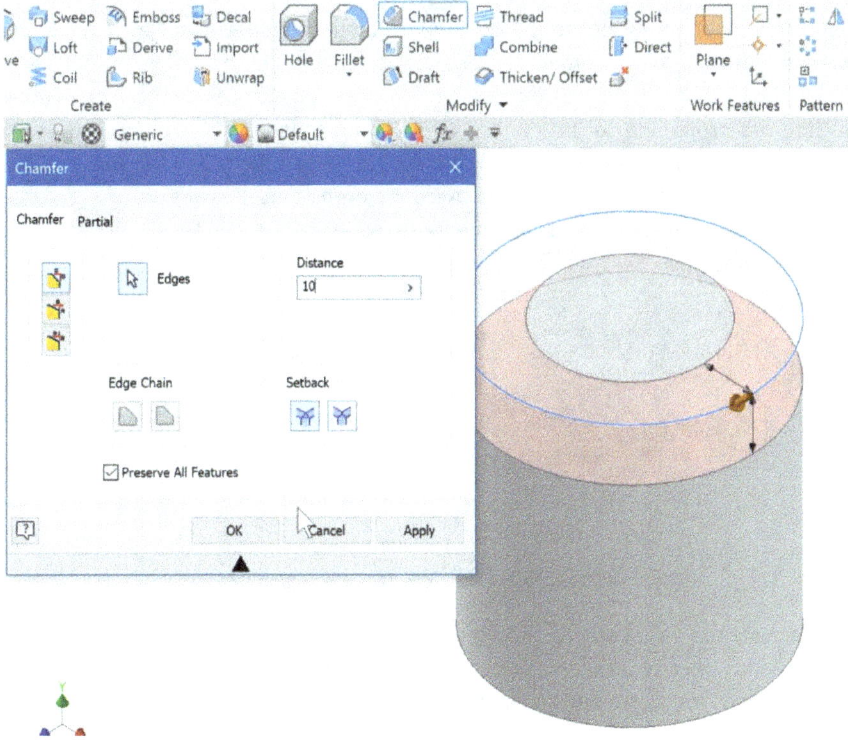

Figure 45: Création d'un chanfrein avec "Chamfer"

Une autre commande importante est "Shell". À l'aide de cette commande, il est possible de creuser facilement un objet, c'est-à-dire de créer un objet 3D à paroi mince. Sélectionnez la commande et la surface supérieure du cylindre et saisissez une épaisseur de paroi ou utilisez la flèche. Plutôt simple, n'est-ce pas ?

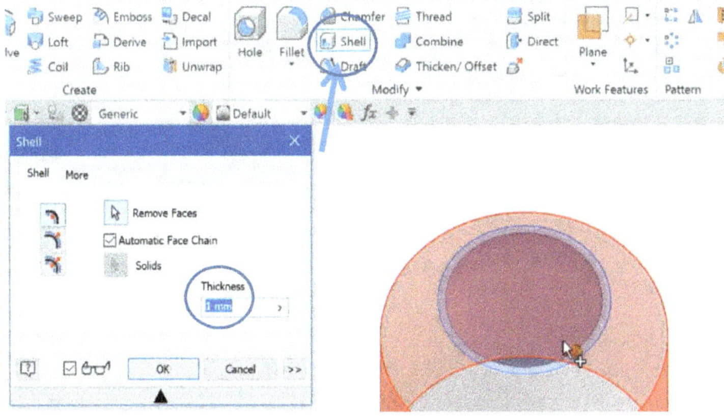

Figure 46: évidement d'un objet avec "Shell"

Les autres commandes sont tout aussi simples. Un trou peut être créé avec "Hole", un fil avec "Thread". Avec "Combine", vous pouvez unir des corps, et avec "Split", vous pouvez les diviser à nouveau. Nous examinerons ces commandes plus tard en détail et à l'aide des projets de construction. Avec la commande "Draft", vous pouvez créer rapidement une pente ou une inclinaison. Il suffit de sélectionner deux surfaces d'un objet 3D et de saisir un angle de pente. Avec "Thicken / Offset", vous pouvez renforcer une face avec du matériel supplémentaire et avec "Delete Face", vous pouvez supprimer une face.

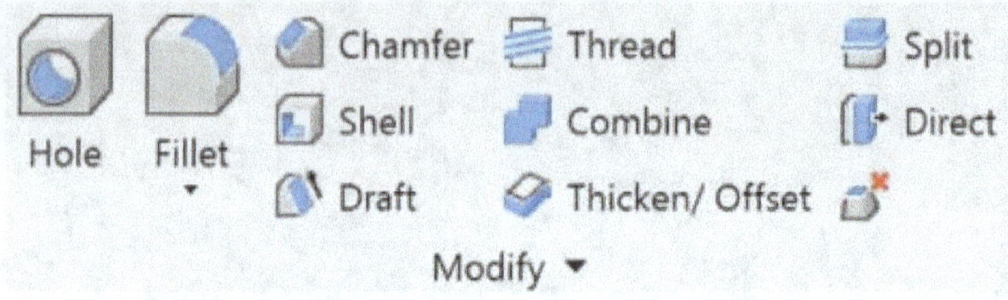

Figure 47: Les commandes restantes de la section "Modify"

Maintenant que nous connaissons les commandes les plus importantes de cette section, nous nous tournons à nouveau vers le menu "Create". En plus de "Extrude", nous trouvons les commandes importantes "Revolve", "Sweep", "Loft" et autres. Les explications et les images d'exemple du logiciel sont très claires et utiles et nous donnent une première indication de ce que ces commandes peuvent faire.

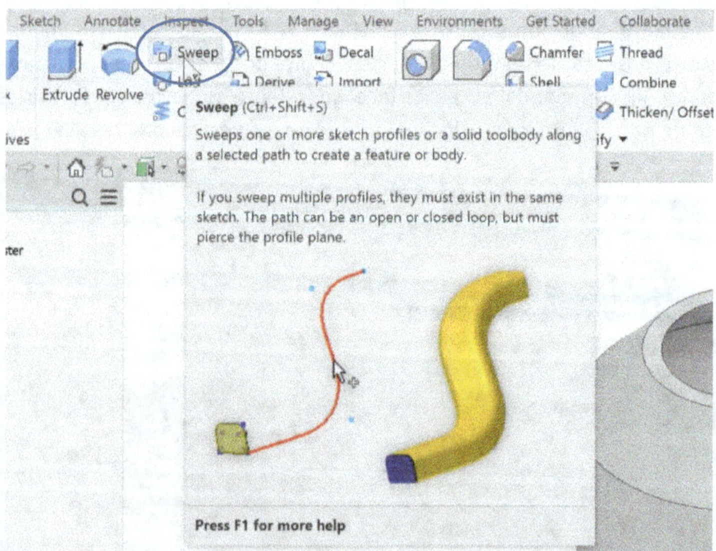

Figure 48: Si vous restez un peu plus longtemps avec le curseur sur une caractéristique, une explication de la commande correspondante apparaît souvent

Nous verrons comment les utiliser plus en détail dans le chapitre suivant, car cela est lié à la façon dont nous travaillons dans la conception CAO.

Dans "Inventor", d'ailleurs, il est également possible pour certains éléments de raccourcir le processus du croquis 2D à l'objet 3D en combinant les deux étapes, ce qui peut certainement faire gagner du temps. Par exemple, dans la section "Primitives" du "3D Model", nous pouvons immédiatement construire un cuboïde, un cylindre, une sphère et d'autres éléments avec la commande correspondante.

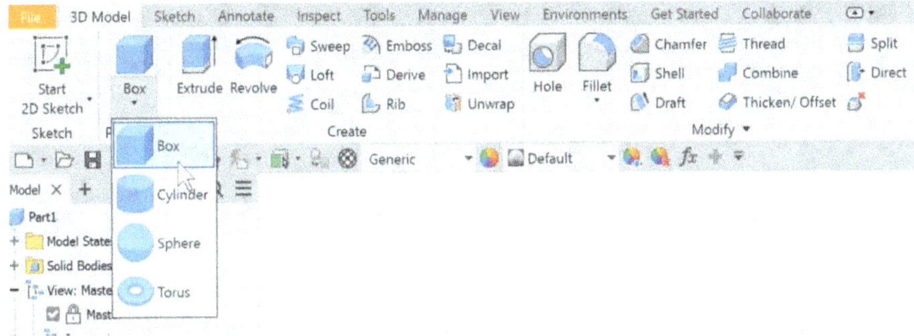

Figure 49: Création d'éléments 3D préfabriqués sans dérivation

Il suffit de sélectionner la commande, d'esquisser la base sur un plan de l'espace 3D et d'extruder l'élément.

Et maintenant, passons au chapitre suivant !

3.3 Méthodes de travail de la construction

Comme déjà brièvement mentionné dans le chapitre précédent, il existe différentes approches de la conception d'objets 3D. Une approche possible de la conception consiste, par exemple, à concevoir comme l'usinage réel - par exemple, le fraisage ou le tournage d'un matériau de départ, le fameux produit semi-fini - aurait lieu.

Figure 50: "Tournage" (à gauche) et "Fraisage" (à droite) d'un matériau

Dans le programme de CAO, vous créez d'abord la matière première, en l'occurrence le matériau cuboïde, puis vous la retravaillez par étapes successives - à l'aide de découpes, de trous, de congés et d'autres caractéristiques de conception virtuelles - de manière à obtenir l'élément final. C'est pourquoi cette méthode de construction est appelée soustractive. Vous réduisez le matériau d'origine par des étapes de traitement individuelles jusqu'à obtenir l'objet souhaité. Mais il existe aussi d'autres approches, comme la méthode additive. Ici, le modèle CAO ou l'objet réel, comme dans le cas de l'impression 3D, est construit élément par élément. Nous allons voir comment cela fonctionne concrètement dans un instant.

Nous traitons d'abord de l'approche soustractive classique. Dans les étapes suivantes, nous voulons réaliser un trou et une découpe de forme rectangulaire dans un cube simple. J'ai déjà préparé le cube. La dimension est, par exemple, de 50 mm dans toutes les directions.

Figure 51: Notre matériau de départ ; un cube de dimensions 50x50x50 mm

Pour créer le trou, nous pouvons utiliser la fonction "Hole" de la section "Modify". Il suffit de sélectionner la commande et la surface sur laquelle vous souhaitez placer la foreuse dans la réalité. Sélectionnez ensuite deux bords et entrez les dimensions pour déterminer la position du trou sur la surface.

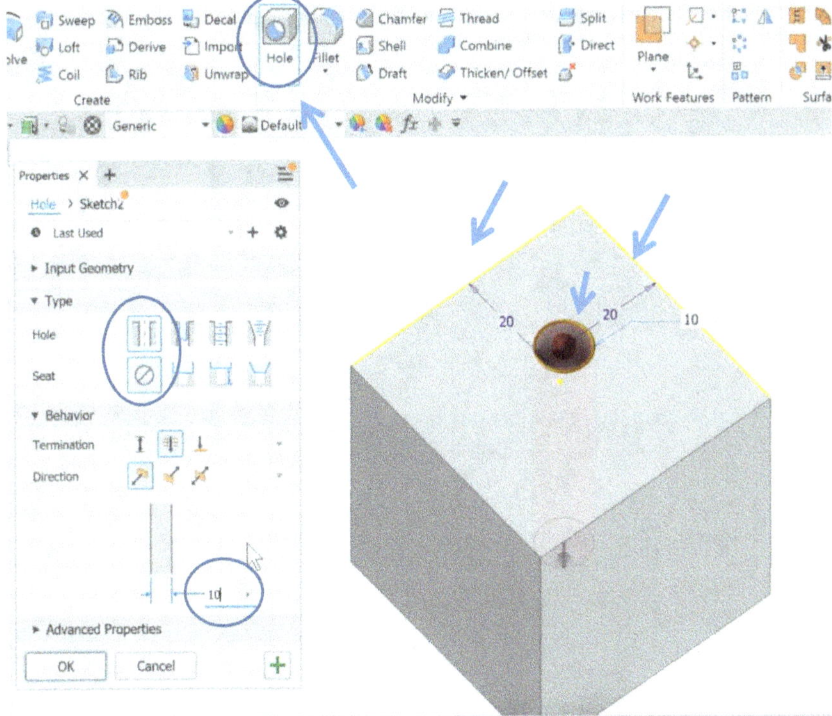

Figure 52: Créez un trou à l'aide de la commande "Hole" ; sélectionnez d'abord les bords pour la cotation aux bords et saisissez la cotation (sans "Entrée") ; sélectionnez ensuite 10 mm comme diamètre

Dans la fenêtre d'options qui apparaît, vous pouvez alors sélectionner le type de trou, la dimension du trou et les paramètres spécifiques du trou. Par exemple, nous sélectionnons un trou simple, dit trou de passage, d'un diamètre de 10 mm. Nous pourrions également créer des fils de discussion ici, mais nous en reparlerons plus tard.

Pour la découpe, nous devons d'abord refaire un croquis en 2D de la géométrie. Pour ce faire, cliquez sur "Start 2D Sketch" et sélectionnez, par exemple, la surface supérieure du cuboïde, car nous voulons faire entrer la section dans le cuboïde de haut en bas.

Placez un rectangle sur la surface dans la zone du cube avec un clic et entrez une dimension de 10 mm chacun. Confirmez avec "Enter". Ensuite, nous définissons la position du rectangle sur la surface avec la fonction "Sketch Dimension". Puisque nous sommes dans un espace bidimensionnel, c'est-à-dire que nous esquissons sur une parallèle du plan x-z, nous avons besoin d'une dimension x et d'une dimension z pour finalement définir complètement l'esquisse, c'est-à-dire le rectangle, c'est-à-dire pour déterminer la position et la géométrie. Saisissez les dimensions souhaitées, par exemple 5 mm chacun à partir du bord gauche et du bord supérieur du cuboïde.

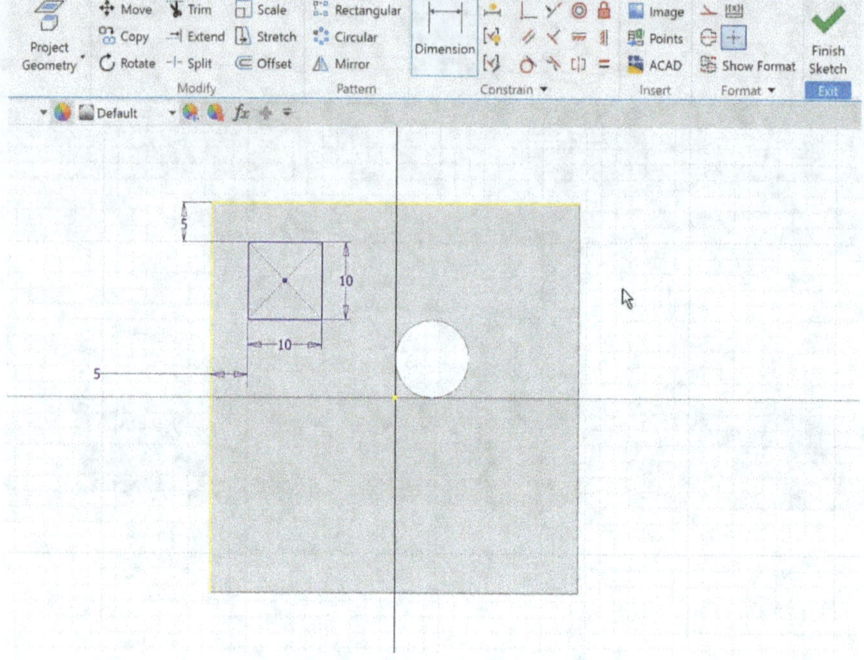

Figure 53: Dessinez un rectangle de 10x10 mm sur la surface supérieure du cube avec "2D-Sketch"

Le rectangle est maintenant complètement dimensionné. Vous avez peut-être remarqué que le profil est devenu bleu. Cela indique que tous les degrés de liberté sont entièrement contraints, c'est-à-dire que la position du profil dans le plan est entièrement définie par des dimensions et des dépendances, les "Constraints", et ne peut pas simplement se déplacer d'elle-même lors des étapes d'édition ultérieures. Un dimensionnement complet et un croquis entièrement défini sont très importants pour obtenir de bons résultats, faites-y toujours attention. Après avoir terminé l'esquisse, nous pouvons créer la section avec la fonction "Extrude". La découpe doit traverser complètement la pièce, par exemple.

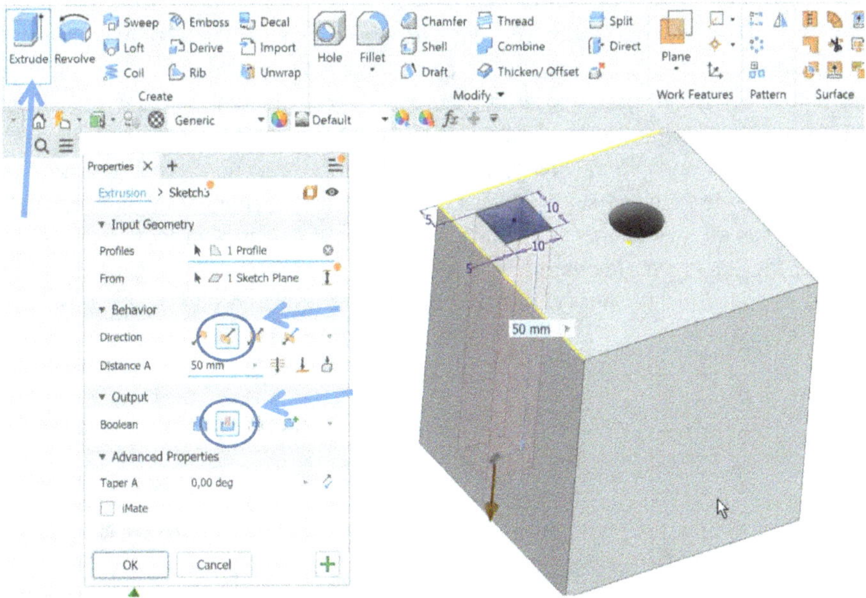

Figure 54: Insérez la section comme un rectangle avec "Extrude" ; pour "Direction" : sélectionnez "Flipped".

Il est désormais possible de supprimer et d'ajouter du matériau à partir de l'esquisse créée avec la fonction "Extrude". Ainsi, vous pouvez utiliser "Extrude" dans la construction pour une approche soustractive mais aussi pour la méthode de travail additive.

Afin de faire apparaître clairement la différence entre les deux méthodes de travail, nous allons maintenant construire notre première pièce très simple, qui pourrait servir de composant d'assemblage pour une machine, par exemple. D'abord avec une méthode de travail additive, puis avec une méthode de travail soustractive. D'ailleurs, peu importe la méthode que vous choisissez, les deux mènent au but, la seule différence ici est l'effort et le temps requis.

Figure 55: Nous souhaitons construire ce composant d'assemblage fictif de deux manières différentes

Pour la méthode de travail additive, nous dessinons simplement la section transversale de la pièce. Dans ce cas, nous pouvons même le faire en une seule étape. Bien sûr, nous pourrions également décomposer la pièce en ses corps rectangulaires et les aligner corps par corps, ce qui correspondrait davantage à la méthode additive réelle. Mais cela serait très encombrant. Ainsi, en mode 2D, nous dessinons d'abord la section transversale de la pièce sur un plan du système de coordonnées. Commencez la construction en sélectionnant une nouvelle esquisse et le plan. À propos, vous pouvez également cliquer avec le bouton droit de la souris sur le plan souhaité dans l'arbre de structure, puis sélectionner "Create Sketch". Nous traçons ensuite la première ligne comme indiqué.

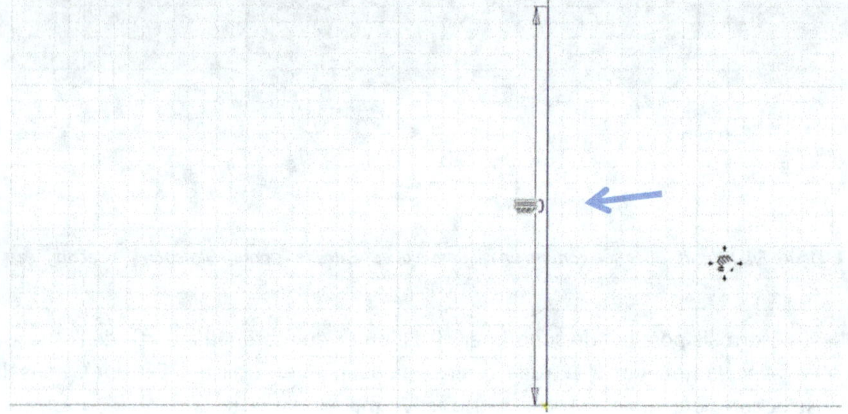

Figure 56: Tracez d'abord une ligne verticale de 50 mm sur le plan x-z ; commencez à l'origine

Complétez le profilé avec les lignes et les dimensions suivantes. Tout simplement la trace !

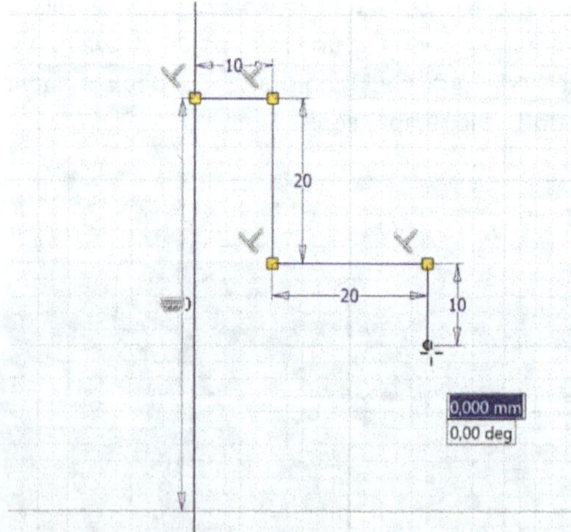

Figure 57: Tracez d'autres lignes verticales et horizontales de 10 mm et 20 mm de long

Complétez ensuite le profil de la section transversale avec d'autres lignes comme suit.

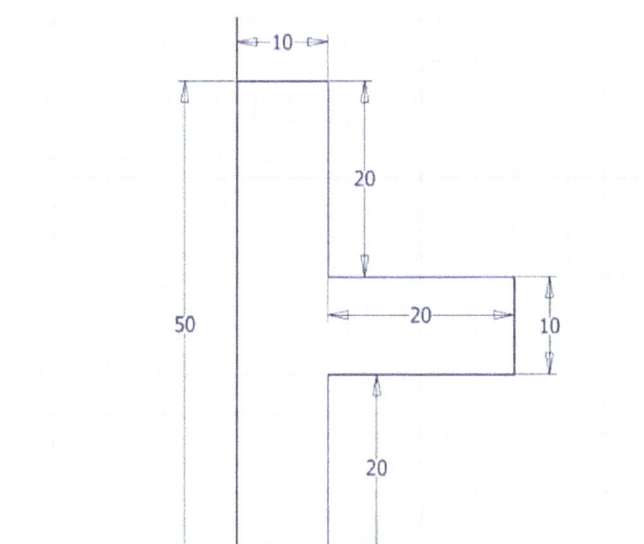

Figure 58: Le profil complet du composant sur le plan x-z

Vous pouvez alors quitter l'environnement d'esquisse 2D et passer ainsi en mode 3D. Sélectionnez la fonction "Extrude" et créez un corps tridimensionnel à partir de la section transversale 2D en effectuant un mouvement de glissement dans le sens de la flèche affichée. Saisissez une dimension de 10 mm à l'aide du clavier. C'est ça !

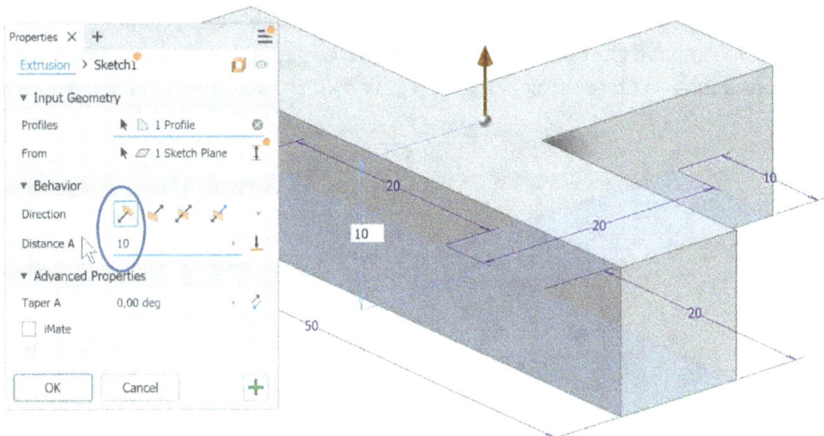

Figure 59: Utilisation de la fonction "Extrude" pour créer le corps 3D

Enfin, nous créons trois trous pour le montage. Pour cela, nous utilisons la commande "Hole".

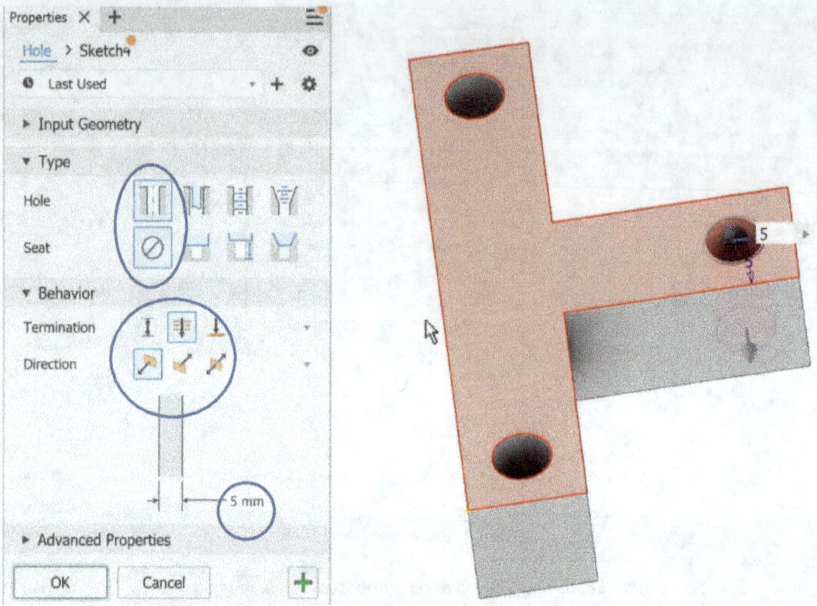

Figure 60: Les trois trous, chacun à 5 mm des bords et de 5 mm de diamètre.

Nous souhaitons maintenant utiliser la méthode de construction soustractive pour la même pièce à titre d'illustration. Pour ce faire, nous dessinons un rectangle de dimensions 50 mm et 30 mm en mode esquisse 2D dans un nouveau document et créons un cuboïde de 20 mm à l'aide de la fonction "Extrude". De cette manière, nous créons virtuellement d'abord le matériau de départ, ce que l'on appelle le produit semi-fini, à partir duquel la pièce sera par exemple poinçonnée, découpée ou fraisée dans la réalité.

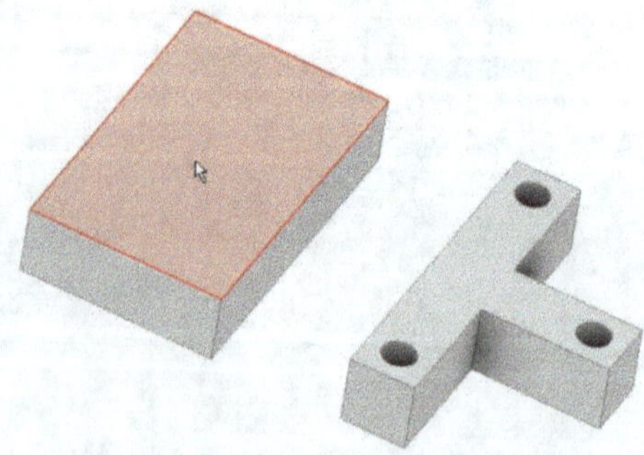

Figure 61: Création d'un cuboïde (à gauche) de 50 x 30 x 20 mm pour la deuxième méthode de travail

Ensuite, nous dessinons les découpes dans le matériau solide. Pour ce faire, nous créons d'abord une esquisse 2D sur la surface supérieure - ou, bien sûr, inférieure. Commencez par esquisser la moitié supérieure de la découpe pour la géométrie de la pièce à l'aide de lignes. Veillez à ce que les surfaces soient créées, c'est-à-dire que vous reliez également les profils sur les bords.

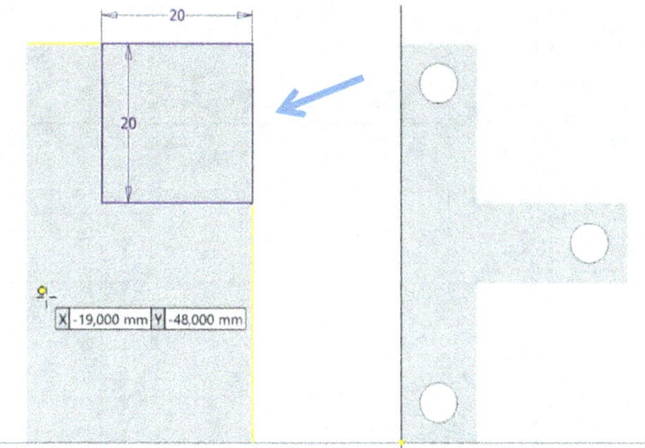

Figure 62: Dessin de la moitié supérieure de la découpe sur la surface du couvercle dans un croquis

Et ensuite la moitié inférieure. Nous pouvons aussi simplement créer un rectangle pour cela au lieu d'utiliser des lignes. Nous dessinons le négatif du composant dans le matériau solide, pour ainsi dire. Nous pouvons également dessiner les géométries des trous dans cette esquisse pour les exécuter comme une découpe au lieu d'utiliser la commande "Hole", et nous épargner ainsi une étape.

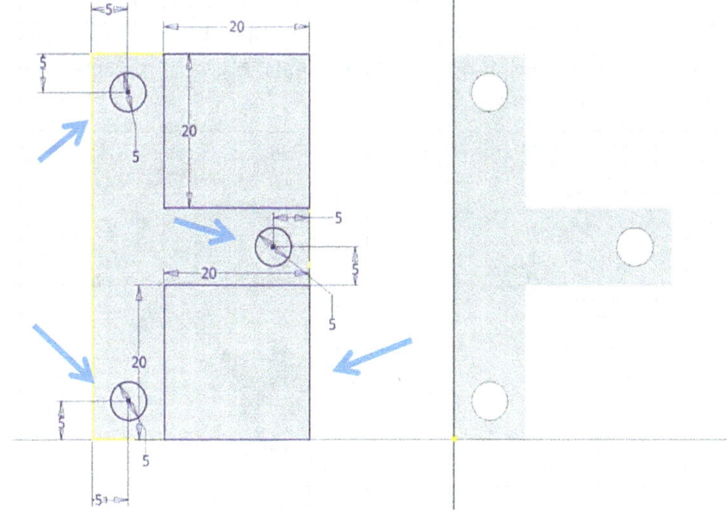

Figure 63: le profil complet de la section

Ensuite, vous pouvez à nouveau utiliser la fonction "Extrude" pour découper les deux surfaces dessinées dans le solide.

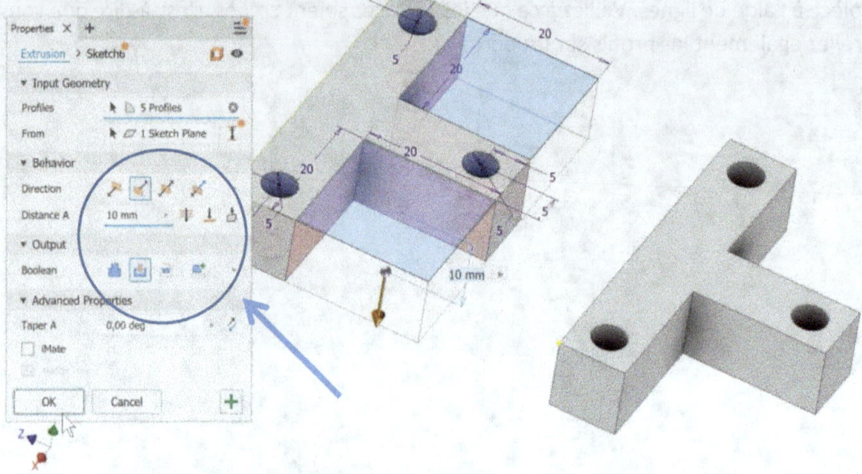

Figure 64: Utilisez la fonction "Extrude" pour créer la section ; sélectionnez les profils rectangulaires et les trois cercles et effectuez les réglages

Deux approches pour une solution identique. L'une assez simple, l'autre un peu plus élaborée.

Voyons maintenant quelques autres possibilités de travail dans la construction. En plus de la fonction "Extrude", il existe quelques autres fonctions dans la section "Create" que nous aimerions examiner brièvement dans ce chapitre. D'une part, il y a la commande "Revolve". Vous pouvez l'utiliser chaque fois que vous voulez construire une pièce avec un axe de rotation, par exemple une pièce qui, en réalité, serait usinée mécaniquement en "tournant".

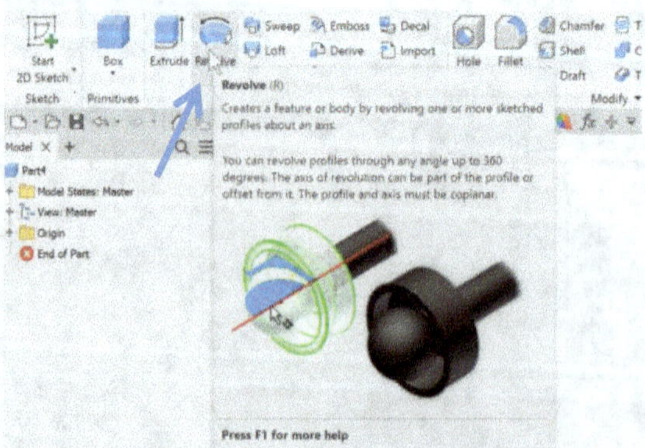

Figure 65: La commande "Revolve" de la section "Create" de "3D Model"

Pour ce faire, il suffit de dessiner une coupe transversale sur l'un des plans, par exemple sur le plan x-z ou le plan x-y. Pourquoi ces avions ? Parce que nous voulons utiliser "x" comme axe de rotation. Mais vous pouvez également utiliser le plan y-z et utiliser "y" ou "z" comme axe de rotation. Regardons de plus près. N'hésitez pas à dessiner en même temps. Par exemple, nous créons le profil de base suivant d'une vis dans l'environnement 2D.

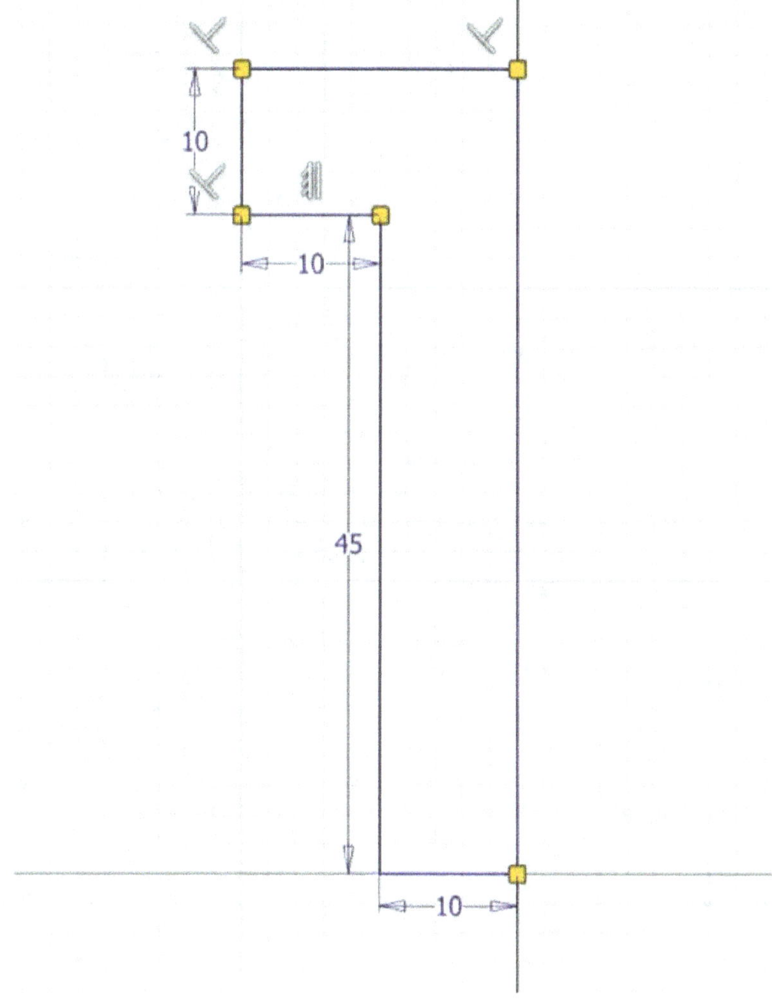

Figure 66: La moitié de la section transversale d'une vis. Il est préférable de commencer par la ligne inférieure de 10 mm, puis de tracer la ligne de 45 mm et ainsi de suite.

Nous devons dessiner une moitié de la section transversale du corps 3D. Après avoir terminé l'esquisse et sélectionné la commande "Revolve", nous devons d'abord définir notre axe de rotation, dans notre cas l'axe des x. Comme vous pouvez le voir, le logiciel crée ensuite le solide.

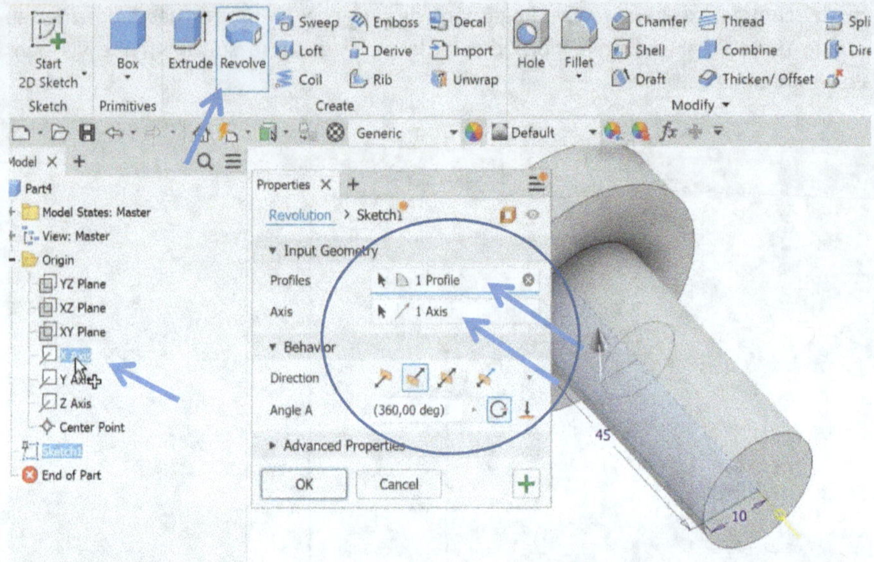

En saisissant un nombre de degrés, vous pouvez définir la plage de rotation. Bien entendu, une telle vis pourrait également être créée à l'aide de plusieurs croquis, de manière additive, avec la fonction "Extrude". Réfléchissez un instant à la manière dont cela pourrait fonctionner dans ce cas.

Cependant, la méthode par rotation est généralement beaucoup plus rapide et plus élégante pour une telle pièce rotative. C'est ce que je voulais dire lorsque j'ai mentionné qu'il existe plusieurs façons de travailler avec une seule et même pièce. En fonction de la pièce, elles sont plus rapides, plus lentes ou simples ou encombrantes, mais elles mènent généralement toutes au but. À propos, le filet des vis est ensuite ajouté dans la production de masse par roulement entre deux rouleaux.

La commande "Sweep" est toujours utile lorsque vous souhaitez créer une pièce qui suit une trajectoire un peu plus complexe. Voyons comment cela doit être compris. Pour la commande "Sweep", vous avez toujours besoin d'un profil de section transversale 2D esquissé et d'un chemin, ce qui signifie simplement une ligne, ou un arc ou une "Spline" ou une courbe de forme libre. Par exemple, créons une "Spline" en sélectionnant la commande dans une esquisse 2D sur le plan x-y et en dessinant plusieurs points comme souhaité. Mais assurez-vous que le point final ou le point de départ est le centre de coordonnées. Plus il y a de points, plus le contour sera détaillé.

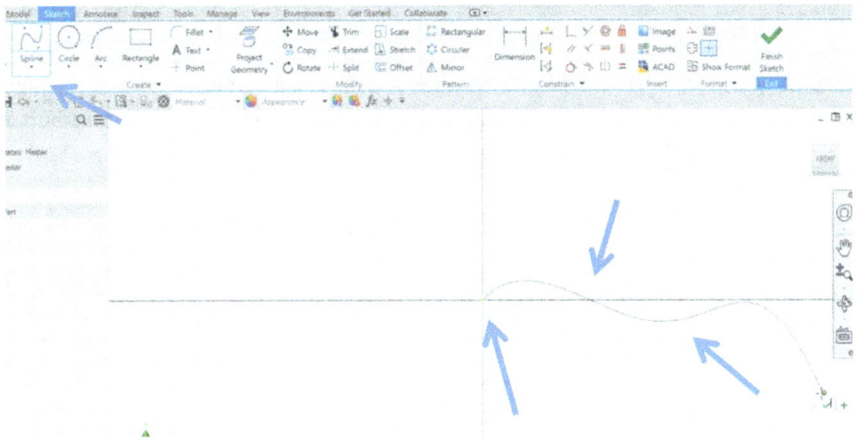

Figure 67: Création d'une "Spline" en commençant à l'origine du système de coordonnées, puis en fixant plusieurs points à intervalles ("Spline" se trouve sous "Line" dans le menu déroulant) ; géométrie librement sélectionnable sur le plan x-y

Pour le profil de la section transversale, nous devons maintenant changer le plan. Pour ce faire, nous fermons l'esquisse et commençons une nouvelle esquisse sur le plan y-z. Nous dessinons par exemple un cercle ou un rectangle et sélectionnons le point final du profil déposé précédemment dessiné dans le plan x-y.

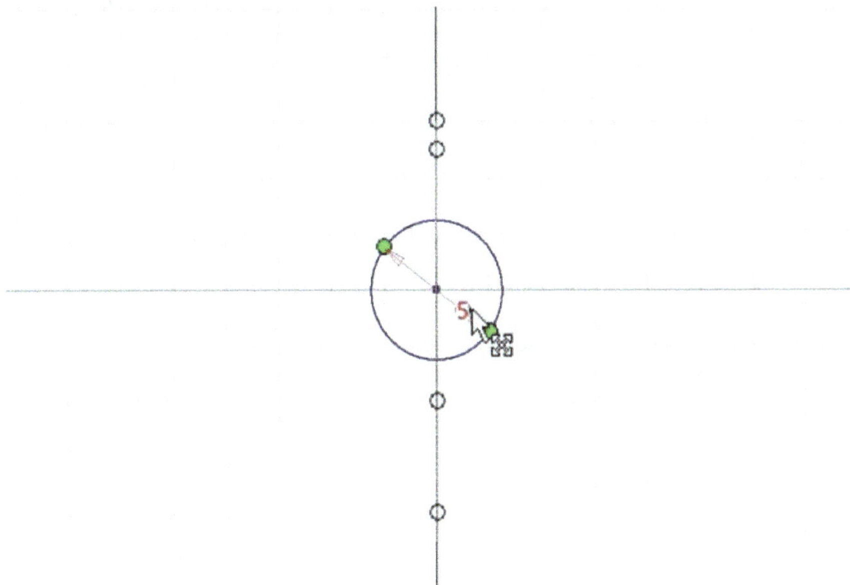

Figure 68: Dessinez un cercle de 5 mm à l'origine du plan x-y (les petits cercles représentent les composants de la "Spline" dans l'autre plan, vous n'avez pas besoin de les dessiner).

Lorsque nous avons terminé l'esquisse, nous pouvons exécuter la commande "Sweep" en mode 3D. Normalement, nous devrions d'abord sélectionner le profil, puis la trajectoire. Cependant, le programme crée déjà le solide automatiquement.

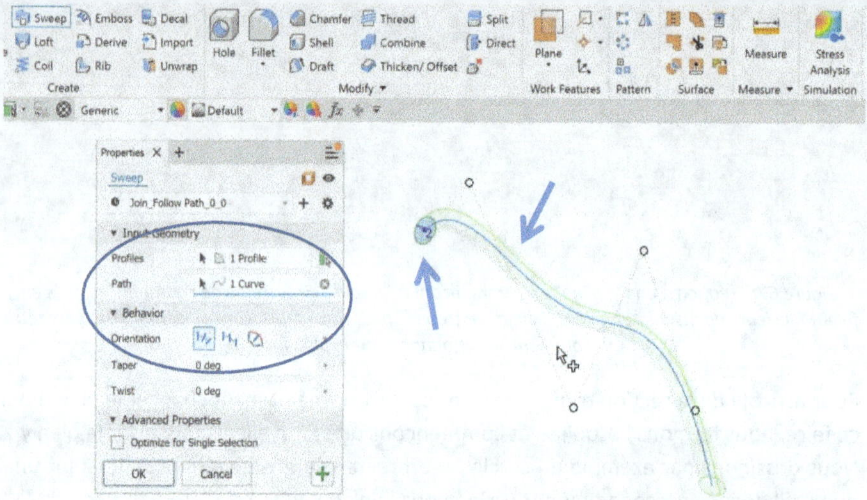

Figure 69: Sélection de la commande "Sweep" en mode 3D ; si nécessaire, sélectionnez le profil et la trajectoire

Dans la fenêtre "Properties", nous pouvions encore effectuer divers réglages, par exemple modifier l'alignement.

La dernière commande importante de cette section et pour ce chapitre est "Loft". Avec "Loft", vous pouvez, pour faire simple, avoir deux surfaces connectées l'une à l'autre dans l'espace 3D. Essayons-le ! Nous dessinons un profil dans le plan x-y, par exemple un rectangle ou une autre forme.

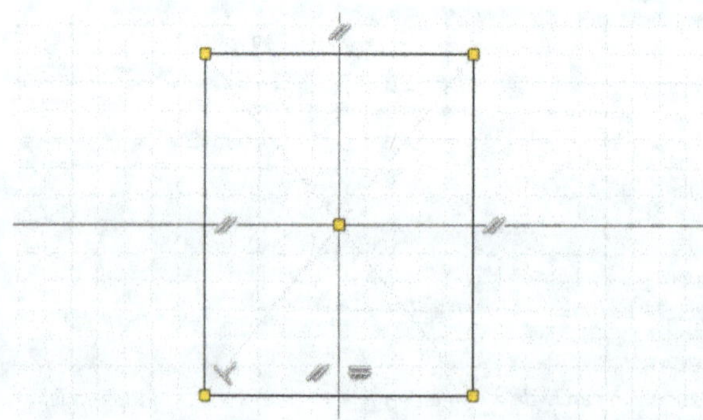

Figure 70: Dessin d'un rectangle sur le plan x-y ; dimensions librement sélectionnables

Ensuite, nous créons d'abord un nouveau plan parallèle au plan x-y avec un décalage ou un décalage par rapport à celui-ci. Cela se fait facilement en cliquant avec le bouton droit de la souris sur le plan x-y et en sélectionnant "Offset Plane".

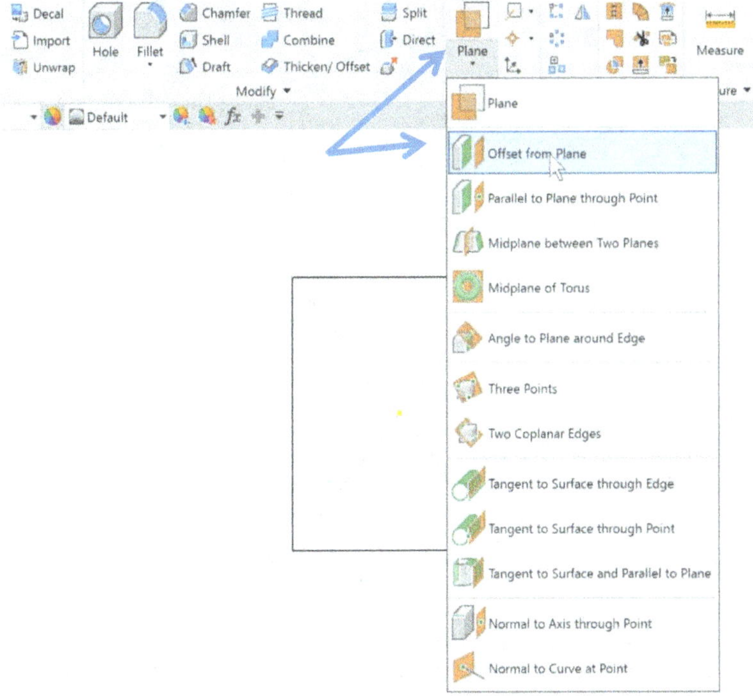

Figure 71: Un plan décalé peut également être créé dans le menu déroulant "Plane" ; sélectionnez d'abord la commande, puis le plan parallèle (ici, par exemple, le plan x-y).

Nous faisons ensuite glisser la flèche ou entrons une dimension avec le clavier.

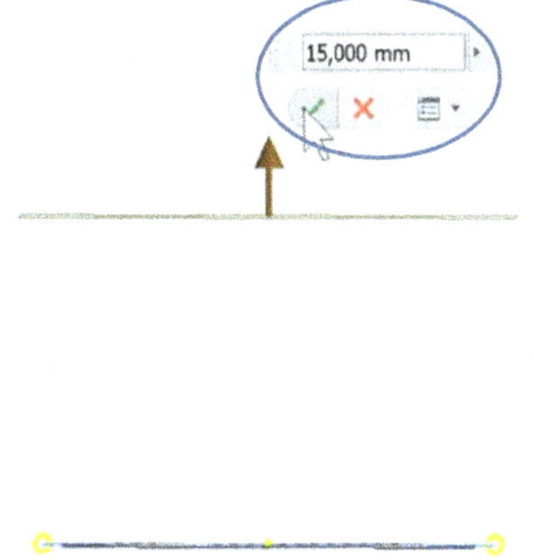

Figure 72: Sélection de 15 mm comme distance pour le plan parallèle au plan x-y

À l'étape suivante, nous dessinons la deuxième surface de notre projet sur ce nouveau calque. Par exemple, un rectangle un peu plus grand. Les centres doivent être congruents.

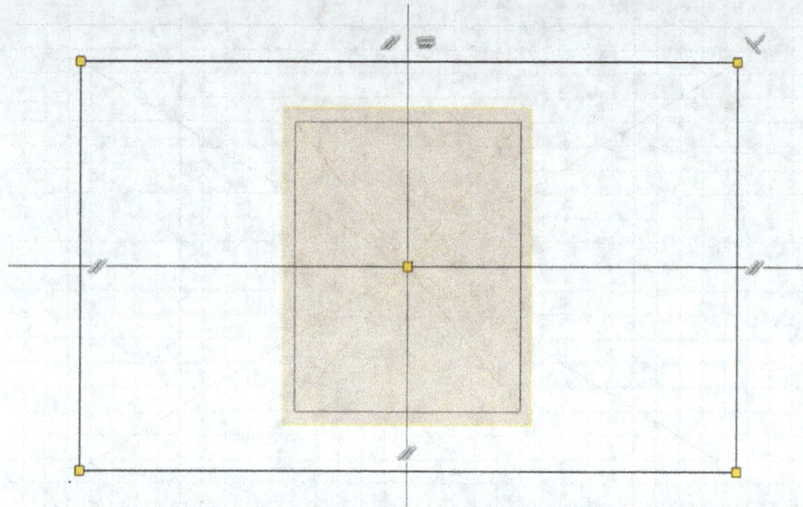

Figure 73: Créez un autre rectangle sur le calque nouvellement créé ; dimensions librement sélectionnables

Ensuite, nous terminons l'esquisse et sélectionnons la fonction "Loft" et les deux surfaces esquissées. Le programme relie ensuite les deux surfaces pour former un solide en 3D. Avec les réglages, nous pouvions encore contrôler ce processus en détail.

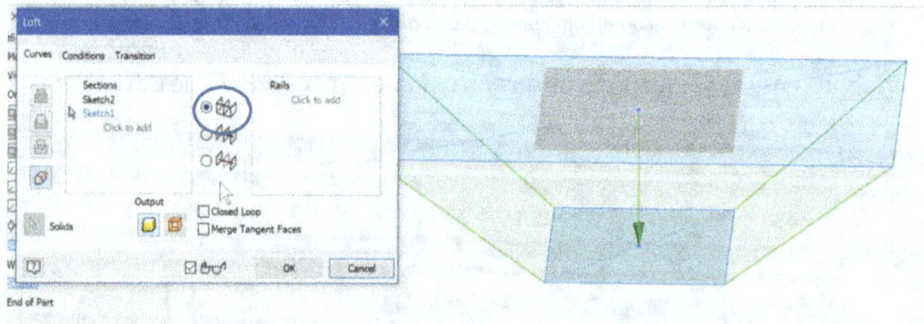

Figure 74: Sélection de la commande "Loft" en mode 3D, puis sélection des deux rectangles

Très bien ! Voilà pour l'approche et les méthodes de travail dans la conception CAO. Nous pouvons clore ce chapitre avec succès et passer au suivant. Dans ce qui suit, nous allons examiner de plus près la différence entre les pièces individuelles et les assemblages.

3.4 Pièces individuelles ou assemblages

Comme dans le monde réel, on peut aussi assembler virtuellement un composant ou un ensemble à partir de plusieurs pièces individuelles dans l'environnement CAO. Pour concevoir une machine complexe ou un autre assemblage complexe, on conçoit d'abord les pièces individuelles de cet élément complexe, puis on assemble virtuellement ces pièces individuelles dans le logiciel. Pour ce faire, vous utilisez des liens, des connexions ou des relations. Dans "Inventor", il est également possible de créer des "Joints". Mais nous en reparlerons plus tard.

Dans "Inventor", les pièces individuelles et l'assemblage sont chacun créés dans un environnement séparé. Lorsque vous avez terminé de créer les pièces individuelles, vous insérez toutes les pièces individuelles d'un assemblage dans le fichier de l'assemblage, puis vous les connectez dans l'environnement d'assemblage, par exemple à une machine ou plus simplement : à un assemblage. Chaque pièce individuelle a sa propre origine et son propre dossier dans l'arborescence de l'assemblage. L'assemblée elle-même a également sa propre origine. D'autres programmes de CAO ont ici une structure légèrement différente et tout peut être créé et assemblé dans un seul environnement de programme, par exemple, c'est le cas de "Fusion 360", également d'Autodesk.

Alors comment cela fonctionne-t-il ? Pour un assemblage, vous devez d'abord créer toutes les pièces individuelles dans l'environnement "Part". Lorsque vous avez fini de concevoir une première pièce, par exemple une pièce tournée aussi simple, que vous pouvez créer vous-même à l'aide des dimensions suivantes, il vous suffit de créer une deuxième nouvelle pièce dans un nouveau fichier.

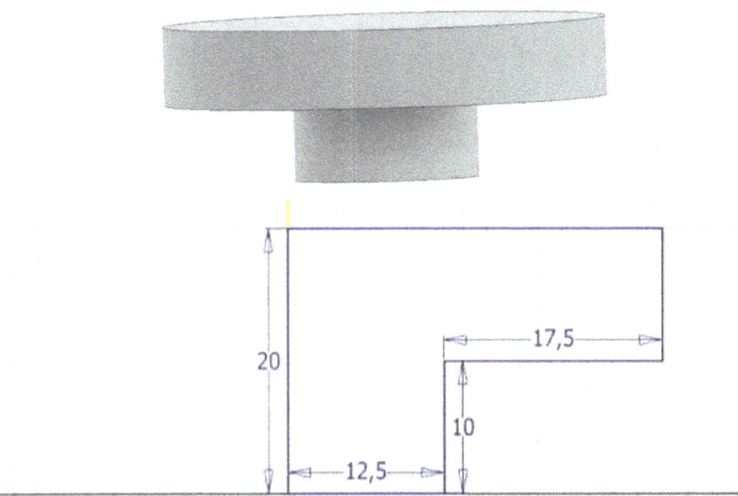

Figure 75: Créez la première pièce tournée (en haut) en utilisant le profil (en bas) et "Revolve"

Nous pourrions, par exemple, dessiner un autre profil de ce type pour une deuxième pièce tournée, que nous créons ensuite à nouveau avec la fonction "Revolve".

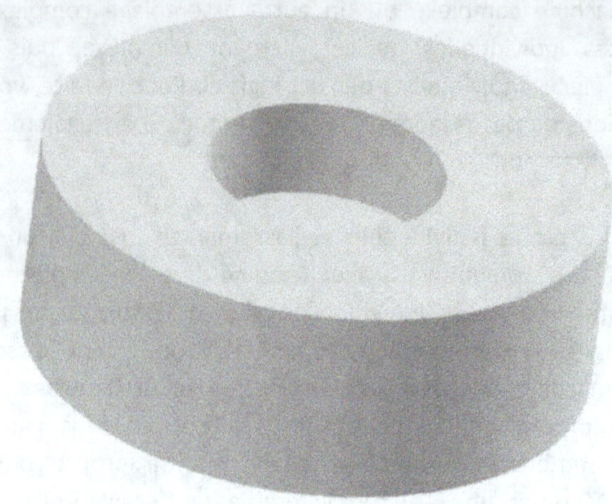

Figure 76: La deuxième pièce tournée comme contrepartie de la première pièce tournée ; essayez d'en déterminer vous-même le profil et les dimensions.

Créez ensuite un fichier d'assemblage. Les deux pièces individuelles sont ensuite insérées dans cet assemblage avec "Place".

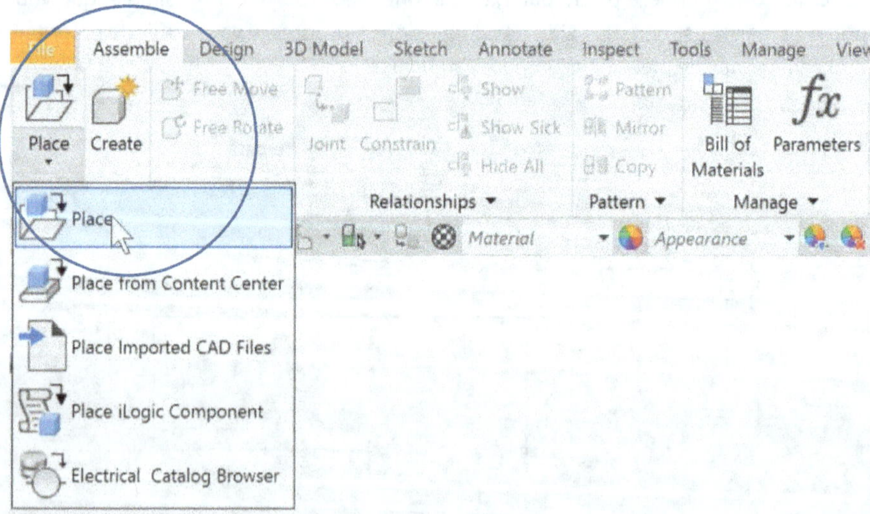

Figure 77: Utilisation de la commande "Place" pour insérer une pièce unique dans un assemblage (nous sommes dans l'environnement "Assembly" sur cette image, pour cela vous devez créer un assemblage)

Cliquez sur le calque de dessin pour insérer la pièce. Si vous voulez l'insérer à nouveau, il suffit de cliquer une deuxième fois, sinon, terminez le processus avec la touche "ESC". Vous pouvez également créer une nouvelle pièce directement dans un assemblage. Pour ce faire, utilisez la commande "Create" du menu "Assembly" dans un assemblage.

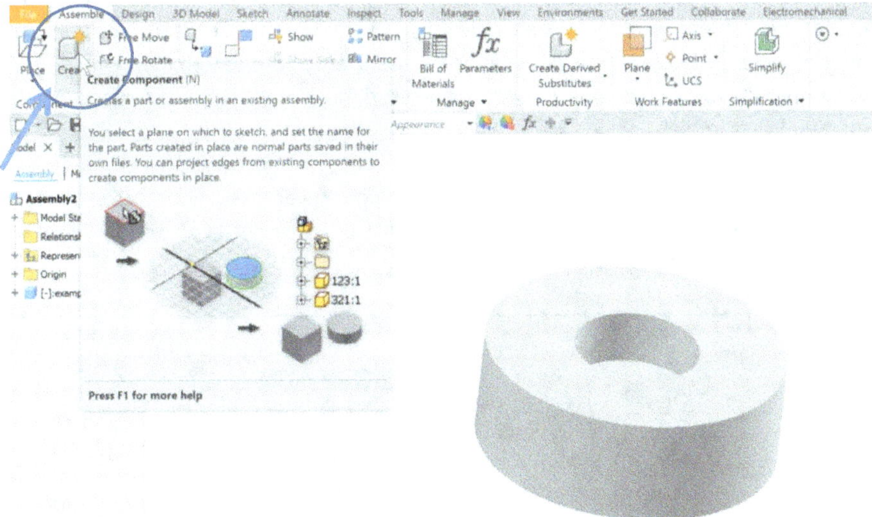

Figure 78: Utilisation de la commande "Create" ; création d'une pièce unique directement dans l'assemblage

Cela est souvent très utile car le premier composant reste une référence et les dimensions de la nouvelle pièce peuvent donc être dessinées ou déterminées très facilement pour s'adapter exactement. Cela fonctionnerait alors comme suit pour notre deuxième partie individuelle :

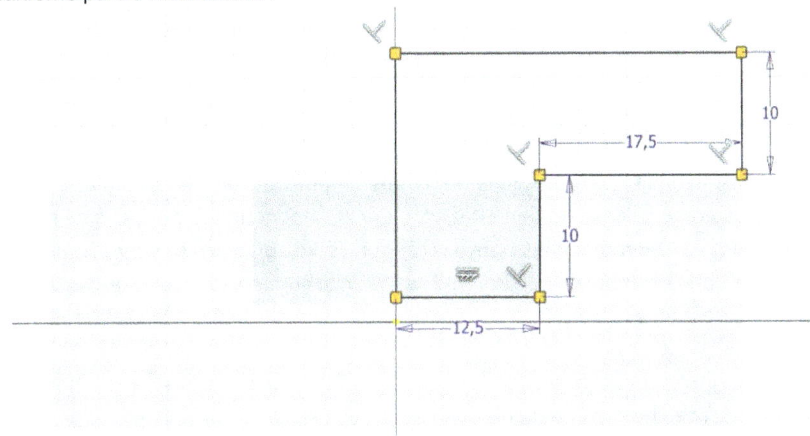

Figure 79: Dessinez l'esquisse de l'autre pièce unique sur le plan y-z dans l'assemblage

Soit dit en passant, que vous souhaitiez créer la nouvelle pièce individuelle directement dans l'assemblage ou que vous la créiez dans l'environnement de la pièce individuelle est une question de goût et varie en fonction de l'utilisateur et de sa façon de travailler.

Voyons maintenant l'assemblage de ces deux pièces individuelles. Nous pouvons déplacer librement les deux pièces individuelles insérées dans l'espace. Nous devons donc relier les deux pièces individuelles à l'étape suivante pour déterminer les positions et l'amplitude des mouvements dans l'espace tridimensionnel. Ici, nous avons besoin du menu "Assemble".

Dans "Inventor", vous disposez de deux options pour relier les composants entre eux. D'une part, vous pouvez travailler avec des restrictions ou des "Constraints" comme dans de nombreux autres programmes de CAO.

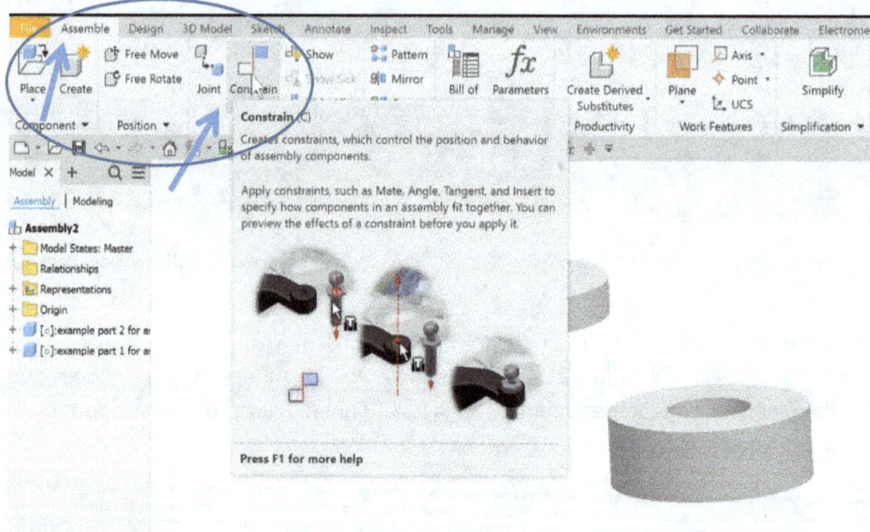

Figure 80: "Constrain" dans la zone "Relationships" de l'onglet "Assembly" dans un assemblage

Dans ce cas, l'amplitude des mouvements des différentes parties est limitée. Nous le savons déjà grâce à l'environnement d'esquisse 2D. Il fonctionne de la même manière en mode 3D. Par exemple, vous pouvez créer un lien de distance ou, par exemple, une contrainte concentrique entre deux pièces pour obtenir un ensemble assemblé et positionné de manière fixe.

D'autre part, on peut travailler avec des "Joints". Au lieu de restrictions, une articulation crée une gamme de mouvements définie.

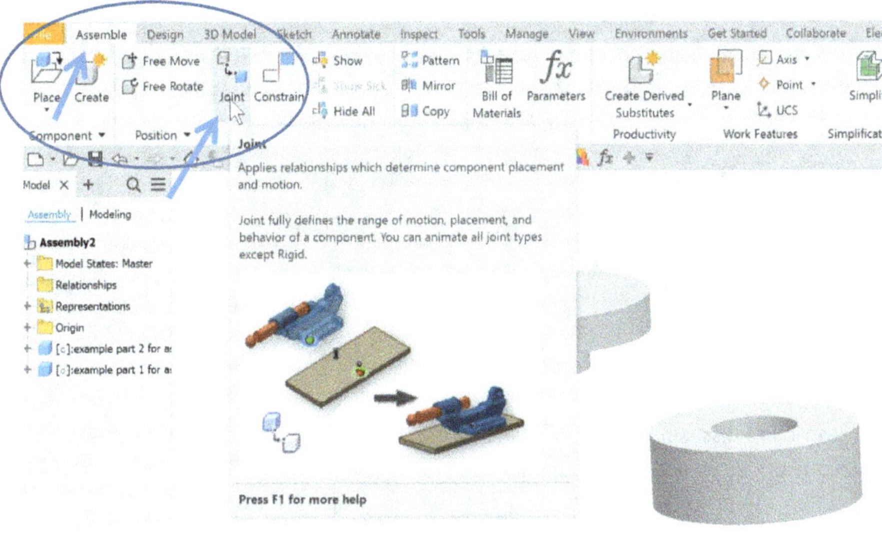

Figure 81: "Joint" dans la zone "Relationships" de l'onglet "Assembly" dans un assemblage

Un exemple : dans l'articulation d'un portail de jardin, par exemple, seule une rotation autour d'un axe est autorisée, tous les autres "degrés de liberté" sont bloqués. Aucun autre mouvement ne peut donc être effectué.

D'abord la méthode des "Constraints". Cette option est également utilisée par défaut dans d'autres programmes de CAO et est donc généralement plus courante. Pour relier nos deux pièces d'exemple, nous choisissons une contrainte concentrique, qui dans ce cas s'appelle "Insert".

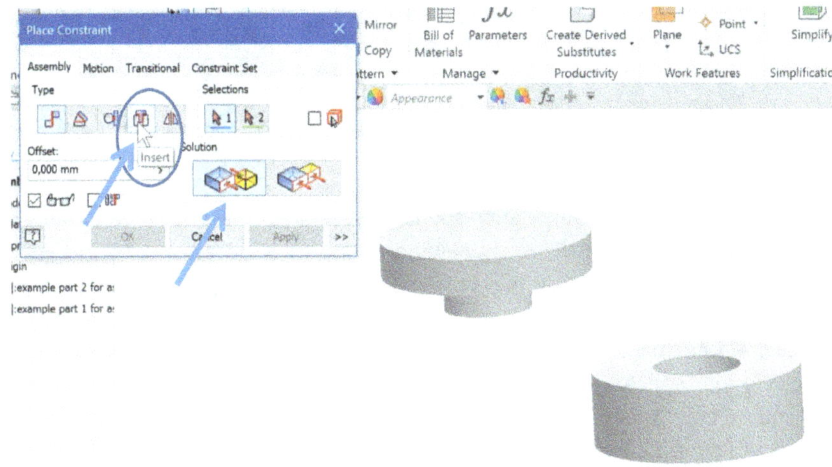

Figure 82: Sélectionnez la commande "Constrain", puis sélectionnez "Insert" pour "Type"

Il suffit de sélectionner, puis de choisir les axes des deux pièces individuelles à relier et les deux pièces sont réunies et sont maintenant solidement connectées.

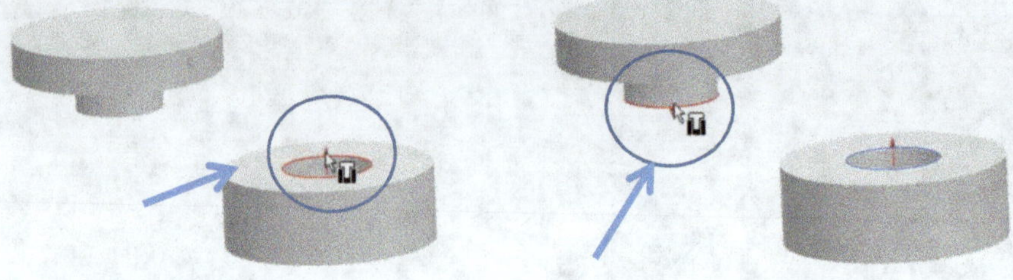

La restriction est alors affichée dans l'arborescence dans le dossier de la pièce individuelle. Nous pouvons également l'éditer ici avec un clic droit sur "Edit". Par exemple, nous pouvons ajouter un "Offset" si nous voulons une distance entre les deux parties, ou modifier l'alignement.

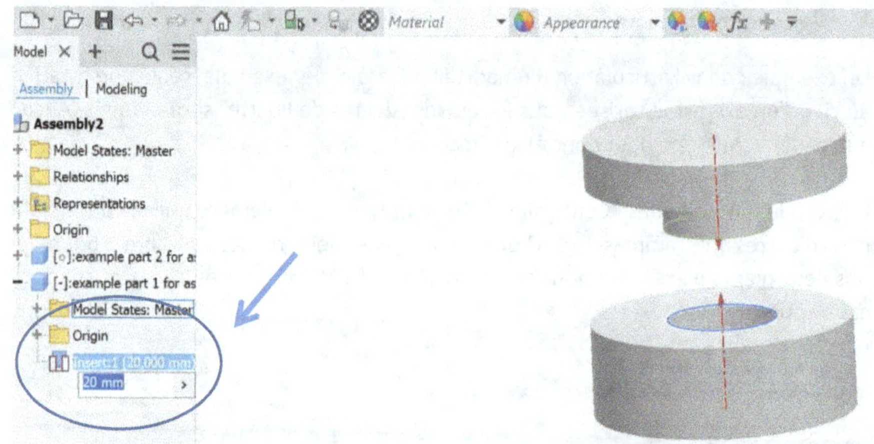

Figure 83: Les deux pièces individuelles liées avec un décalage de 20 mm

D'autres restrictions sont également disponibles, à savoir : "Mate", "Angle", "Tangent" et "Symmetry". Avec "Mate", vous pouvez rendre deux surfaces congruentes l'une à l'autre. Pour ce faire, il suffit de sélectionner une surface de la première partie et une surface de la deuxième partie. Ces deux surfaces sont alors reliées de manière congruente. Cependant, les mouvements dans l'avion sont toujours possibles. Avec "Tangent", vous pouvez relier deux éléments de manière tangentielle et avec "Angle", vous pouvez créer une relation angulaire entre deux éléments. Sur la base du nom, vous pouvez donc déjà très bien déduire la fonction.

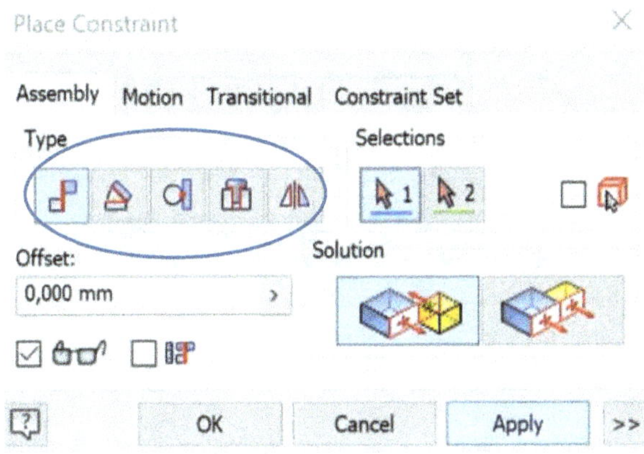

Figure 84: Les autres types de contraintes disponibles

L'objectif est de relier les différentes pièces de manière réaliste, c'est-à-dire de relier une vis, par exemple, de manière concentrique et rigide avec un alésage d'une pièce d'assemblage. Ou, par exemple, pour relier le piston d'un vérin de levage de manière à ce qu'il soit guidé linéairement et possède deux points d'arrêt.

Cependant, nos deux pièces individuelles jointes peuvent encore être déplacées librement dans l'assemblage, car la référence à l'origine de l'assemblage est toujours absente. Le moyen le plus simple est de fixer l'une des deux parties individuelles à l'origine. Nous le faisons avec la commande "Ground and Root" de la section de menu "Assemble" dans la zone "Productivity".

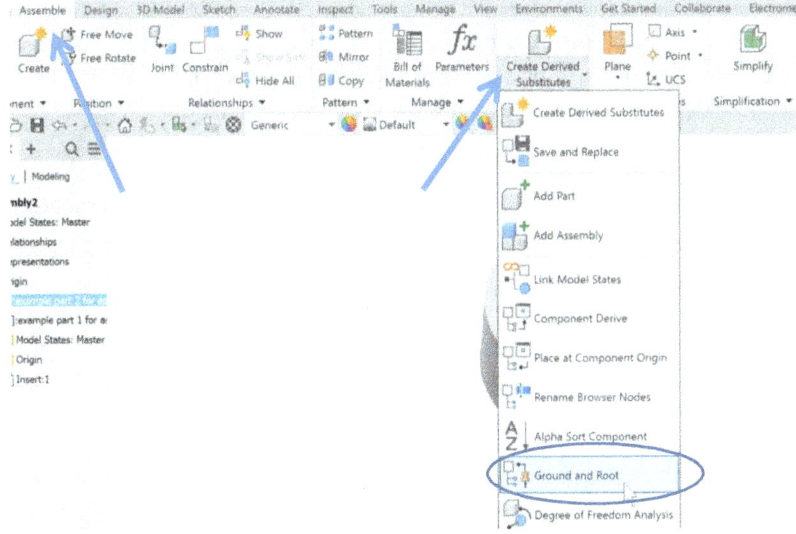

Figure 85: La commande "Ground and Root" dans le menu déroulant "Productivity"

Il suffit de sélectionner l'élément et la commande, puis d'activer "Ground at origin" et, en option, "Create origin flush constraints".

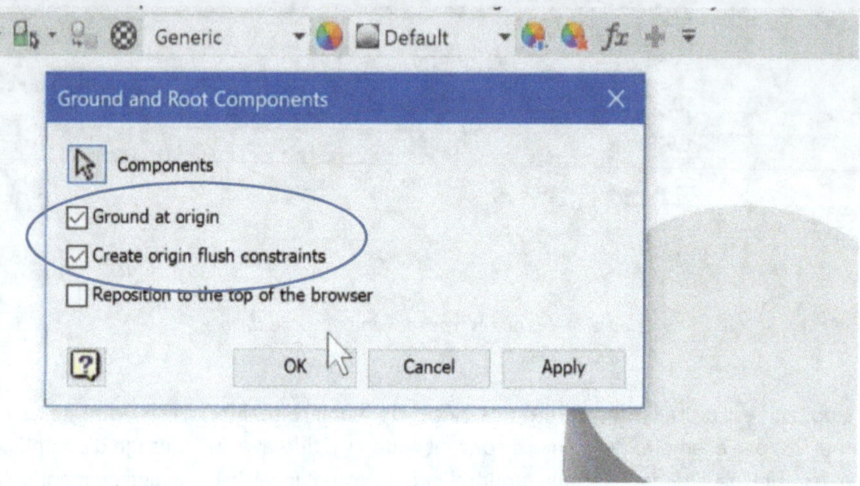

Figure 86: Les options de la commande "Ground and Root"

Ensuite, la pièce individuelle est déplacée vers l'origine de l'assemblage et y est fixée. Si l'option "Create origin flush constraints" est activée, trois contraintes sont créées pour la fixation, sinon, la pièce est fixée sans contraintes. L'avantage des contraintes est que vous pouvez les modifier ultérieurement - si vous le souhaitez. Par exemple, vous pouvez définir un "Offset". Un autre avantage est que vous pouvez animer les "Constraints" dans l'environnement d'animation "Inventor Studio" en un seul clic, c'est-à-dire que vous pouvez rejouer et enregistrer un mouvement. Cela n'est pas possible avec les joints. À propos, vous pouvez également faire glisser une pièce individuelle dans un assemblage. Il suffit de sélectionner la pièce et de la faire glisser dans l'assemblage. S'il s'agit de la première pièce de l'assemblage, elle est alignée et fixée en fonction de l'origine, vous n'avez donc pas besoin d'utiliser la commande "Ground at origin". La prochaine pièce que vous faites glisser dans l'assemblage est alors initialement libre de se déplacer à nouveau.

Comme déjà mentionné, "Inventor" offre également la possibilité d'utiliser des "Joints" pour ces connexions ou pour assembler des pièces individuelles dans un ensemble. Dans le menu "Assemble", nous sélectionnons d'abord la commande "Joint".

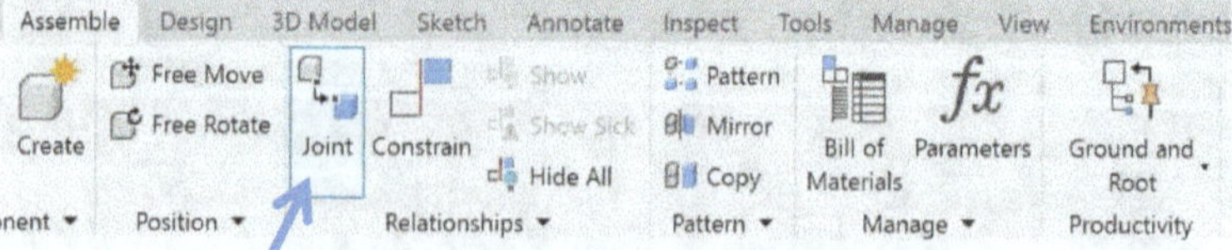

Figure 87: Sélection de la commande "Joint" dans l'assemblage

Ensuite, nous devons procéder à deux étapes. D'une part, définir les positions des origines des articulations, par exemple sélectionner les points sur les surfaces que nous voulons relier, et d'autre part, définir l'amplitude du mouvement à l'aide de l'articulation. Essayons quelques possibilités. D'une part, nous pourrions sélectionner ces deux origines de joint sur ces surfaces et, par exemple, créer une connexion rigide avec "Rigid".

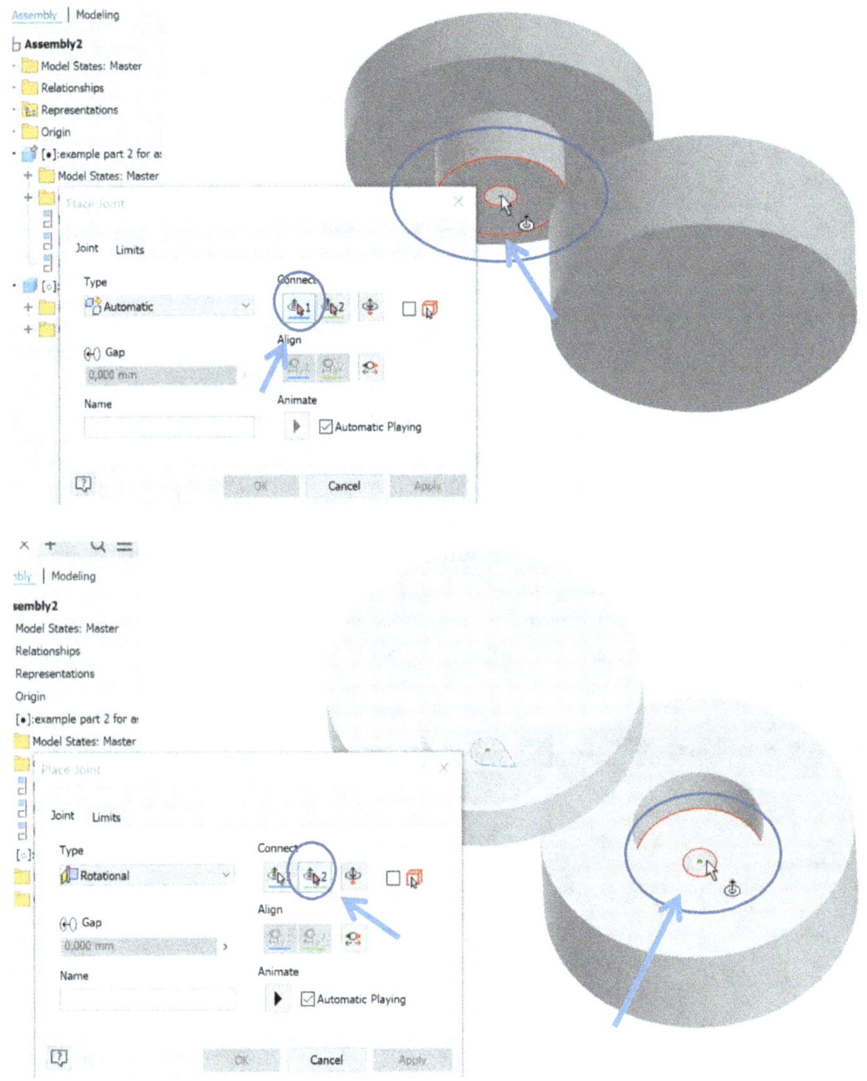

Figure 88: Sélection des deux points indiqués comme origines des joints

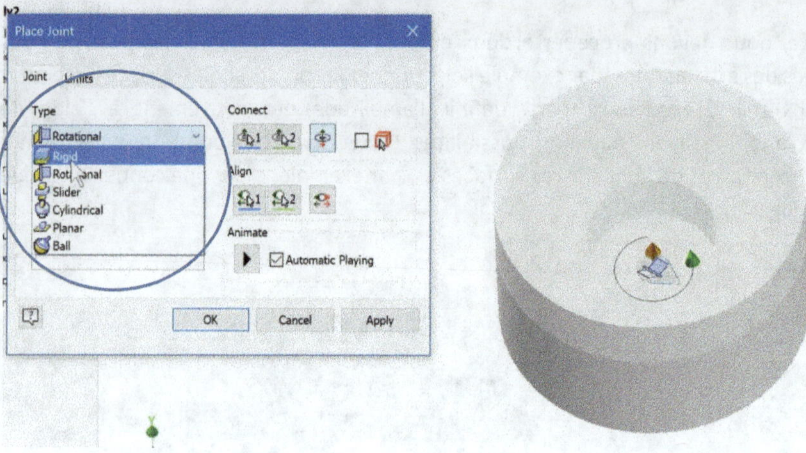

Figure 89: Sélectionnez "Rigid" dans les options "Type" ; essayez également les autres "Types"

À propos, lors de la sélection de la relation, une courte animation de l'amplitude possible du mouvement est diffusée, ce que je trouve personnellement très réussi et utile. Une caractéristique vraiment formidable qui rend ce programme très vivant.

D'autre part, nous pourrions autoriser une rotation autour de l'axe des y avec "Rotational". Avec "Slider", nous pouvons autoriser un mouvement le long de l'axe des x et avec "Cylindrical" à la fois un mouvement le long de l'axe des y et une rotation autour de cet axe. Avec "Planar", le composant peut se déplacer linéairement dans un plan et tourner autour d'un axe. Une autre fonction très intéressante est "Ball", qui crée une articulation à rotule. Dans le champ "Gap", un décalage, c'est-à-dire une distance entre les origines des joints, peut être sélectionné. Avec les boutons sur "Align", l'alignement de l'articulation peut être modifié ou reflété sur la surface de l'articulation.

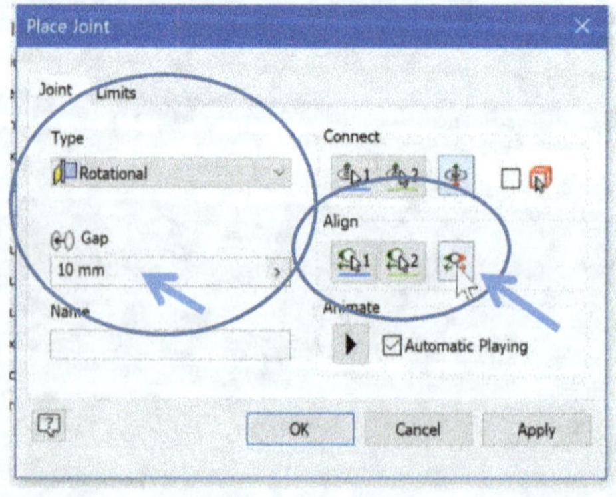

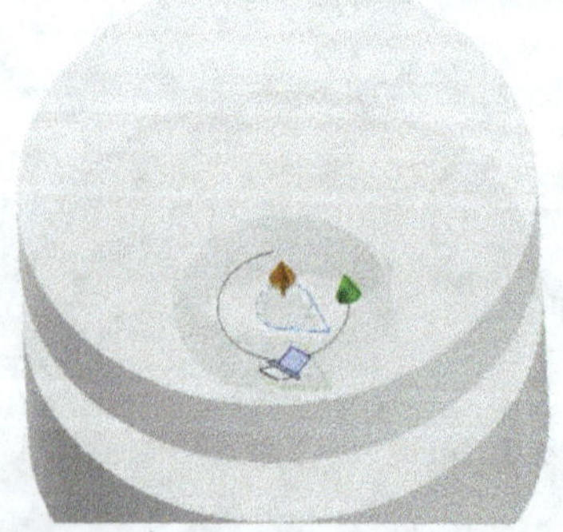

Figure 90: "Gap" lorsque "Rotational" est sélectionné ; boutons d'alignement pour l'alignement

Si nous passons à l'onglet "Limits", d'autres réglages peuvent être effectués, comme la détermination d'une position de début et de fin.

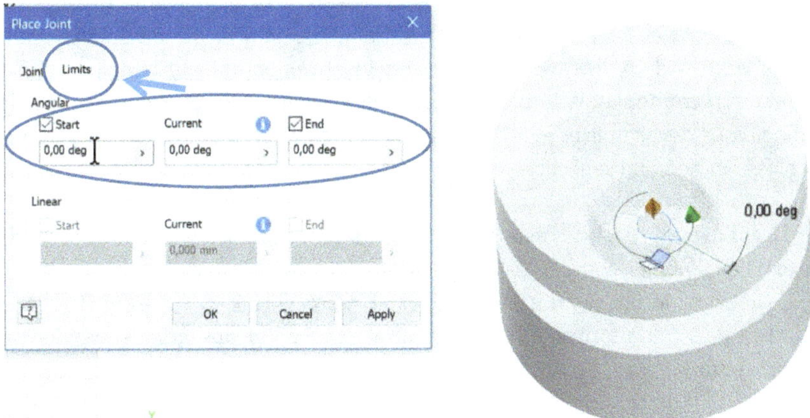

Figure 91: l'onglet "Limits" dans les paramètres de l'articulation

Si nous sélectionnons maintenant le type de mouvement "Cylindrical", par exemple, nous voyons que nous ne pouvons déplacer le composant que dans les degrés de liberté définis. Le joint apparaît également dans le dossier du composant lié dans l'arborescence et peut être supprimé, supprimé ou modifié d'une autre manière en cliquant dessus avec le bouton droit de la souris.

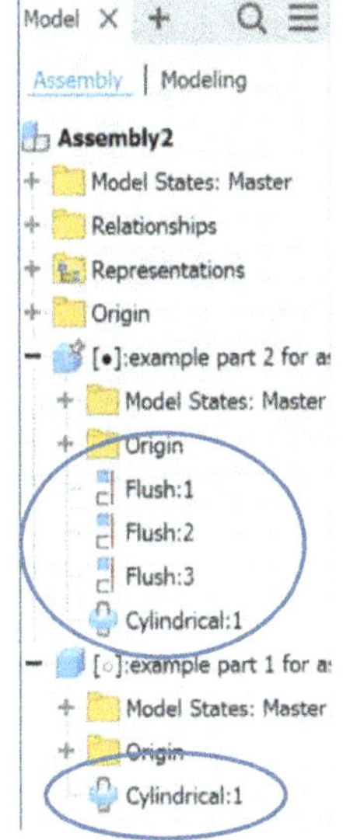

Figure 92: Les joints et les liens apparaissent dans l'arbre de structure

Par ailleurs, si aucune marge de manœuvre n'est souhaitée, il suffit généralement de sélectionner la relation "Rigid".

L'avantage des articulations est que l'on peut souvent obtenir la même chose avec moins de clics qu'avec les "Constraints". Il s'agit donc de deux façons de travailler, qui présentent toutes deux des avantages et des inconvénients. Par exemple, si vous envisagez de créer une simulation dynamique, utilisez "Joints". Si vous voulez créer une animation, vous devez utiliser les "Constraints" car, contrairement aux "Joints", vous pouvez les animer en un seul clic.

Parfait ! Dans cette leçon, nous avons appris à créer plusieurs pièces individuelles dans "Inventor" et à les relier entre elles ou à les assembler virtuellement. Dans la prochaine leçon, nous examinerons les différentes vues et représentations. Après avoir appris toutes les bases importantes, nous nous attaquons enfin aux grands projets de construction pratiques !

3.5 Vues et représentations (vues de base, vue en coupe, etc.)

Dans cette leçon, nous allons brièvement examiner les vues et représentations possibles dans "Inventor". Les vues de base se trouvent à gauche dans l'arborescence, dans le dossier "View : ...". Dans ce dossier, nous pouvons choisir entre "Top", "Front", "Right" et "Isometric", c'est-à-dire top, front, right, isometric.

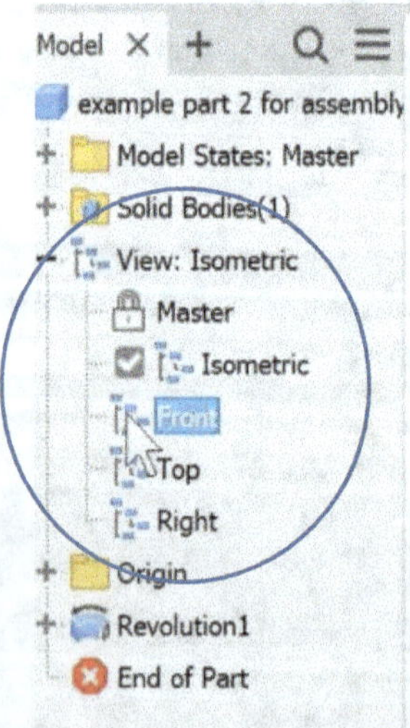

Figure 93: la sélection des vues de base dans l'arbre de structure à "View : ..." ; nous sommes à nouveau dans l'environnement de la pièce individuelle ("Part")

Si nous voulons regarder une surface spécifique, nous pouvons sélectionner une surface dans la petite barre de menu sur le côté droit avec la fonction "Look at" . Cette surface est ensuite affichée verticalement par le haut.

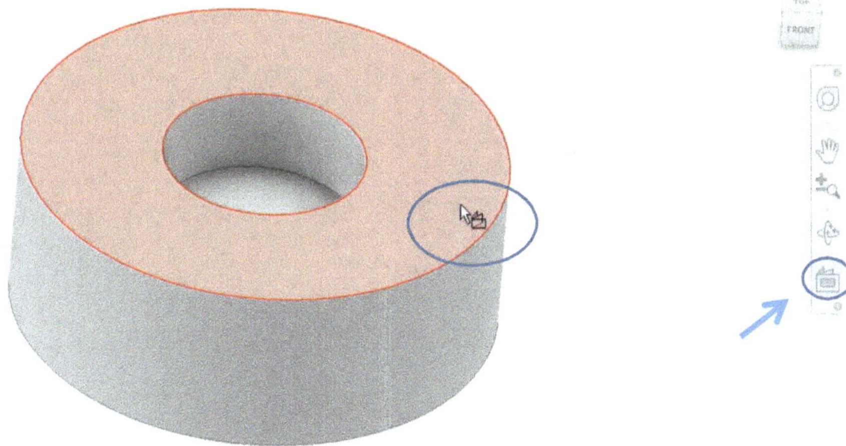

Figure 94: Sélectionnez la commande "Look at" et choisissez la surface à regarder verticalement

Avec la fonction "Zoom Window", également à partir de cette barre, nous pouvons agrandir une zone définie. Pour ce faire, il suffit de faire glisser une petite fenêtre autour de la zone souhaitée.

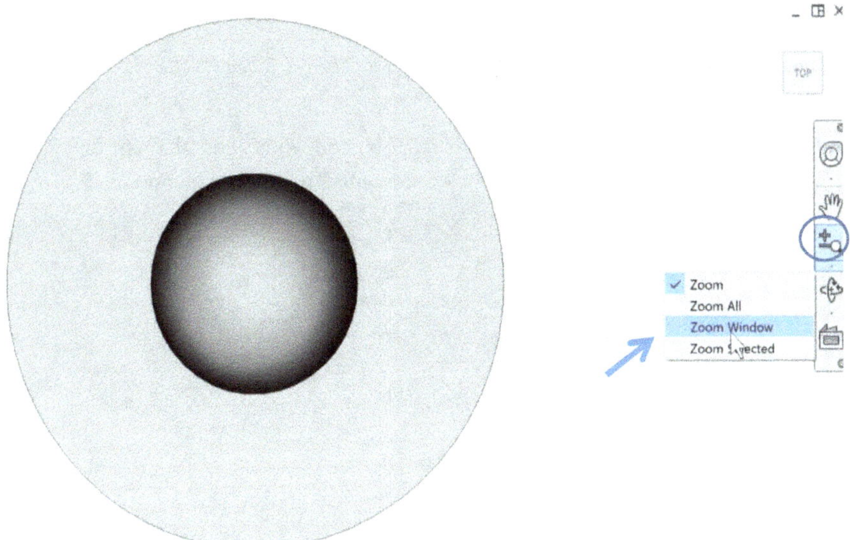

Figure 95: Sélectionner la commande "Zoom Window" et zoomer simplement une zone avec la souris

Dans l'onglet "View" de la zone supérieure se trouve le menu de sélection "Visual Style", avec lequel nous pouvons modifier l'affichage de nos composants.

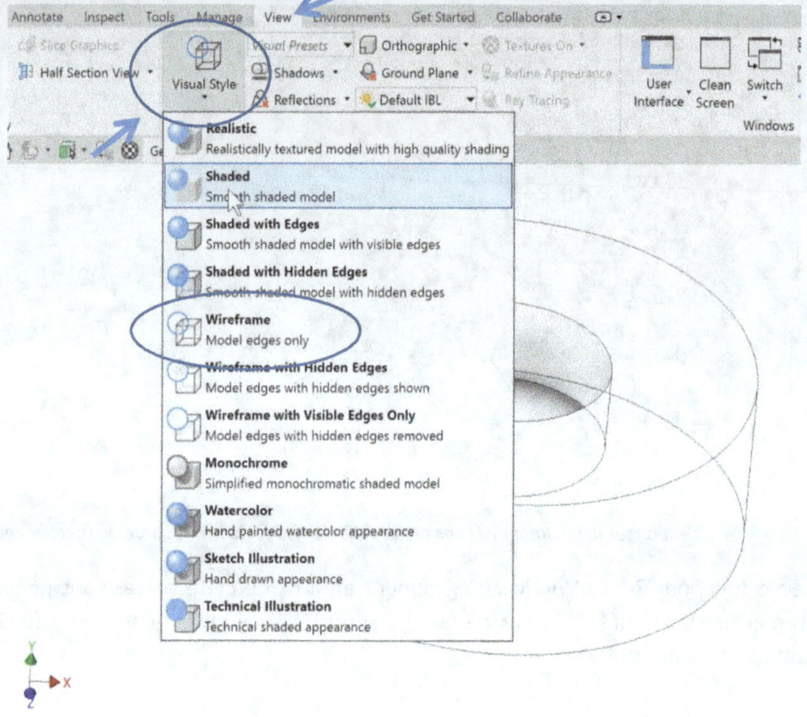

Figure 96: Modification du "Visual Style" d'un objet (dans l'image, l'objet est affiché comme un "fil de fer")

À l'extrême gauche, sous "Object Visibility", nous pouvons généralement définir quels éléments, tels que les couches et les axes, doivent être affichés ou non.

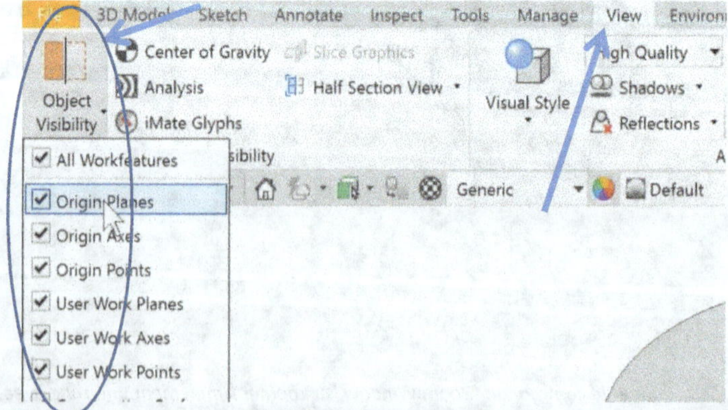

Figure 97: modifiez les paramètres d'affichage des couches, des points, etc. avec "Object Visibility"

Ici, nous pouvons également créer une vue de section. Nous le faisons avec la commande "Section View" de la section "Visibility" à "View".

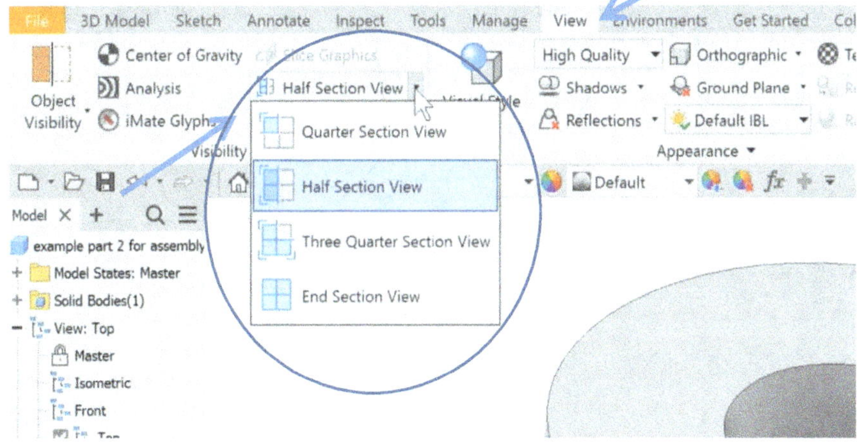

Figure 98: Créez une vue en coupe pour regarder à l'intérieur de la pièce

Nous pouvons exposer une moitié, un quart ou trois quarts de la pièce et ainsi regarder à l'intérieur. Considérez cela comme le fait de couper un gâteau et de regarder à l'intérieur. Pour une vue en quart, nous sélectionnons la commande et un premier plan, par exemple le plan y-z, puis nous cliquons sur la petite flèche et ensuite nous sélectionnons un deuxième plan, par exemple le plan x-y.

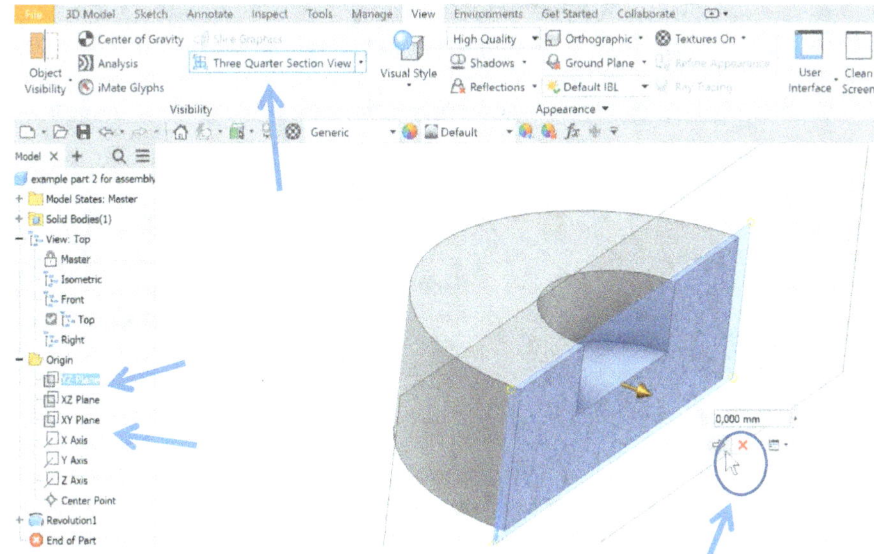

Figure 99: Création d'une vue de trois quarts : 1) sélectionnez la commande et le plan y-z ; 2) cliquez sur la petite flèche encerclée ; 3) sélectionnez le plan x-y

Maintenant, la vue de section est créée. À propos, avec une demi-coupe, vous ne devez sélectionner qu'un seul plan. Vous pouvez également définir un décalage à l'aide de la flèche ou du clavier. Avec "End Section View" dans le menu déroulant, vous pouvez à nouveau terminer la vue de section.

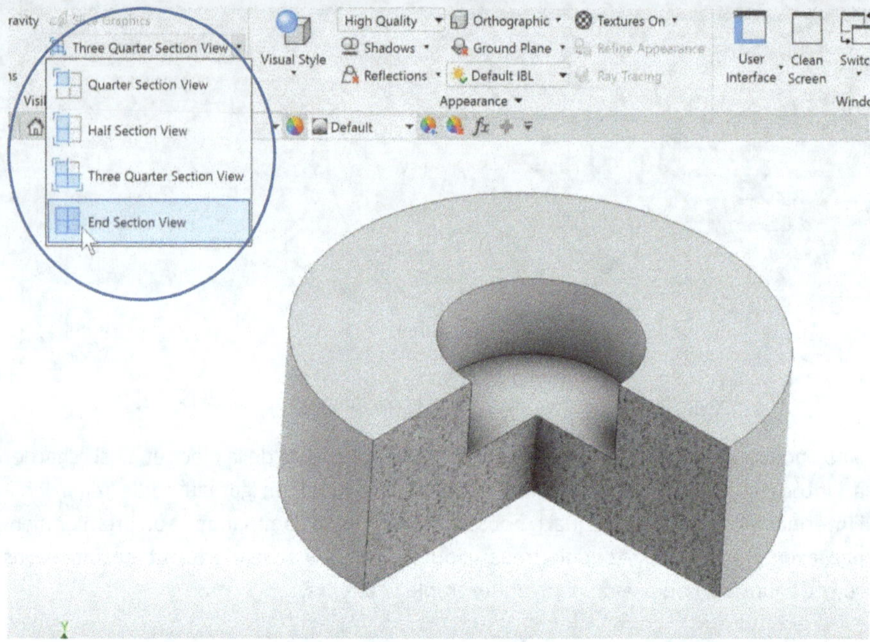

Figure 100: Vue de la section d'extrémité avec "End Section View"

Enfin, nous faisons connaissance avec quelques affichages utiles du menu "Inspect".

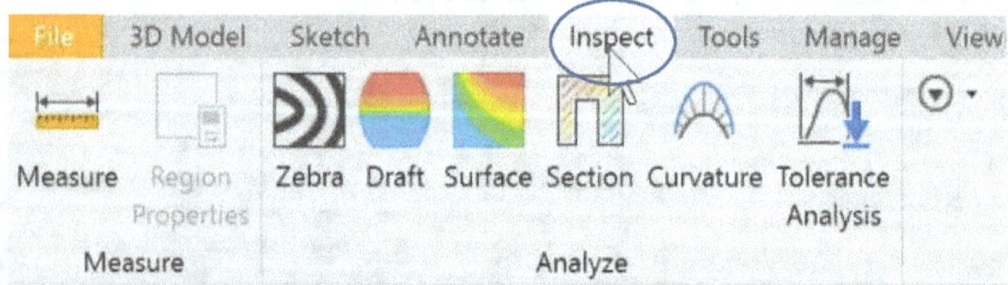

Figure 101: l'onglet de menu "Inspect" avec de nombreuses fonctions d'analyse

Grâce à la commande "Section", nous pouvons également afficher et même analyser la section transversale d'un composant ou d'un assemblage. Après avoir sélectionné la fonction, nous devons sélectionner le plan dans lequel nous voulons couper la pièce. Nous pouvons également sélectionner une surface. Par exemple, nous sélectionnons le plan y-z. La pièce est ensuite découpée dans ce plan. Nous pouvons maintenant confirmer ou déplacer la surface de coupe à l'aide de la flèche ou en saisissant une cote.

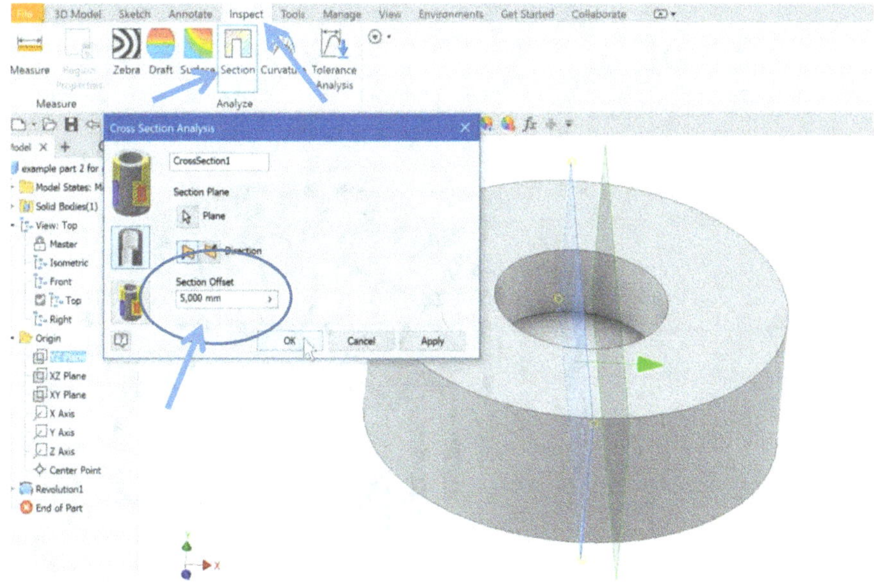

Figure 102: Analyse de la section transversale d'une pièce

Après confirmation, la vue de section apparaît dans le dossier de menu "Analysis" à gauche dans l'arborescence, où nous pouvons la modifier ou la supprimer par un clic droit.

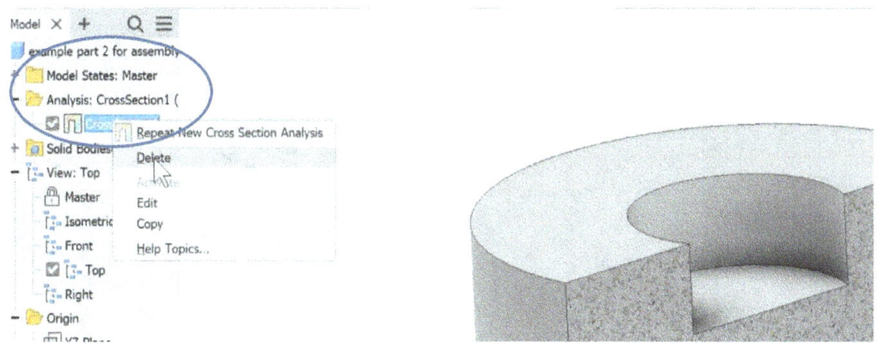

Figure 103: L'analyse de la section est affichée dans le dossier "Analysis"

Dans le menu "Inspect", vous trouverez également des fonctions d'analyse telles que l'analyse zébrée. Vous pouvez ainsi vérifier les transitions entre les surfaces au moyen de bandes noires et blanches projetées sur la surface et, par exemple, examiner la surface d'une aile d'avion pour voir si elle est continue ou lisse. Ceci est important pour la résistance à l'écoulement, par exemple.

Figure 104: l'analyse Zebra dans l'onglet "Inspect".

Pour conclure ce chapitre, nous allons examiner l'arborescence de gauche. Ici, les différentes étapes de la construction sont représentées dans l'ordre chronologique et nous trouvons les caractéristiques générées, telles que"Sketch", "Extrusion", etc.

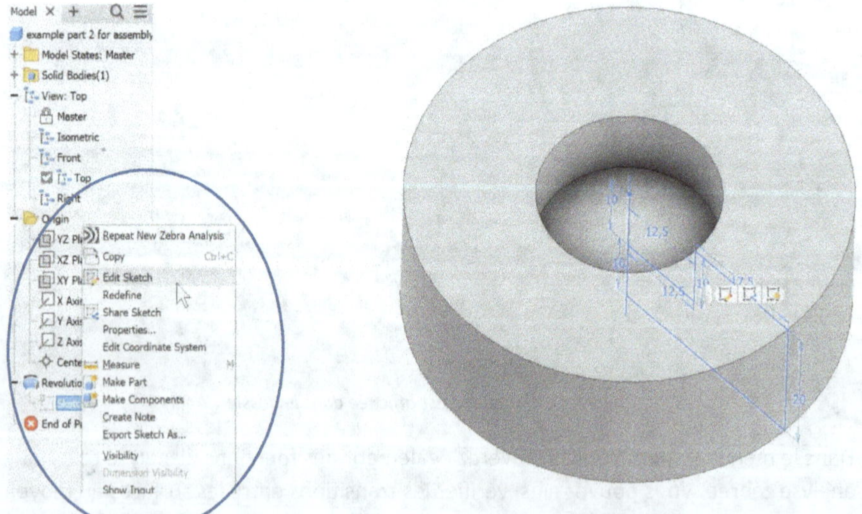

Figure 105: L'arborescence peut être utilisée pour modifier les caractéristiques individuelles et les croquis.

Ce qui est génial maintenant, c'est qu'avec cet arbre de structure, la construction peut être reproduite relativement facilement.

Vous pouvez également revenir à un point spécifique de la construction en plaçant simplement la branche avec le point rouge appelé "End of Part" devant un élément de construction spécifique.

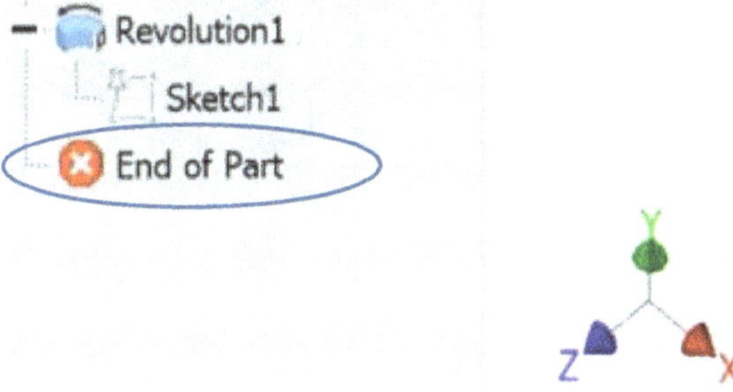

Figure 106: Placement du bouton "End of Part" devant une caractéristique spécifique

Le programme montre ensuite le composant avec toutes les étapes de construction uniquement jusqu'à ce point. En cliquant avec le bouton droit de la souris sur les différentes étapes de conception, vous pouvez également éditer les étapes respectives, par exemple une esquisse 2D ou modifier les propriétés d'une extrusion. Cette barre est également très utile pour ne pas perdre la vue d'ensemble, surtout avec des constructions plus complexes. Surtout si vous avez pris l'habitude d'attribuer une désignation à chaque étape de la construction. Pour ce faire, il faut double-cliquer très lentement sur l'élément dans l'arbre de structure.

La classe ! Maintenant que nous avons appris toutes les bases pertinentes et importantes et le maniement général de la section CAO du programme, nous allons maintenant aborder la construction de projets d'exemple. Dans le premier projet, nous nous lançons vraiment, nous voulons apprendre la procédure de construction en utilisant un mousqueton très simple. Il est suivi d'un modèle de collecteur d'échappement, un peu plus difficile à réaliser, puis d'un modèle simplifié de l'avant d'un camion et enfin d'un modèle simplifié d'un moteur de voiture à 4 cylindres, un peu plus complexe.

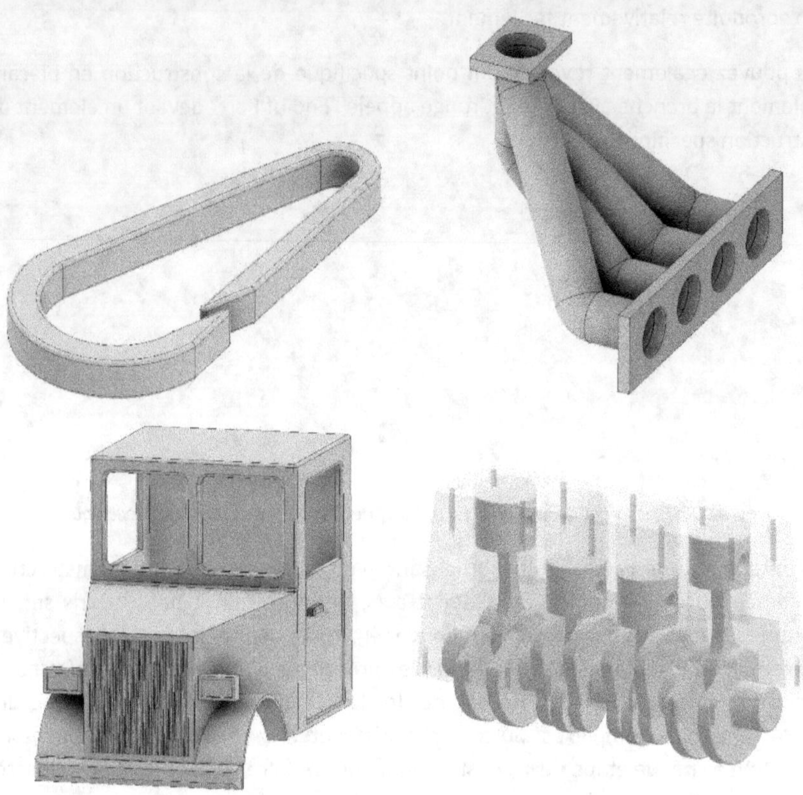

Figure 107: Les projets de conception qui vous attendent encore dans les chapitres suivants

Mais ne vous inquiétez pas, nous allons procéder étape par étape. D'ailleurs, en travaillant de manière pratique, nous apprendrons à connaître encore plus de nouvelles fonctions et commandes, ainsi qu'à consolider les bases. Apprendre par la pratique ! Restez avec nous, ce sera passionnant !

4 Application pratique de la CAO : projets de construction

4.1 Projet de conception I : Mousqueton simple

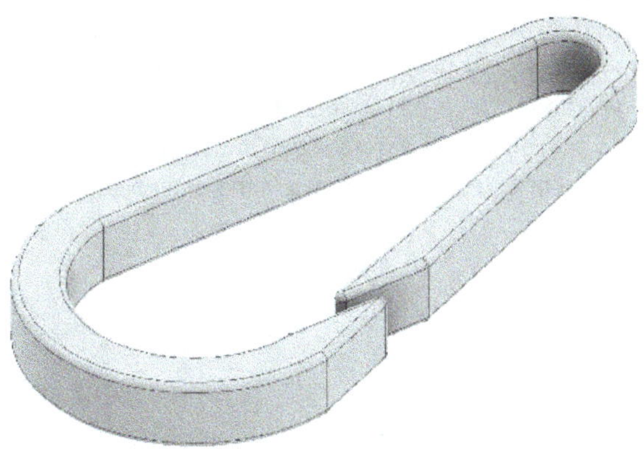

Figure 108: Un simple mousqueton devient notre premier projet de construction

Pour le mousqueton, nous commençons par une nouvelle pièce unique : "Part" avec le bouton "Start 2D Sketch" et la sélection d'un plan, par exemple le plan x-z. Réfléchissons d'abord à la manière dont le mousqueton est construit et à la meilleure façon de le construire. Si nous regardons le mousqueton d'un peu plus près, nous remarquons que vous pouvez placer une forme circulaire dans la zone gauche et droite respectivement et que les entretoises du mousqueton représentent des connexions tangentielles entre ces cercles.

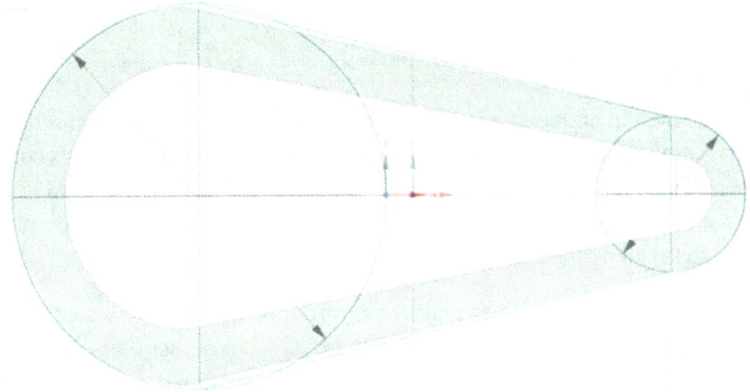

Figure 109: Nous construisons le mousqueton en utilisant deux cercles et des lignes

Construisons le mousqueton de cette manière. Commençons donc par dessiner le premier cercle avec un point de départ sur la ligne horizontale, qui dans ce cas, est l'axe z. Par exemple, nous choisissons un diamètre de 50 mm.

Créez ensuite un autre cercle d'un diamètre de 20 mm un peu plus loin sur la droite. Nous dimensionnons alors la distance entre les deux cercles à 70 mm. Afin de définir complètement l'esquisse précédente, ce que vous constaterez par la coloration bleue, nous avons maintenant encore besoin d'une référence dans la direction de l'axe des x et de l'axe des z par rapport à l'origine. Nous définissons la position de notre croquis dans la direction z, par exemple, en ajoutant une autre dimension de 35 mm du centre du premier cercle à l'origine. La position x simplement avec la dépendance ou "Constraint" : "vertical".

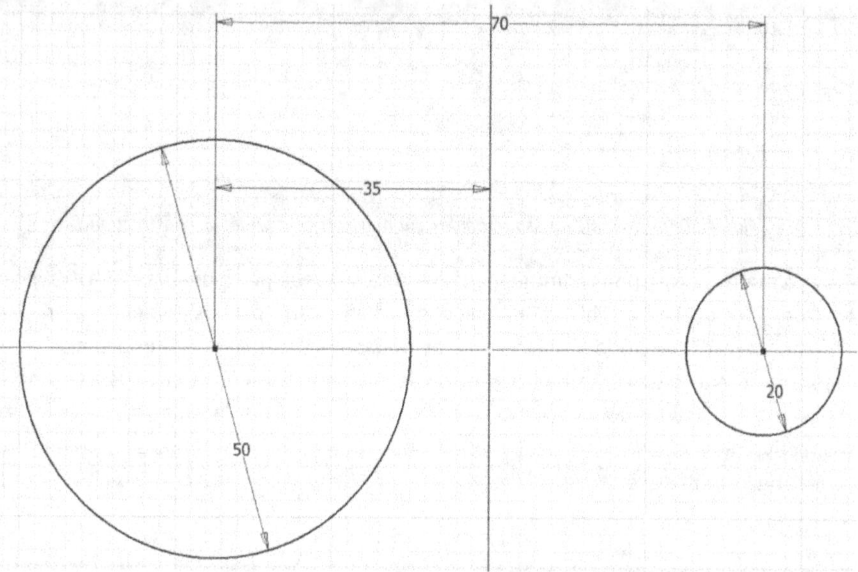

Figure 110: Deux cercles forment le début de l'esquisse du mousqueton

Vous pouvez soit définir une esquisse entièrement par les dimensions uniquement, soit choisir une combinaison de dimensions et de conditions, comme ici. Pour la condition, nous sélectionnons le centre de chacun des deux cercles, puis l'origine. Maintenant, l'esquisse est bleue et entièrement définie, c'est-à-dire qu'elle ne peut plus être déplacée dans le plan sans autre forme de procès.

Ensuite, nous traçons des lignes auxiliaires horizontales et verticales passant par les centres des deux cercles pour faciliter l'application des dimensions et des lignes tangentes. Dessinez les lignes et cliquez dessus avec le bouton droit de la souris pour sélectionner la commande "Construction".

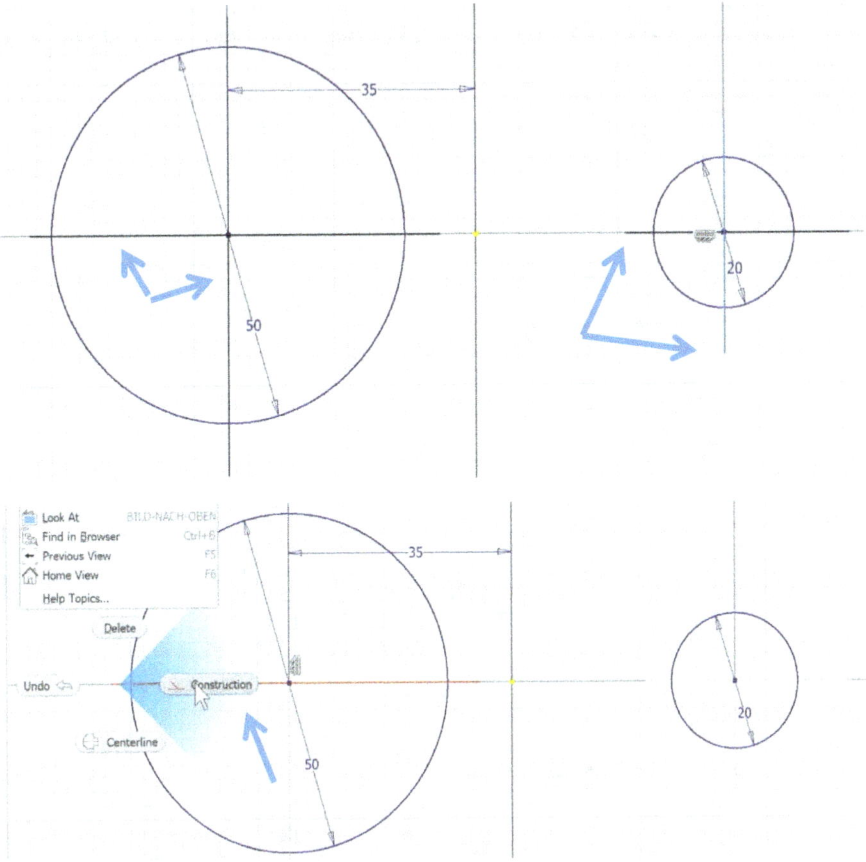

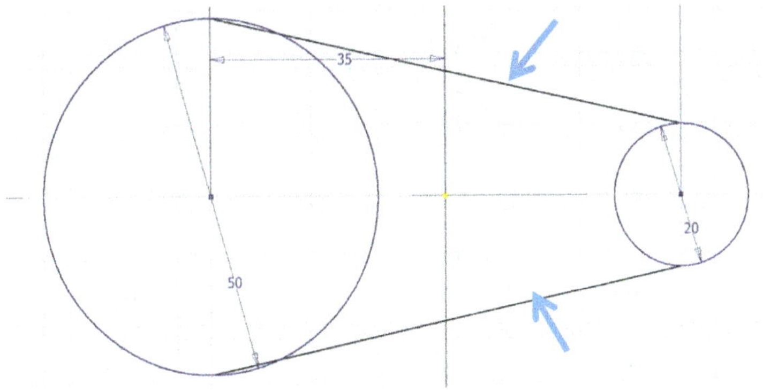

Figure 111: Les lignes auxiliaires passant par les centres des deux cercles

Dans l'étape suivante, nous relions les intersections des guides verticaux avec les cercles par deux lignes.

Figure 112: Tracez deux lignes de connexion tangentielles

Pour obtenir une forme autonome, nous n'avons besoin que du contour extérieur, c'est pourquoi nous utilisons l'outil "Trim".

À l'aide de l'outil, supprimez tous les segments de ligne superflus comme suit :

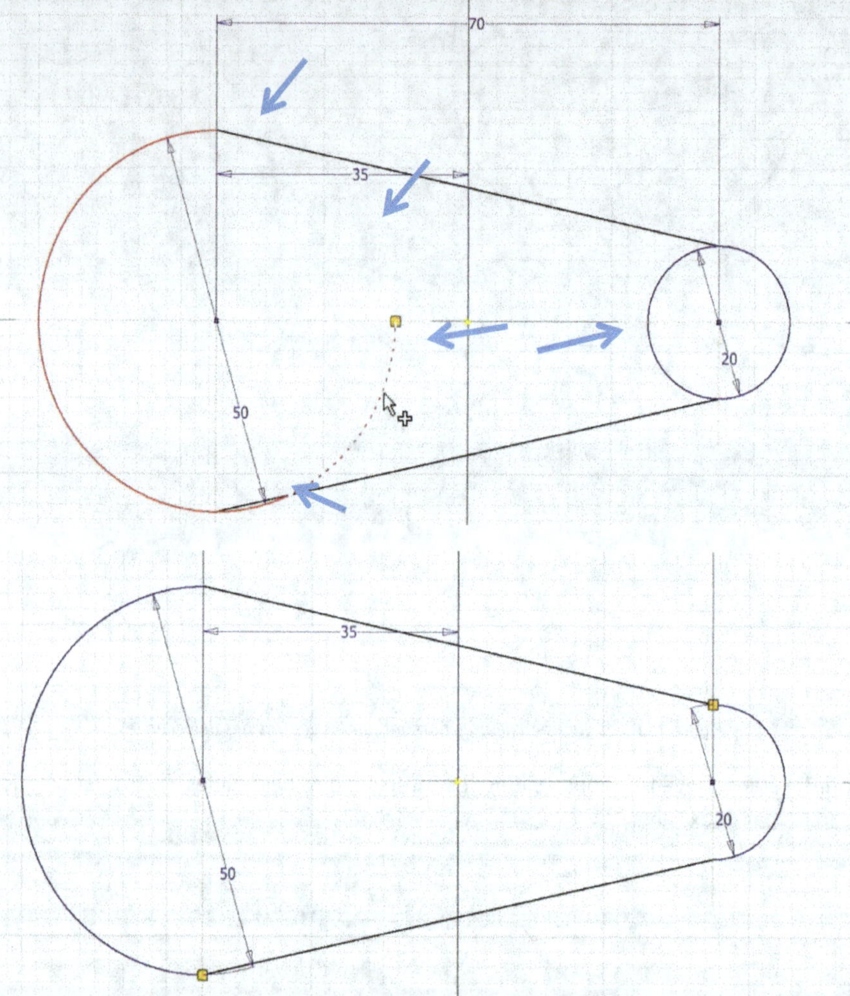

Figure 113: Supprimez les sections superflues du cercle

Maintenant, nous pouvons déjà extruder la surface. Mais nous devrions alors encore faire une découpe pour obtenir le mousqueton final. Mais nous pouvons aussi appliquer tout de suite une solution plus rapide et dessiner la section transversale du mousqueton en une seule étape.

Pour ce faire, ajoutez deux cercles supplémentaires de 35 et 10 mm de diamètre dans la zone intérieure du mousqueton et tracez à nouveau deux lignes à partir des intersections des cercles avec les lignes de guidage, de manière analogue aux étapes précédentes.

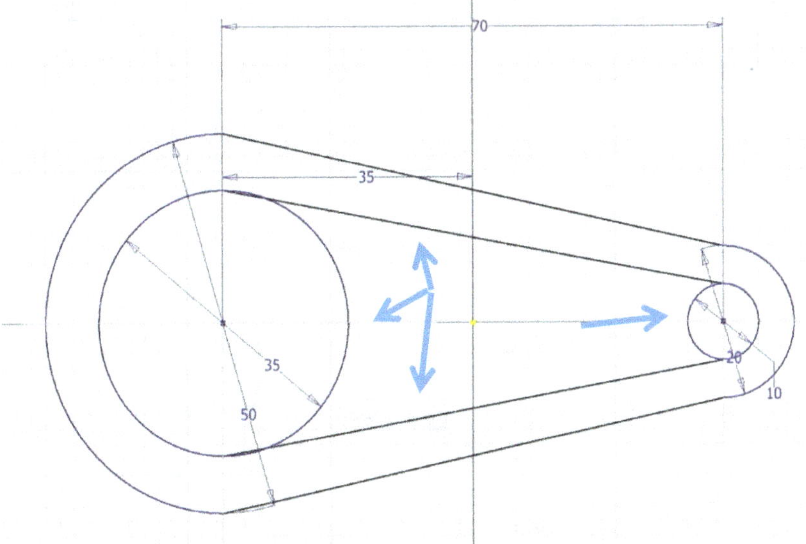

Figure 114: Redessinez des cercles et des lignes tangentielles (à l'intérieur ; voir les flèches)

Ensuite, supprimez tous les segments de ligne superflus en utilisant à nouveau la fonction "Trim".

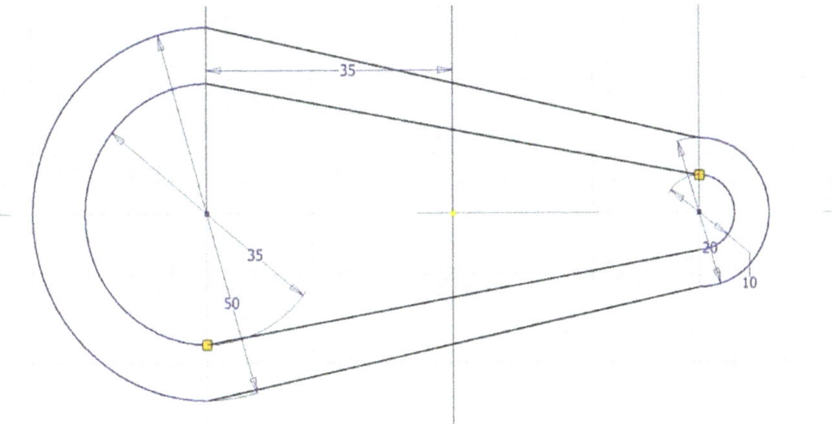

Figure 115: Toutes les sections superflues des deux cercles ont été supprimées à nouveau avec "Trim"

Afin de créer la découpe pour l'ouverture du mousqueton, nous traçons une ligne à 100° de la base de la ligne de connexion tangentielle intérieure à la ligne de connexion extérieure du mousqueton. La mesure résulte automatiquement de la saisie de l'angle et des points d'arrivée. Vous pouvez passer de la saisie des mesures à celle des angles à l'aide de la touche de tabulation.

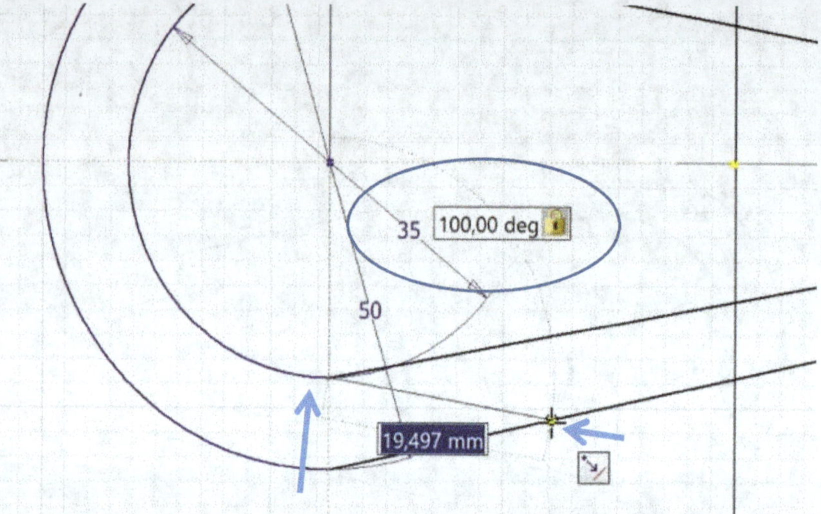

Tracez ensuite une deuxième ligne parallèle et mesurez une distance de 2 mm. Si le parallélisme n'est pas créé automatiquement - attention aux petits caractères derrière - vous devrez le créer vous-même.

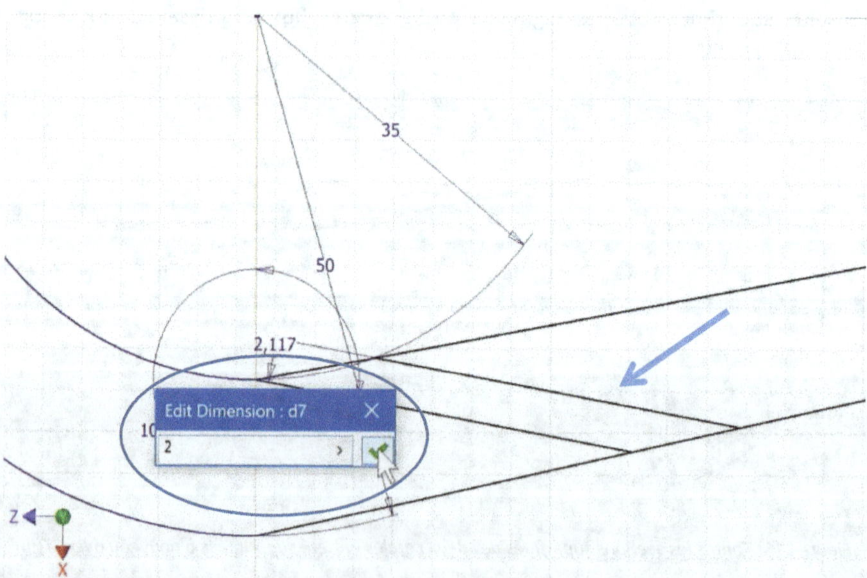

Figure 116: Créez une deuxième ligne parallèle à 2 mm de distance

Avec la fonction "Trim", nous supprimons à nouveau les segments de ligne superflus.

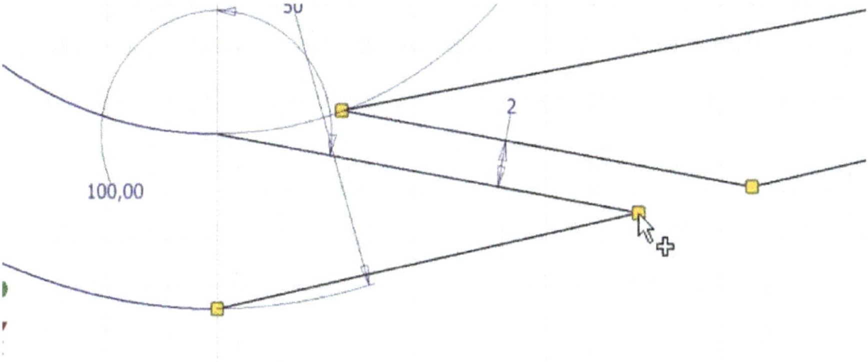

Figure 117: Supprimez les lignes superflues avec "Trim" de manière à créer une ouverture

Comme vous pouvez le constater, nous nous sommes épargnés quelques étapes de traitement et pouvons maintenant extruder directement la forme de base finie du mousqueton.

Pour transformer la surface 2D en un corps 3D, nous passons en mode 3D avec "Finish Sketch" et utilisons la fonction "Extrude". Pour ce faire, sélectionnez uniquement la surface extérieure comme profil pour l'extrusion dans les options et saisissez une valeur de 10 mm.

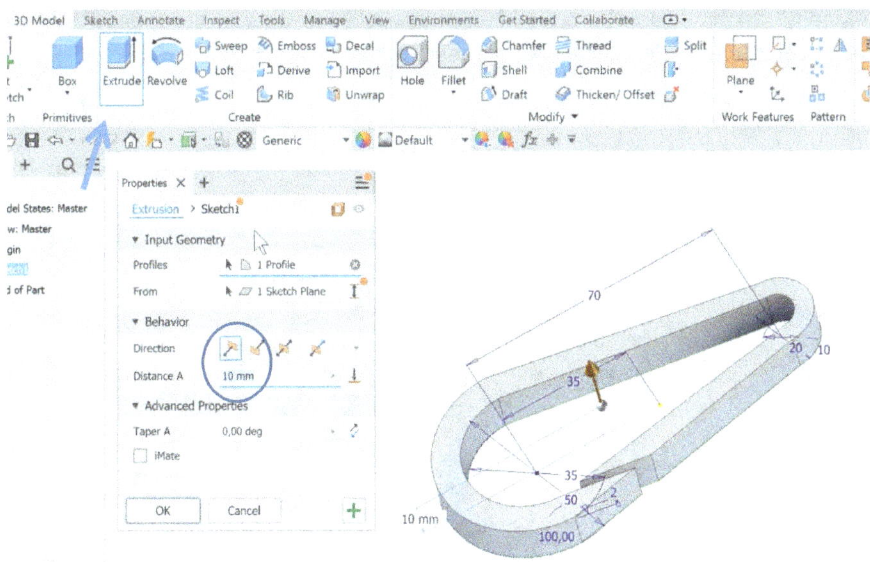

Figure 118: Extrudez le mousqueton avec "Extrude" en mode 3D

Vous pouvez soit extruder dans une seule direction, soit symétriquement ou indépendamment dans deux directions. Vous le sélectionnez dans "Direction". Si vous souhaitez obtenir une forme conique, vous pouvez également spécifier un angle dans "Taper Angle". Cependant, nous n'en avons pas besoin ici.

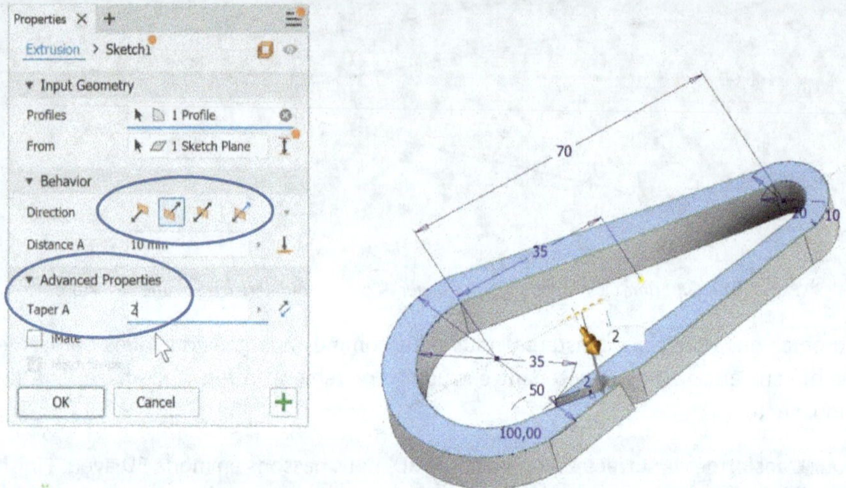

Figure 119: Sélectionnez la direction de l'extrusion et entrez l'angle de conicité si vous le souhaitez

Enfin, nous arrondissons quelques bords à l'aide de la commande "Filet" de la section "Modify". 20 mm pour le bord supérieur arrière. Et 1 mm pour les bords de l'ouverture et les côtés. Il suffit de sélectionner plusieurs bords l'un après l'autre.

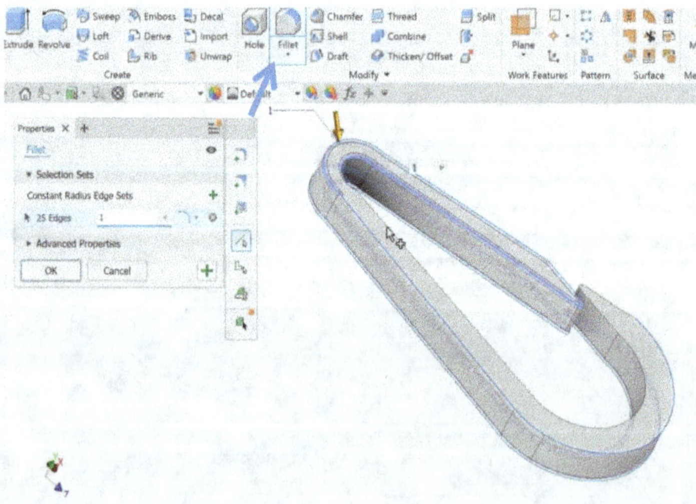

Figure 120: Appliquez l'arrondi des bords avec "Fillet" selon votre goût ; par exemple 1 mm

Sans faille ! Avant de passer au projet de conception suivant, sauvegardons la pièce unique. Si nous voulons un format de fichier différent, par exemple pour l'impression 3D ou un autre programme, nous pouvons créer ce fichier en utilisant "Export" et en sélectionnant "CAD Format", en spécifiant le format de fichier souhaité et l'emplacement de stockage. Par exemple, les formats "CATIA" et "PRO/Engineer" sont disponibles, ainsi que les formats de fichiers "stl" et "step" communément connus.

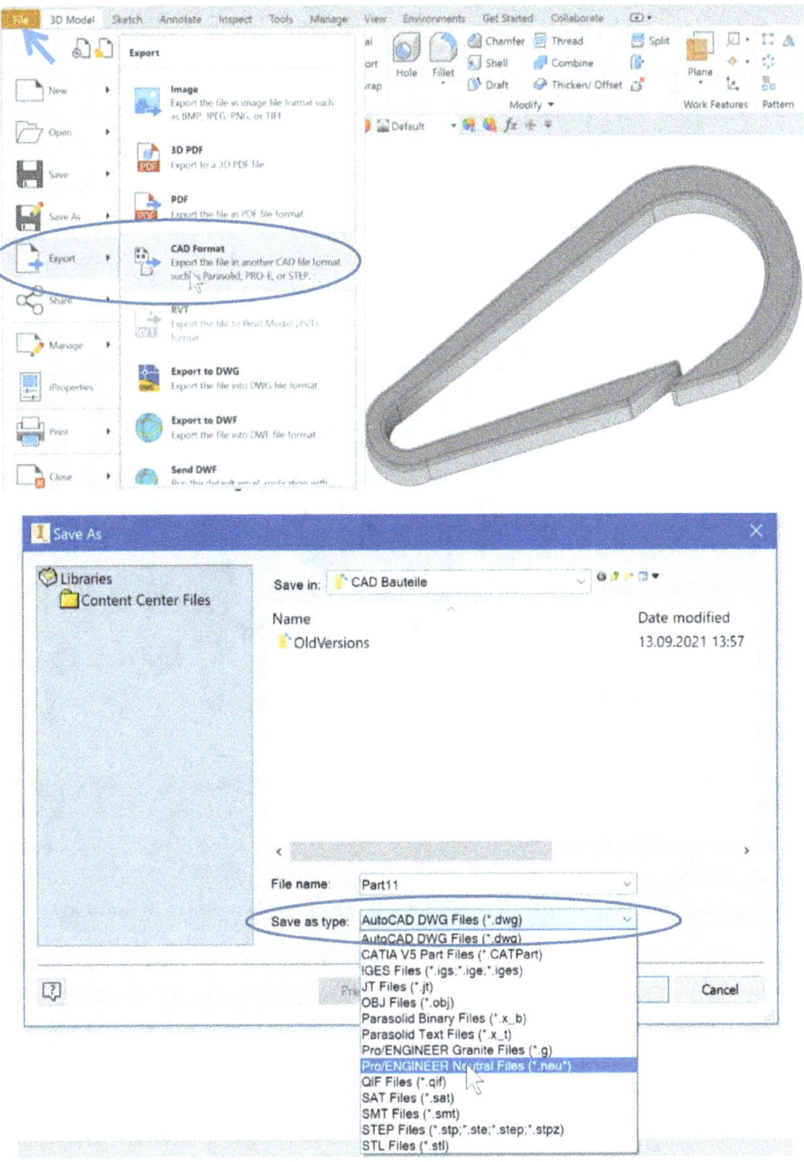

Figure 121: Fichier dans un autre format en utilisant "File" → "Export" → "CAD Format"

4.2 Projet de conception II : Collecteur d'échappement

Bienvenue à nouveau ! Dans ce chapitre, nous allons mettre en œuvre la construction d'un collecteur d'échappement pour augmenter un peu le niveau de difficulté. Dans ce chapitre, nous allons travailler avec la fonction "Sweep" et réaliser pour la première fois une esquisse 3D en plus des esquisses 2D.

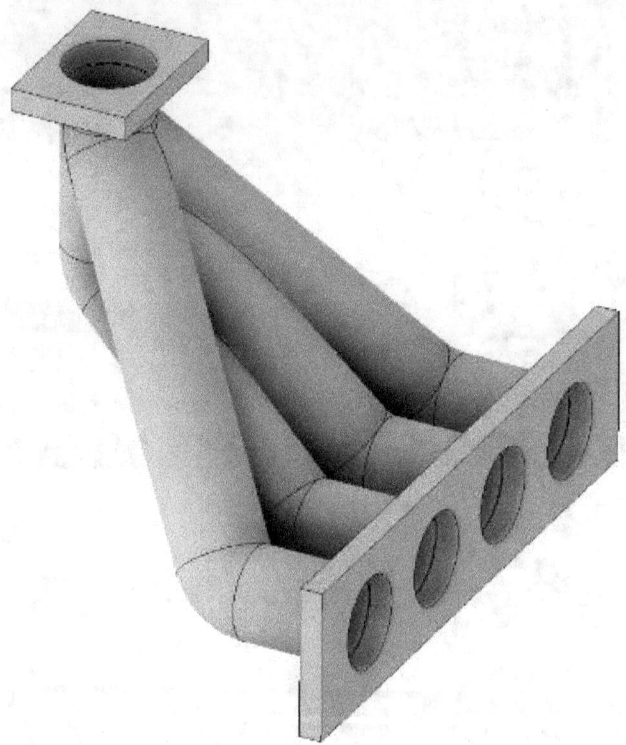

Figure 122: Un collecteur d'échappement devient notre deuxième projet de construction

Avant de commencer, nous devons d'abord examiner à nouveau comment nous pouvons construire le collecteur. Lorsque nous l'examinons pour la première fois, nous voyons que dans cette seule pièce, nous avons deux éléments rectangulaires de base qui se trouvent sur deux plans différents et non parallèles. Entre ces corps rectangulaires se trouvent ensuite les tuyaux courbés pour les ouvertures des cylindres individuels d'un moteur. Nous pouvons donc construire le collecteur en ces trois étapes. Allons-y !

Nous recommençons dans l'environnement "Part" avec une nouvelle pièce unique. Pour l'élément rectangulaire qui sera plus tard assis sur le moteur, nous commençons une esquisse sur le plan x-z et dessinons un rectangle avec les dimensions 100 mm et 400 mm. Nous choisissons l'origine des coordonnées comme point de départ.

Puis nous ajoutons quatre cercles pour les ouvertures. Les cercles doivent tous être de la même taille - nous y parvenons avec la relation "Equal" - et avoir un diamètre de 60 mm. La distance entre eux doit être de 90 mm par exemple. Nous avons maintenant besoin d'une cote en position x et en position z sur ce plan, afin que notre croquis soit entièrement défini. Actuellement, les cercles peuvent être déplacés, ce qui n'est pas souhaité. Pour la position z, nous dimensionnons un des cercles au centre avec une distance de 45 mm. Et pour la position x, nous utilisons la relation "horizontal", avec laquelle nous relions les cercles horizontalement avec l'origine.

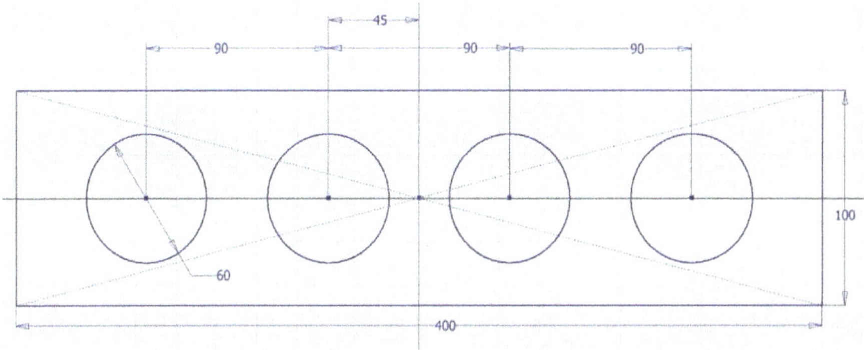

Figure 123: Esquisse du profil rectangulaire avec les quatre cercles sur le plan x-z

Ensuite, nous terminons l'esquisse et extrudons la zone de 15 mm. Pour ce faire, sélectionnez la zone située entre les cercles et le rectangle.

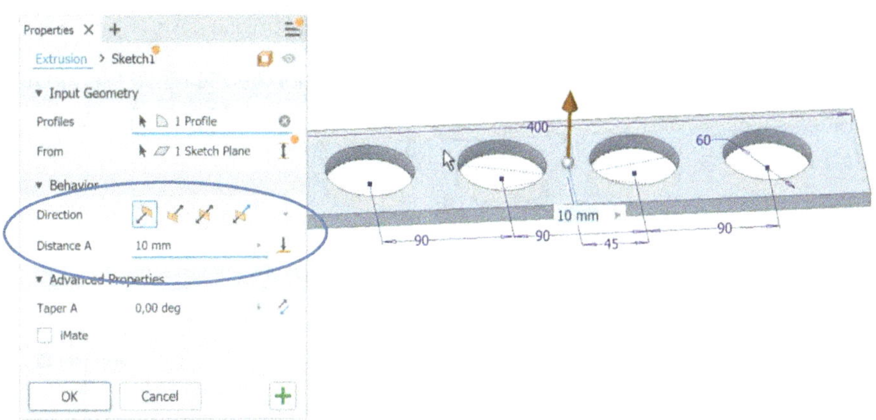

Figure 124: Extrudez le profil avec "Extrude" 10 mm

À l'étape suivante, nous créons l'élément rectangulaire qui sera monté sur le silencieux central ou le convertisseur catalytique du système d'échappement. Pour cela, nous avons besoin d'un croquis sur un plan qui - dans ce cas - est parallèle au plan x-y.

Pour ce faire, nous créons un plan parallèle avec la commande "Offset from Plane" de la section "Work Features" et "Plane" dans "3D Model". Sélectionnez la commande et le plan x-y et saisissez une distance. Dans notre cas, -250 mm. Nous avons besoin du moins pour la bonne direction, qui dans ce cas est la direction z négative.

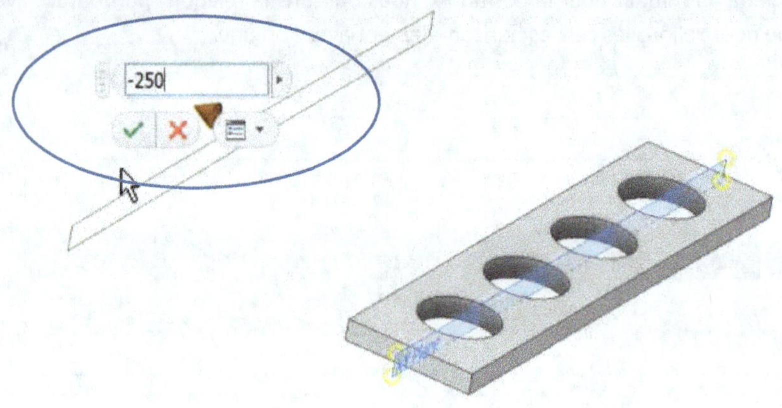

Figure 125:Créez un plan parallèle au plan x-y ; sélectionnez un décalage de -250 mm

Sur ce plan, nous commençons une nouvelle esquisse et dessinons un rectangle avec les dimensions 110 mm et 80 mm. Nous obtenons une position fixe dans la direction x avec la condition "vertical" entre le centre du rectangle et l'origine des coordonnées.

Une position fixe dans la direction y utilisant une dimension de 250 mm du centre du cercle à l'origine. Nous dessinons également un cercle d'un diamètre de 60 mm.

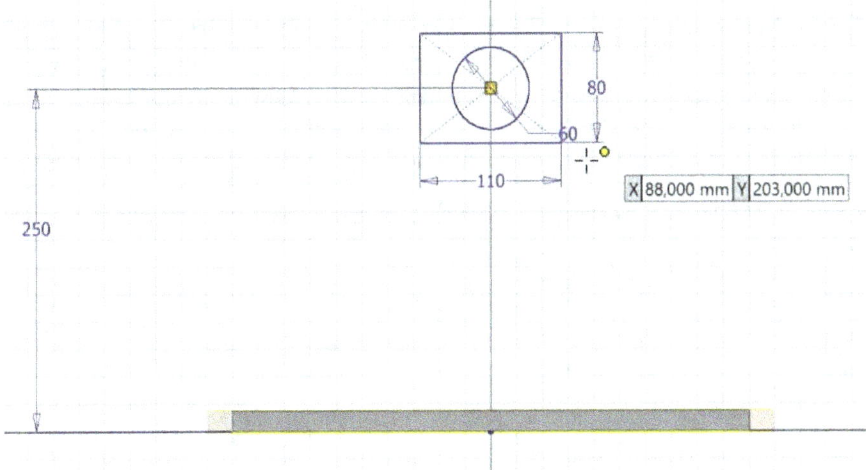

Figure 126: Esquisse du deuxième profil de la pièce sur le plan parallèle créé

Ensuite, cette esquisse est prête et peut être fermée. Nous extrudons à nouveau la zone entre le rectangle et le cercle de 15 mm.

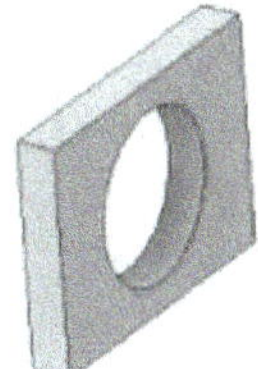

Figure 127: Le résultat après une extrusion de 15 mm

Super ! Nous avons maintenant les deux géométries rectangulaires et pouvons nous tourner vers les tuyaux d'échappement. Nous utilisons la fonction "Sweep" dans ce chapitre parce que nous pouvons créer les géométries rapidement et facilement avec cette fonction. Comme vous vous en souvenez peut-être, vous avez toujours besoin d'un profil et d'un chemin pour cette fonction.

Comme profils, nous dessinons simplement quatre cercles congrus sur le premier élément créé.

Maintenant, pour créer la forme souhaitée, nous devons créer un chemin, par exemple une ligne, à travers l'espace 3D, du cercle respectif du premier rectangle au cercle du deuxième rectangle. Cela fonctionne plus facilement avec un croquis en 3D.

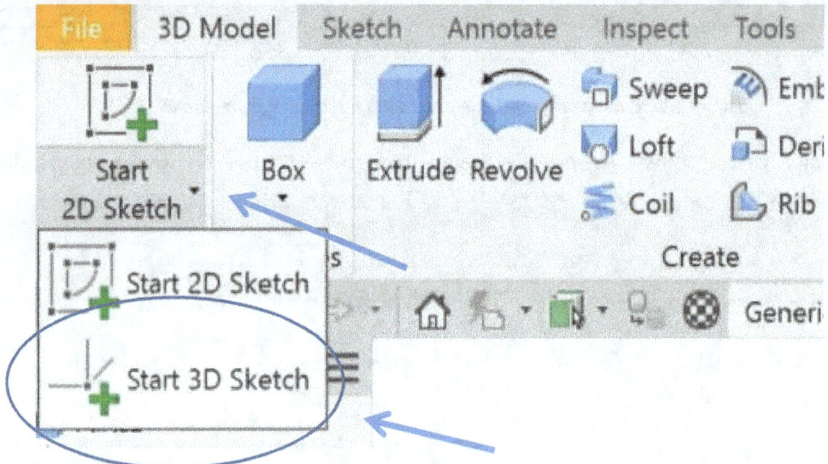

Figure 128: Le démarrage d'une esquisse 3D est presque identique au démarrage d'une esquisse 2D, mais en 3D.

Jusqu'à présent, nous avons toujours dessiné une esquisse 2D sur un plan lorsque nous avons créé un élément. Mais vous pouvez également dessiner dans un espace 3D. C'est en fait relativement facile, cela demande juste un peu plus d'imagination. Vous pourrez également mieux l'imaginer si vous faites simplement pivoter le plan de dessin très souvent et obtenez ainsi plusieurs perspectives.

Nous sélectionnons donc la commande "Start 3D Sketch" et nous sommes alors conduits dans la zone d'esquisse 3D.

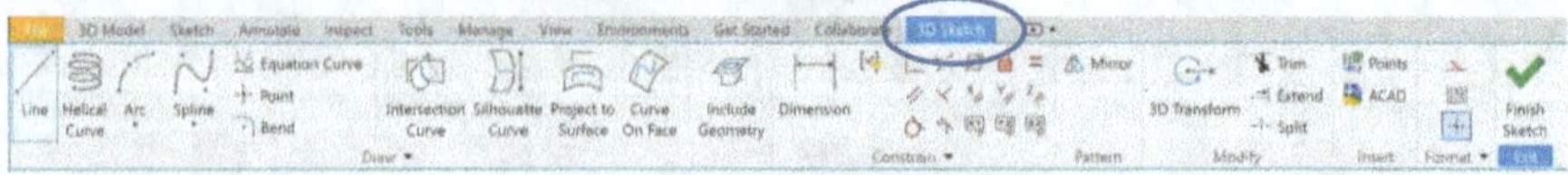

Figure 129: La barre d'outils "3D Sketch" ; apparaît automatiquement après avoir sélectionné la commande

Si nous sélectionnons la commande "Line" normalement, nous pouvons construire notre chemin à partir de lignes individuelles. Nous commençons par cliquer sur le centre du premier cercle. On nous montre maintenant un système de coordonnées avec les trois axes colorés "x", "y" et "z". L'orientation correspond au système de coordonnées de la pièce individuelle. Selon la direction de l'axe que vous déplacez maintenant avec la souris, vous pouvez tracer une ligne sur l'un des axes. Nous devons d'abord nous déplacer dans la direction des y, c'est-à-dire vers le haut. Déplacez votre souris vers le haut et les côtés de façon à faire apparaître une ligne verte, le prolongement de l'axe des ordonnées. Vous pouvez ensuite saisir une dimension, par exemple 80 mm.

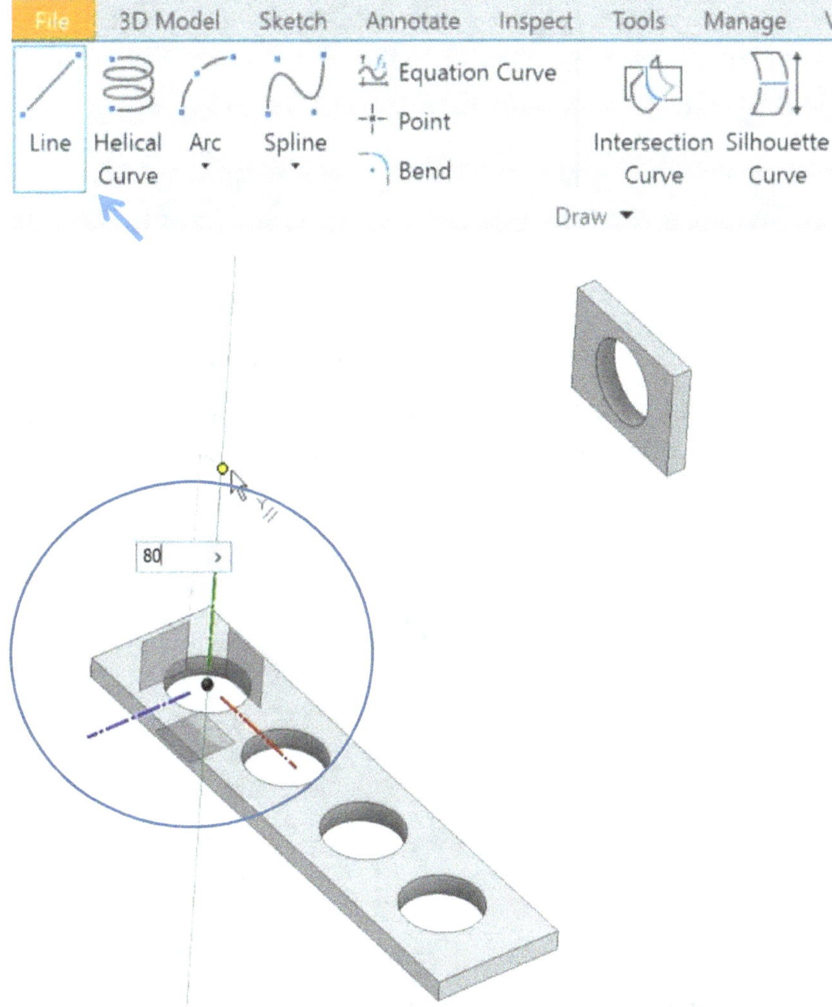

Figure 130: Tracez une ligne dans l'espace 3D ; commencez au centre du cercle et déplacez-vous dans la direction de la ligne verte ; saisissez la dimension et appuyez sur 'Entrée'.

Nous avons maintenant une ligne de 80 mm dans la direction y, comme si nous avions dessiné sur le plan x-y. Ensuite, nous traçons une ligne de 30 mm dans la direction z, c'est-à-dire que la ligne bleue doit apparaître. Pour ce faire, nous commençons au centre du deuxième élément créé.

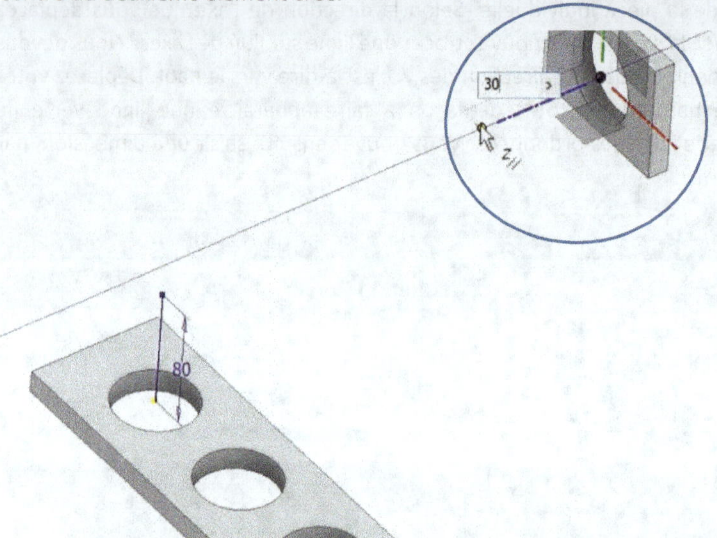

Figure 131: Créez une ligne de 30 mm dans la direction z pour le deuxième élément

Et enfin, nous connectons simplement les deux points d'extrémité de ces deux lignes dans l'espace 3D de manière à obtenir une diagonale.

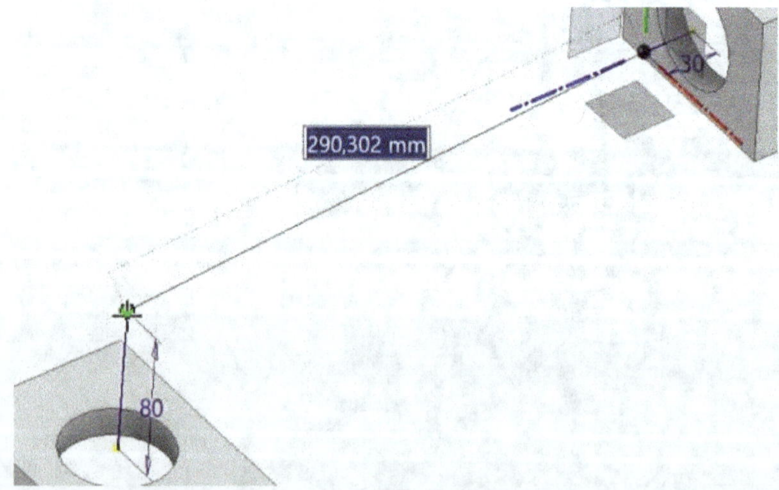

Figure 132: Création d'une ligne de connexion dans l'espace 3D ; sélectionnez simplement les points d'angle

Avec la commande "Bend", nous pouvons encore arrondir les deux points d'angle aigus avec, par exemple, 30 mm.

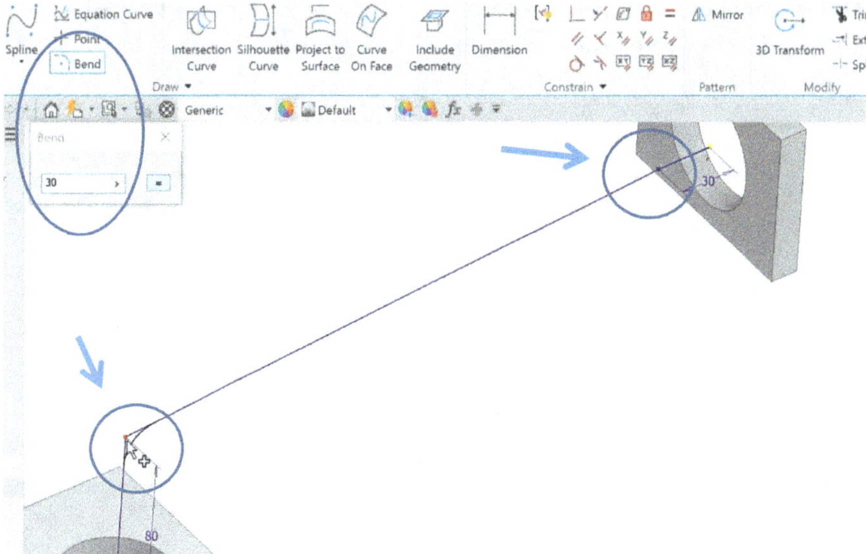

Figure 133: Utilisation de la commande "Bend" pour arrondir les angles (voir les flèches) ; sélectionnez 30 mm comme rayon

Le premier chemin pour la commande "Sweep" est prêt. En tant que profil, nous dessinons simplement un cercle congruent dans une nouvelle esquisse sur l'élément rectangulaire.

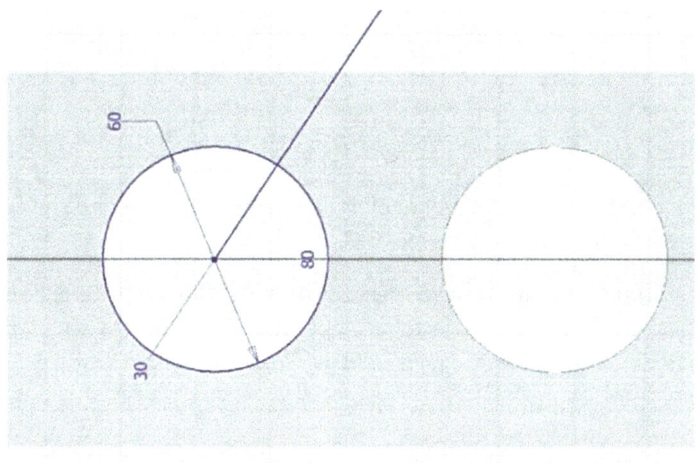

Figure 134: Dessiner un cercle congruent sur le côté supérieur du rectangle

Lors du lancement de la commande, nous devons d'abord activer la sélection "Profile" dans la fenêtre "Properties", puis nous pouvons sélectionner le premier profil de cercle. Nous devons ensuite changer la sélection en "Path" et pouvons alors sélectionner le premier chemin. Le programme crée ensuite notre premier segment de tuyau.

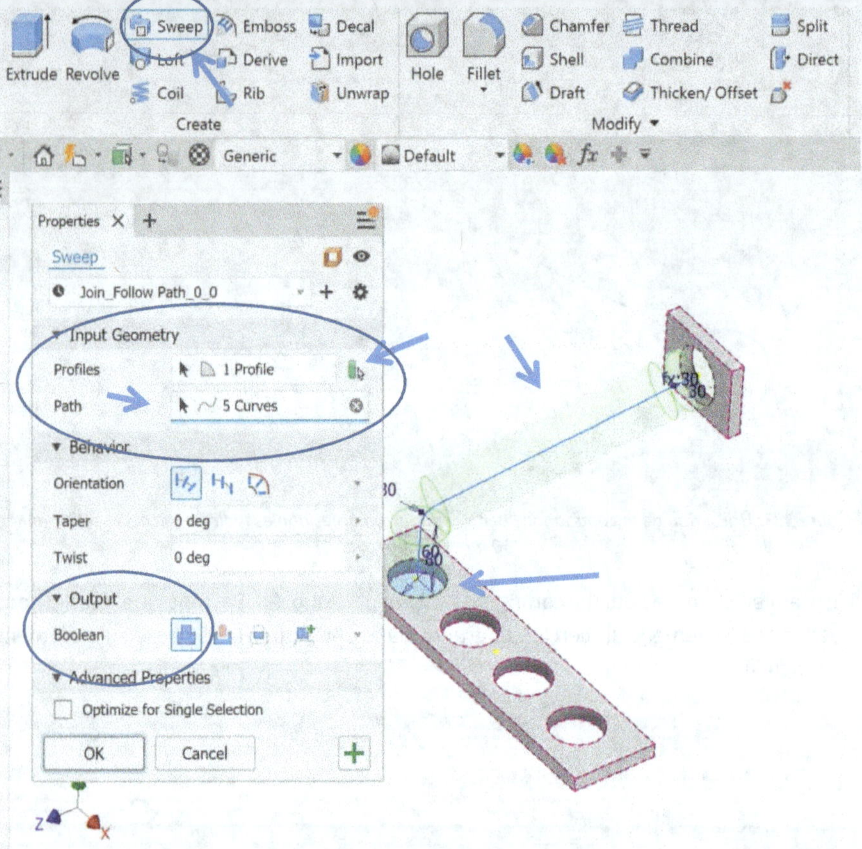

Dans la zone "Output", nous pouvons définir "Join", par exemple, afin de relier les corps créés entre eux. Enfin, confirmez avec "OK".

La procédure pour les trois autres segments de tuyaux est identique. La seule différence réside dans le dessin de la trajectoire 3D, c'est-à-dire que nous avons besoin de longueurs différentes pour les lignes dans la direction z pour l'élément de la zone supérieure.

Nous avions au premier chemin : 30 mm. Pour le deuxième chemin, nous avons besoin de 60 mm, pour le troisième de 120 mm et pour le quatrième à nouveau de 30 mm. Essayez-le !

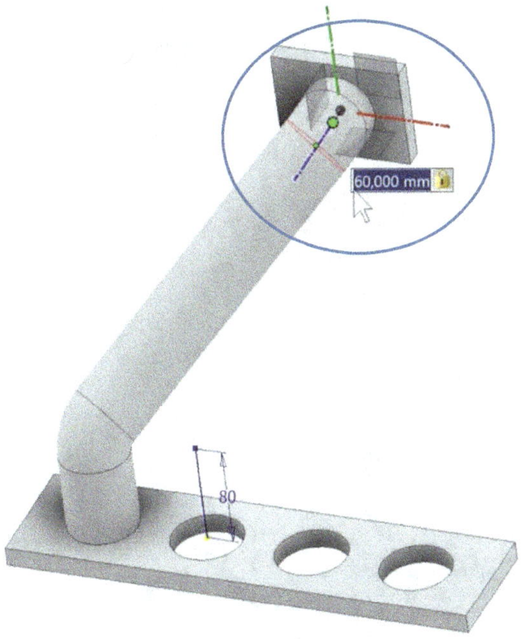

Figure 135: Pour le deuxième segment de tuyau, nous avons besoin d'une ligne de 60 mm dans la direction z

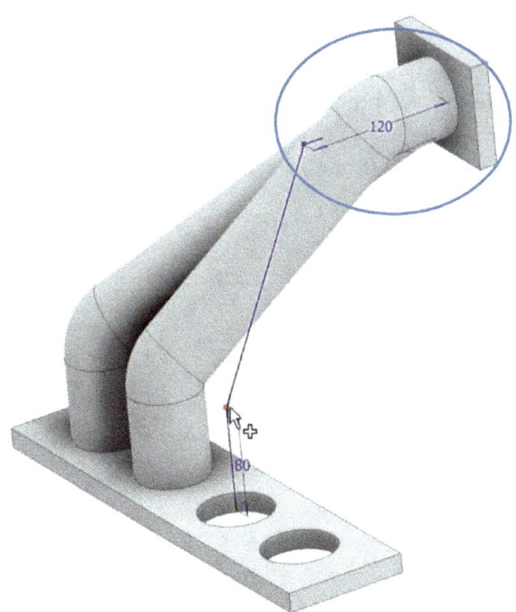

Figure 136: Pour le segment de tuyau drite, nous avons besoin d'une ligne de 120 mm de long dans la direction z

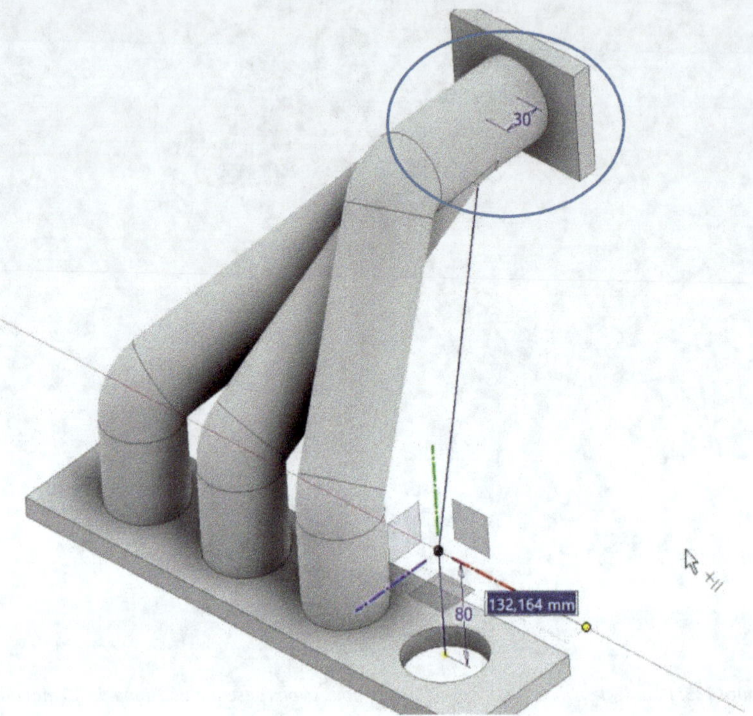

Figure 137quatrième segment de tuyau, nous avons à nouveau besoin d'une ligne de 30 mm dans la direction z

Très bien ! Le collecteur d'échappement est presque terminé ! Nous devons maintenant évider les solides créés afin d'obtenir réellement des tuyaux. Nous le faisons avec la commande "Shell". Sélectionnez la commande, sélectionnez les surfaces circulaires inférieure et supérieure et saisissez une épaisseur de paroi de 2 mm, par exemple.

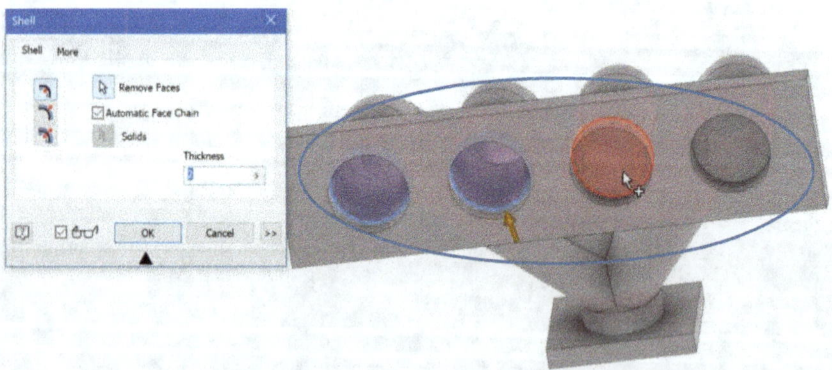

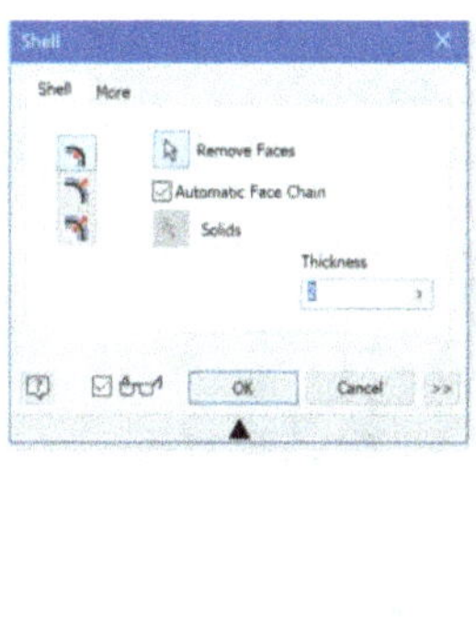 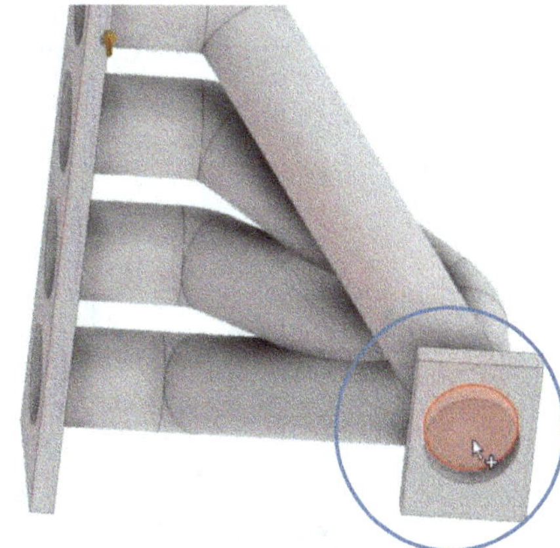

Figure 138: évidement du collecteur d'échappement ; sélectionnez les zones circulaires en haut et en bas et entrez une épaisseur de paroi de 2 mm dans "Thickness" dans les options.

Super ! Nous avons beaucoup appris dans cette leçon. La création d'une esquisse 3D, d'un plan "offset" et le maniement pratique des commandes "Sweep" et "Shell".

Comme avant-dernier projet de construction, nous construirons l'avant d'un camion avec une cellule de passagers ou une cabine de conducteur dans le chapitre suivant. Cela sera un peu plus exigeant, mais ensemble, ce n'est pas un problème !

Nous allons à nouveau procéder étape par étape ! Continuez sur votre lancée, c'est de plus en plus excitant !

4.3 Projet de conception III : Frontal du camion

Figure 139: L'avant d'un camion devient notre troisième projet de construction

Pour la partie avant du camion, nous commençons une nouvelle pièce unique. Réfléchissons d'abord à la meilleure façon de construire le modèle. Nous avons besoin d'une pièce trapézoïdale pour le capot, d'un cuboïde pour la cabine proprement dite et de pièces complémentaires telles que les ailes, les phares, la grille de radiateur et le pare-chocs. Cela signifie que nous pourrions commencer par la section pour le capot, par exemple. Pour ce faire, nous commençons une esquisse sur le plan x-y et dessinons un simple rectangle. Le point de départ doit être le point central et les dimensions doivent être de 140 mm en largeur et 90 mm en hauteur. Ensuite, nous créons un plan parallèle au plan x-y avec une distance de 120 mm.

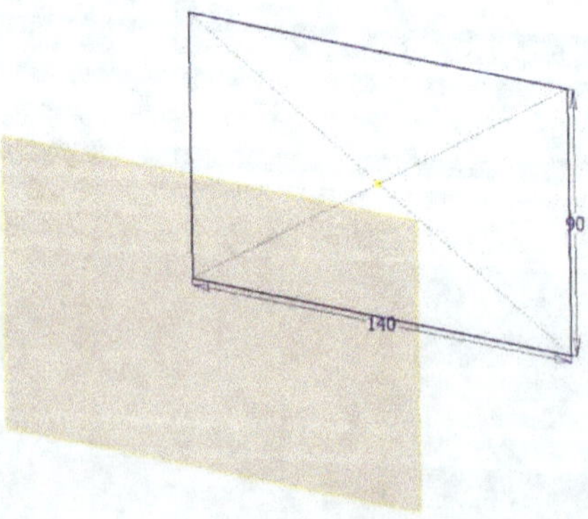

Figure 140: Le rectangle sur le plan x-y avec le plan parallèle à une distance de 120 mm

Sur ce plan, nous esquissons maintenant un autre rectangle qui sera un peu plus petit, 75 mm de large et 80 mm de haut pour être précis. La distance du point central doit être de 5 mm par rapport à l'origine des coordonnées afin que les deux bords inférieurs des rectangles soient congruents.

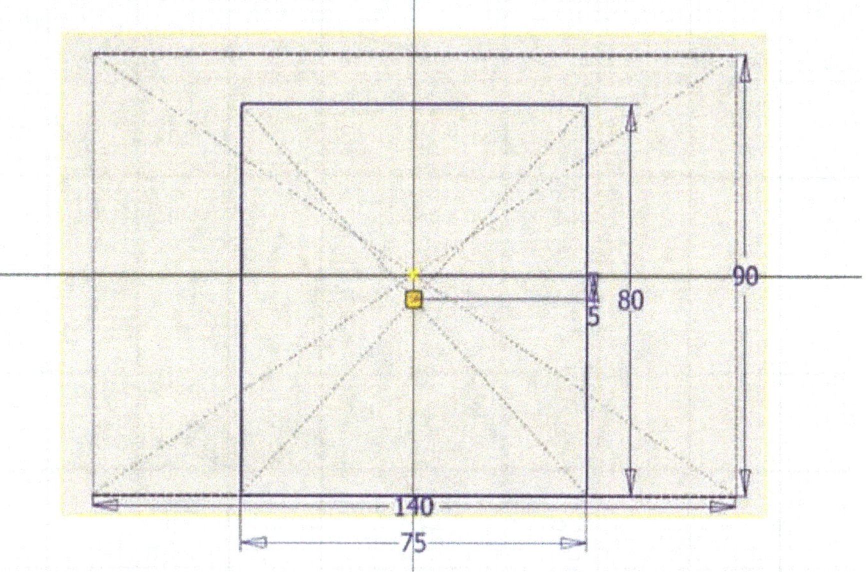

Figure 141: Esquisse du deuxième rectangle sur le plan parallèle

Avec la fonction "Loft", nous pouvons maintenant faire en sorte que les deux rectangles soient reliés en mode 3D pour former un solide.

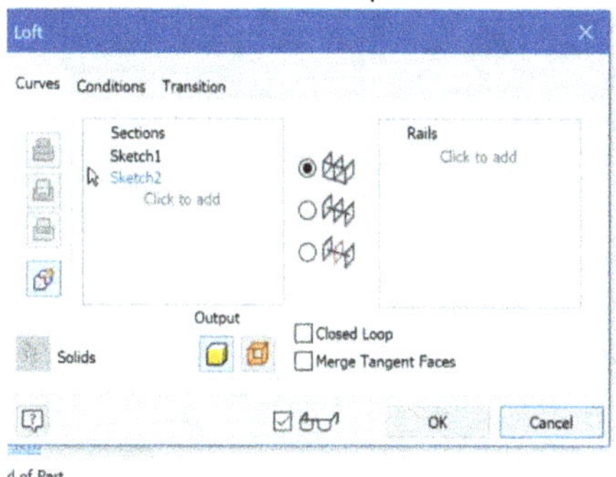

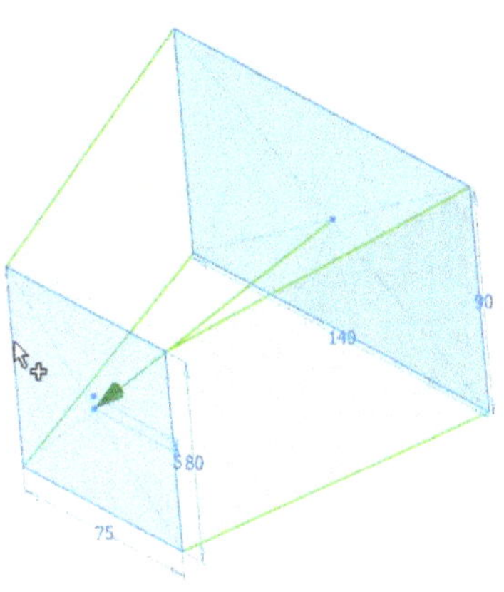

Figure 142 : Application de la fonction "Loft" pour obtenir un solide

Pour la cabine du conducteur, nous dessinons ensuite une nouvelle esquisse avec un rectangle de 140 mm de large et 170 mm de haut sur le plan arrière de ce solide.

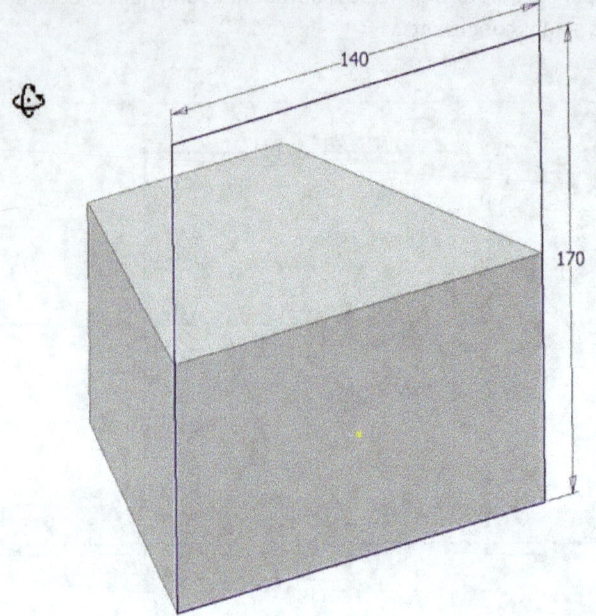

Figure 142: Esquisse du rectangle sur la surface arrière du corps de base (vue tournée ici)

Nous extrudons ensuite ce rectangle sur 120 mm.

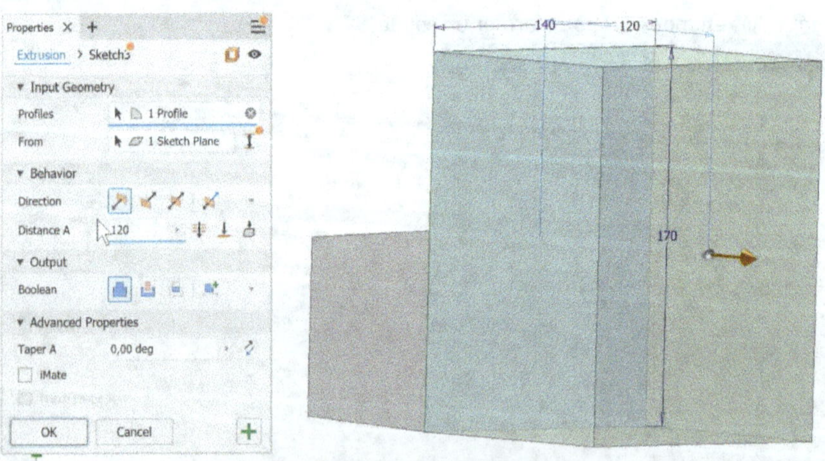

Figure 143: extruder le rectangle de 120 mm

Maintenant, nous avons déjà les deux formes de base pour notre objet. Pour les deux garde-boue ou passages de roue, nous dessinons une esquisse sur le plan y-z à l'étape suivante, car nous voulons les extruder symétriquement à partir du centre. Après avoir commencé une esquisse, nous dessinons d'abord un arc à 3 points avec un rayon de 50 mm et une distance de 72 mm dans le sens horizontal par rapport à l'origine. Nous avons placé les deux points restants en coïncidence, c'est-à-dire congruents avec le coin gauche et une fois avec la ligne inférieure du compartiment moteur.

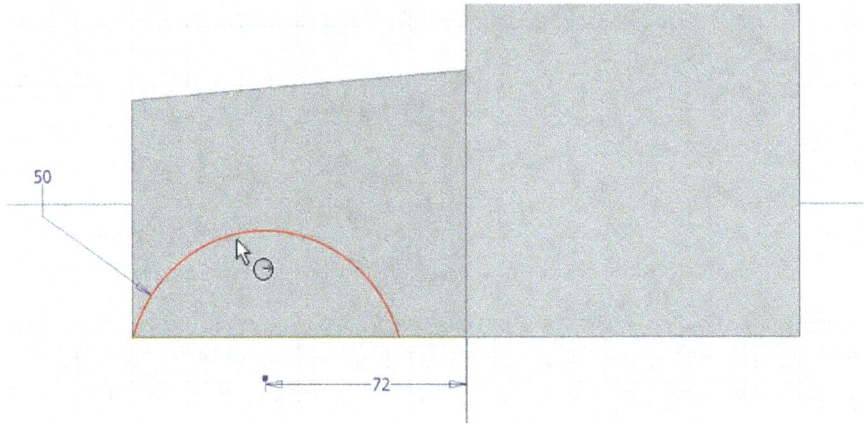

Figure 144: Esquisse d'un arc à 3 points sur le plan y-z ; Marquer pour visibilité

Nous avons ensuite besoin d'un autre arc à 3 points, que nous plaçons concentriquement au premier arc et de deux lignes horizontales, de 2,5 mm de long chacune, qui relient les deux points d'angle des arcs.

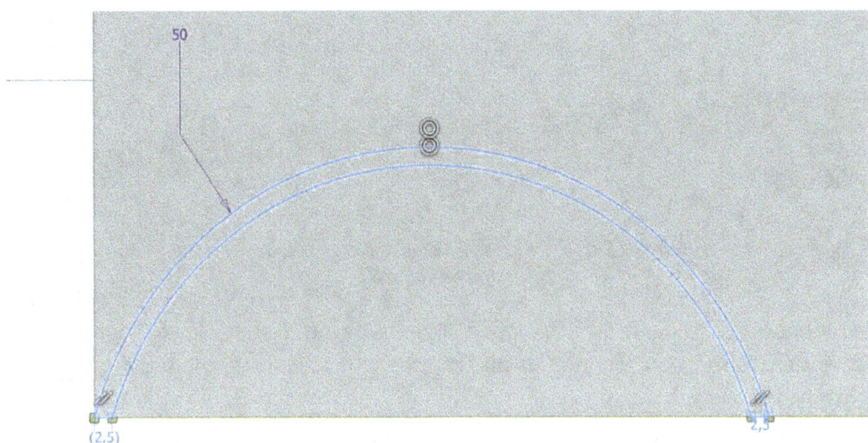

Figure 145: Esquissez le deuxième arc concentrique au premier ; ajoutez des lignes de connexion de 2,5 mm de long ; marquez pour la visibilité avec la souris

Dimensionnez-les avec 2,5 mm chacun. Pour sélectionner un élément spécifique, restez un peu plus longtemps avec votre souris sur une position. Un petit menu déroulant s'affiche alors, avec lequel vous pouvez choisir l'élément congruent que vous souhaitez sélectionner.

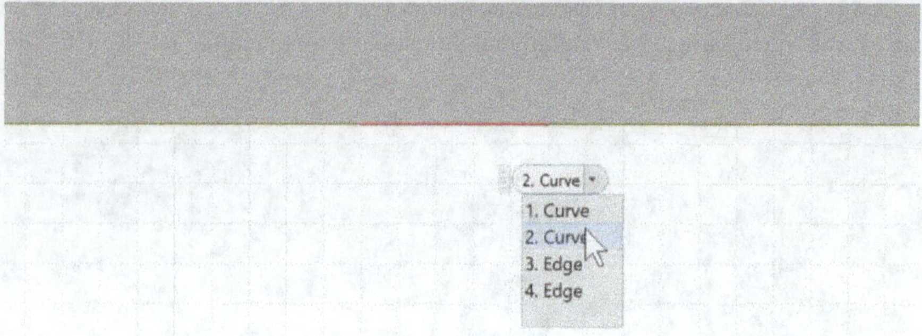

Figure 146: Le petit menu déroulant pour sélectionner les éléments congruents

La deuxième dimension de 2,5 mm n'est plus nécessaire. Cela résulte des autres dimensions et de la condition concentrique. Cette dimension surdéfinirait l'esquisse, nous ne pouvons donc utiliser ici qu'une dimension contrôlée, qui est alors placée entre parenthèses. Une dimension contrôlée n'est pas fixe, mais change lorsque nous changeons une autre dimension. Il ne fait donc qu'afficher une valeur. Nous pourrions également le laisser de côté.

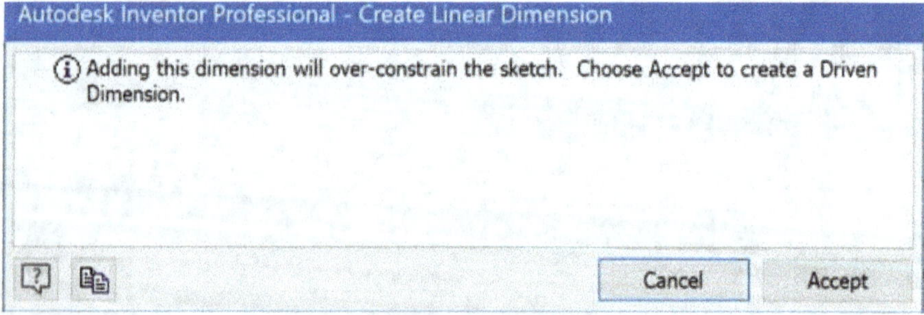

Figure 147: L'avertissement lorsqu'une cote surdéfinit une esquisse ; appuyez sur "Accept" pour une cotation contrôlée

Pour pouvoir extruder le profil en mode 3D, nous devons d'abord sélectionner le profil et ensuite la fonction, sinon nous ne pouvons plus sélectionner le profil car il est à l'intérieur.

Nous prenons une dimension de 140 mm avec une direction symétrique ou "Direction" : "Symmetric". Si nous voulons créer un corps indépendant pour l'élément de volume, nous sélectionnons "New Solid" pour "Output", sinon simplement "Join", alors il est simplement fusionné avec le corps précédent. Dans ce cas, nous choisissons "Join", car ces ailes doivent toujours appartenir à notre corps de base.

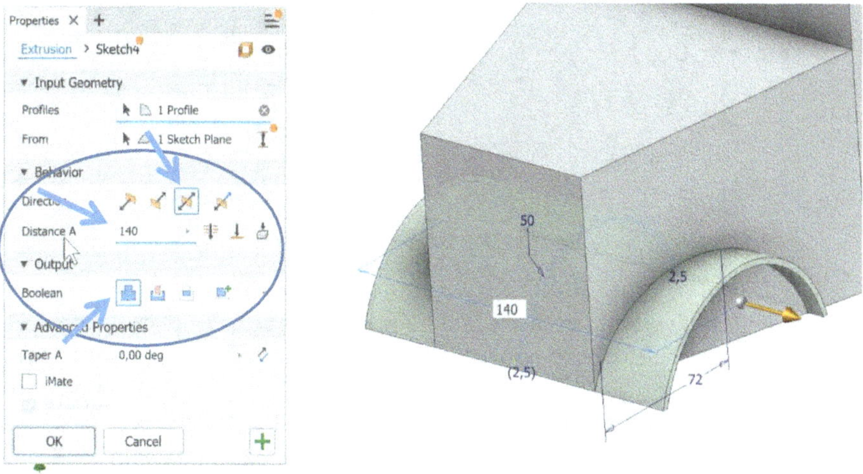

Figure 148: *Sélectionnez d'abord l'esquisse dans l'arbre de structure, puis lancez la commande "Extrude"*

Dans ce chapitre, nous voulons seulement créer un nouveau corps pour chaque pièce complémentaire telle que la grille de radiateur, les phares et le pare-chocs, mais pas une pièce individuelle distincte comme nous le ferions dans un assemblage normal. Nous avons déjà brièvement abordé la manière de traiter les pièces individuelles dans un assemblage et de les lier aux articulations dans un assemblage dans un chapitre précédent et nous en apprendrons davantage à ce sujet dans le chapitre suivant.

Notez que dans ce contexte, le corps et le composant sont des termes différents. Confus par les corps, les pièces et les assemblages ? Faisons une courte digression sur le corps par rapport à la partie individuelle : La différence entre corps et partie individuelle est que chaque ensemble est constitué de parties individuelles et que chaque partie individuelle est à son tour constituée de corps. Il s'agit donc d'une sorte de détail hiérarchique. Dans une voiture, par exemple, les parties du châssis, les portes, les roues et toutes les autres pièces, jusqu'aux plus petites vis, sont construites en tant que pièces individuelles. Chacune de ces parties individuelles d'un ensemble principal peut, à son tour, être subdivisée en plusieurs corps, voire en solides. Cependant, vous ne devez pas nécessairement procéder ainsi, vous pouvez également construire une pièce individuelle à partir d'un seul corps, surtout si elle est conçue très simplement.

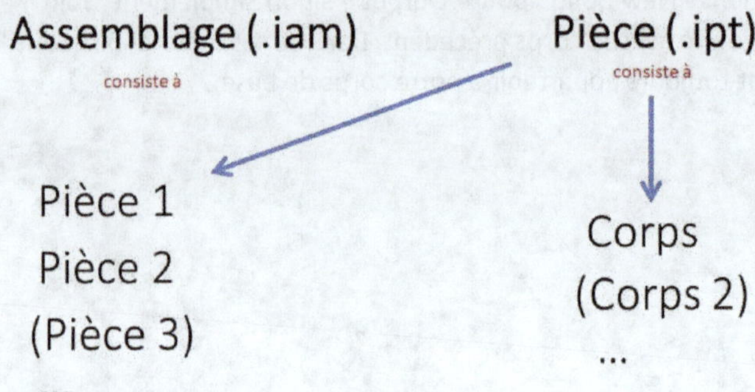

Figure 149: Différence entre le corps, la pièce individuelle et l'assemblage ; représenté schématiquement

Dans ce cas, nous construisons notre modèle comme une seule pièce, mais comme la pièce unique est un peu plus complexe, nous la construisons à partir de plusieurs corps. Cela offre l'avantage, par exemple, de pouvoir délimiter clairement les différents corps et, par exemple, de les cacher ou de modifier légèrement leur apparence.

Pour résumer brièvement en conclusion : Un corps est, pour ainsi dire, une démarcation plus détaillée au sein d'une pièce individuelle, qui peut à son tour appartenir à un ensemble. Un corps est avant tout un composant d'une pièce individuelle, alors qu'une pièce individuelle peut être déplacée librement dans l'assemblage de niveau supérieur et est reliée par des articulations dans un assemblage. Ne vous inquiétez pas si vous ne le comprenez pas tout de suite, vous le comprendrez encore mieux pendant le cours grâce à la mise en œuvre pratique.

Retour à notre camion. Dans l'étape suivante, nous voulons évider notre solide, nous le faisons avec la commande "Shell", un clic sur la surface inférieure et la saisie d'une paroi de 5 mm.

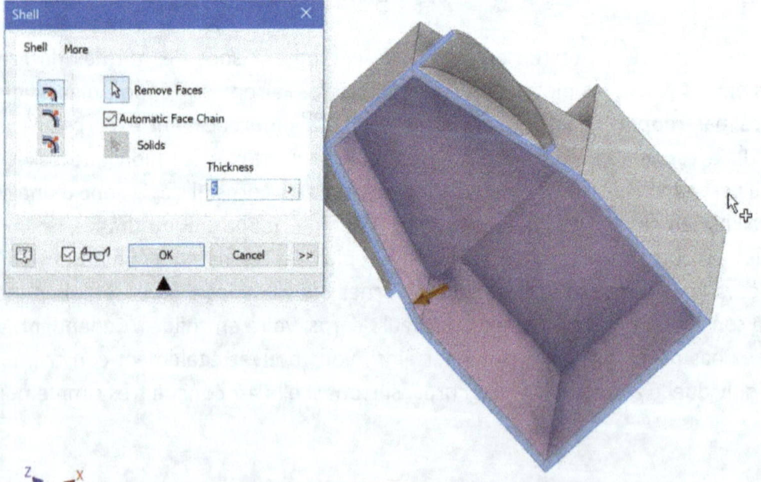

Figure 150: Evidement du corps précédent avec "Shell" et une paroi de 5 mm

Nous aimerions également retirer les surfaces à l'intérieur des passages de roue. D'une part, nous pourrions lancer une extrusion telle que nous la connaissons. Par contre, dans ce cas, nous pouvons simplement supprimer le visage avec la commande "Delete Face" de la section "Modify". Veillez à cocher l'option "Heal remaining Faces", sinon elle ne fonctionnera pas comme souhaité.

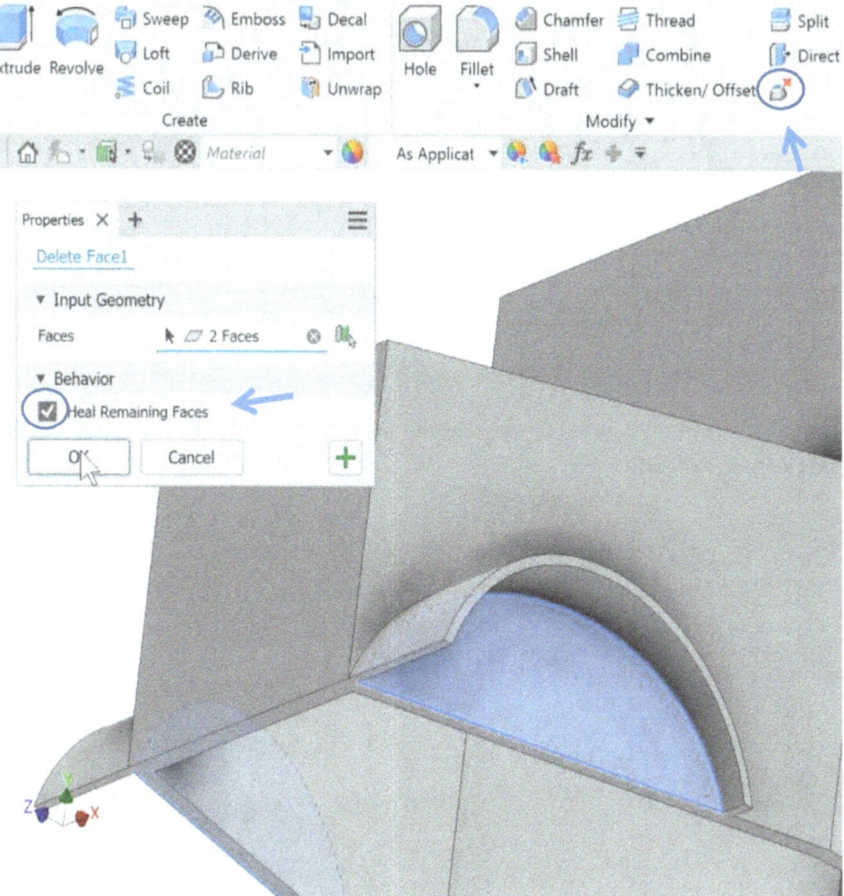

Figure 151: La commande "Delete Face" de la section "Modify"

Ensuite, nous nous occupons du pare-brise en deux parties. Nous voulons le construire à partir de deux simples rectangles. Prenez les dimensions du profil suivant :

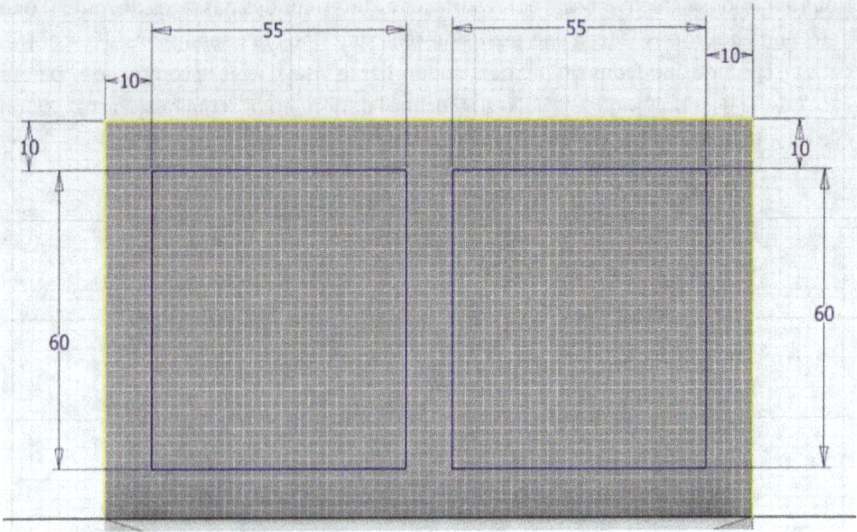

Figure 152: Esquisse du profil des deux rectangles sur la surface supérieure avant

Terminez ensuite l'esquisse et découpez-la avec "Extrusion". Nous arrondissons les bords des fenêtres de 5 mm.

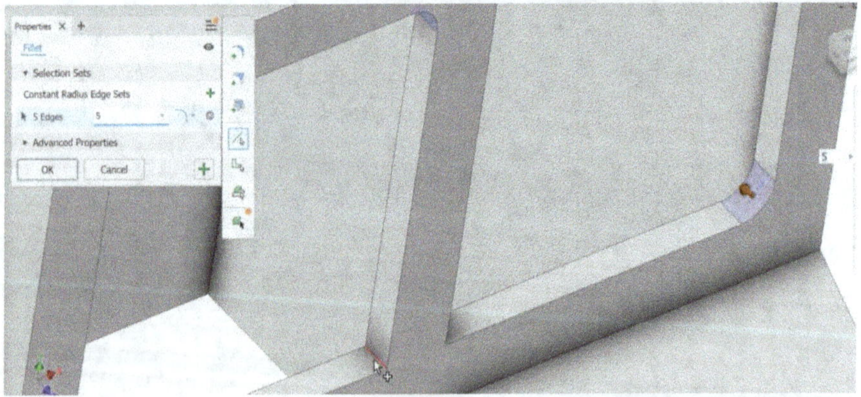

Figure 153: Arrondir les bords des fenêtres avec 5 mm

Nous procédons de la même manière pour les fenêtres latérales. Pour cela, cependant, nous ne dessinons un rectangle que sur un côté et nous coupons simplement sur toute la largeur, puisque la cabine est de toute façon creuse. Les dimensions et la position du rectangle doivent être les suivantes :

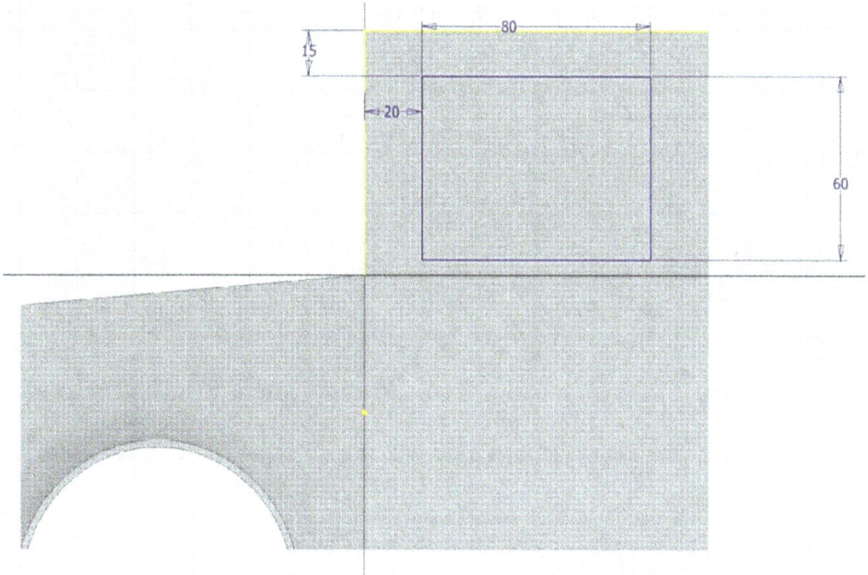

Figure 154: Le profil de la découpe pour les fenêtres latérales

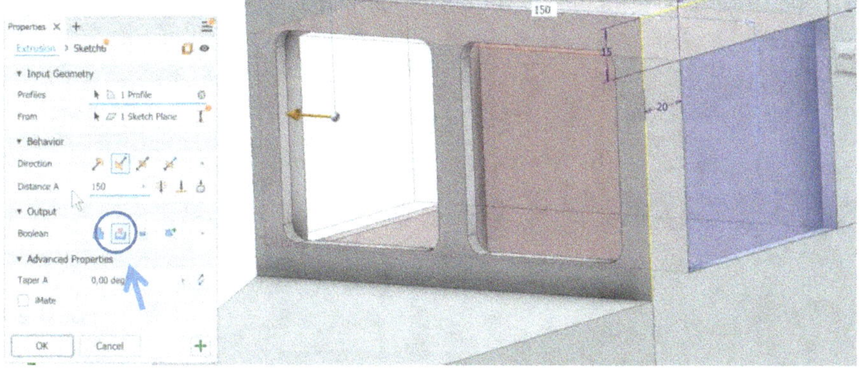

Figure 155: Découpage des fenêtres d'un côté ; pour la sortie : "Cut"

Pour donner à notre modèle au moins l'apparence d'une porte, nous allons faire connaissance avec une nouvelle fonction, la commande "Emboss".

Pour cette commande, nous avons d'abord besoin d'un croquis. Nous dessinons donc un rectangle pour embosser la porte sur la surface latérale de la cabine du conducteur. Le point de départ doit se trouver dans le coin inférieur gauche de la fenêtre et le rectangle doit avoir une hauteur de 90 mm et une largeur égale à celle de la fenêtre.

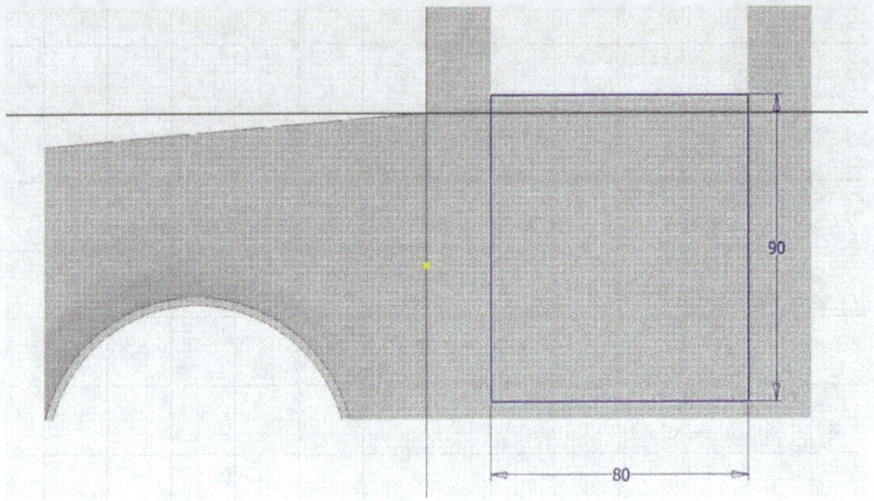

Figure 156: Le profil pour le gaufrage de la porte latérale

Ensuite, nous sélectionnons la commande "Embosse", le profil esquissé et choisissons "Graver à partir de la face" / "Einstanz" comme effet, car nous ne voulons pas une élévation mais une indentation et entrons 1 mm comme profondeur.

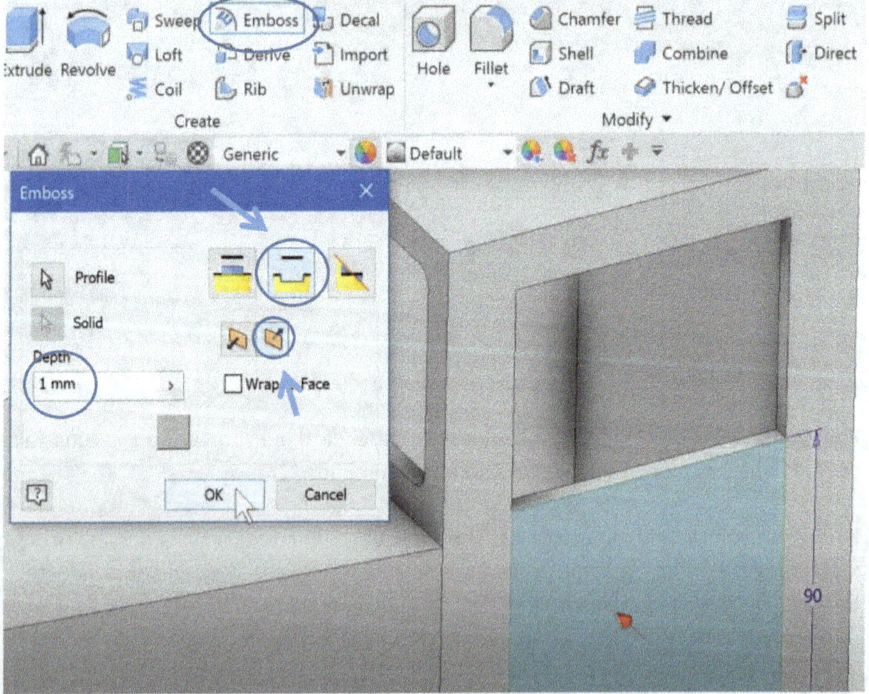

Figure 157: La commande "Emboss" de la section "Create"

Comme vous l'avez peut-être compris, cette étape aurait également été possible avec "Extrude". Pour la poignée de la porte, nous dessinons maintenant un autre rectangle sur cette surface. Cette fois, avec les dimensions suivantes :

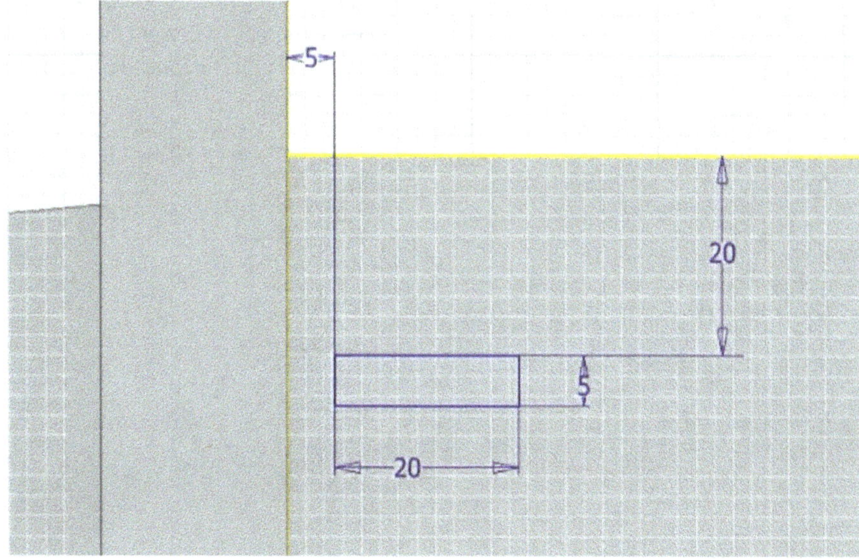

Figure 158: Le croquis 2D de l'une des deux poignées de porte sur la surface latérale du camion

Ensuite, nous extrudons le profilé sur 5 mm et sélectionnons "New Solid" dans l'opération, car nous voulons créer un nouveau corps pour cela.

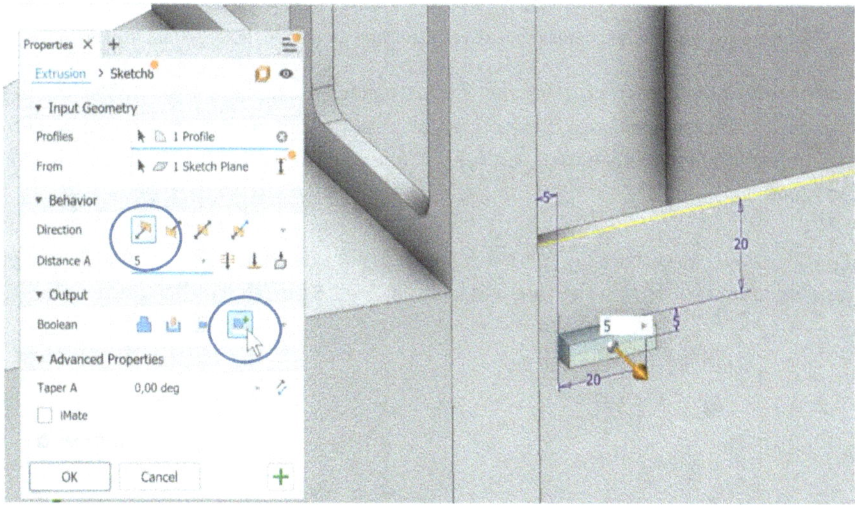

Figure 159: Extrusion du manche (5 mm ; sélectionnez "New Solid" dans "Output")

Pour nous faciliter la tâche, nous reflétons simplement ces deux caractéristiques de l'autre côté. Pour ce faire, nous sélectionnons la commande "Mirror" et dans les options sous "Type" : "Features". Il nous suffit maintenant de sélectionner le gaufrage et la poignée de porte dans l'arbre de structure, puis de changer dans les options pour "Mirror Plane" et de sélectionner le plan y-z comme plan miroir. Essayez simplement l'un après l'autre si la mise en miroir des deux fonctions à la fois ne fonctionne pas.

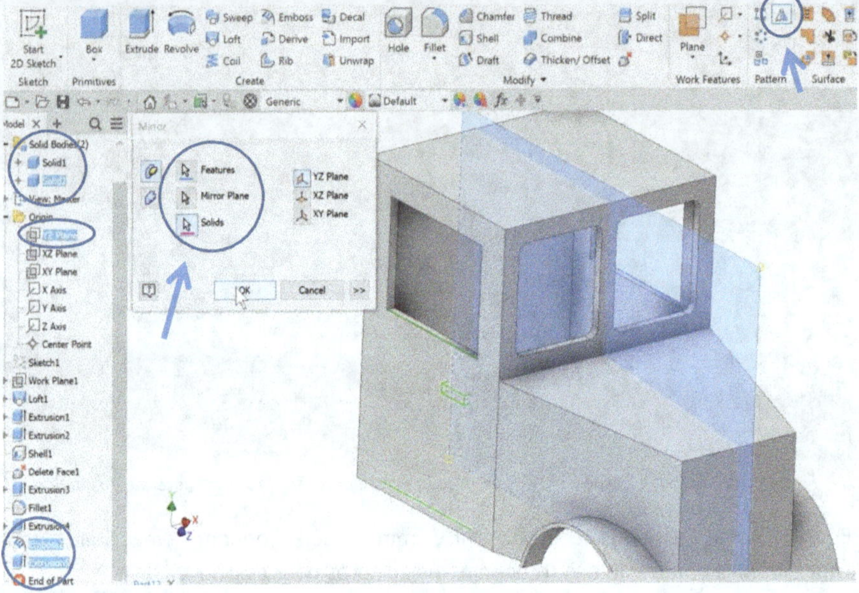

Figure 160: Utilisation de la fonction "Mirror" ; sélectionnez d'abord le corps, puis le plan miroir

La fonction Miroir permet généralement de gagner un temps considérable avec les pièces et les caractéristiques symétriques, accessoirement aussi dans l'environnement d'esquisse 2D. Par conséquent, essayez d'utiliser cette fonction aussi souvent que possible.

Continuez avec deux filets, un pour les deux poignées de porte avec 1,5 mm chacun et les deux bords supérieurs des fenêtres latérales avec 5 mm chacun.

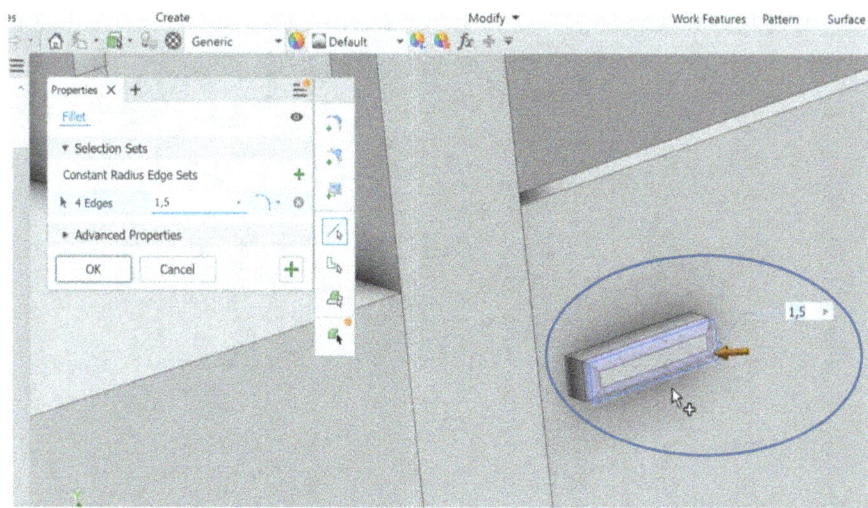

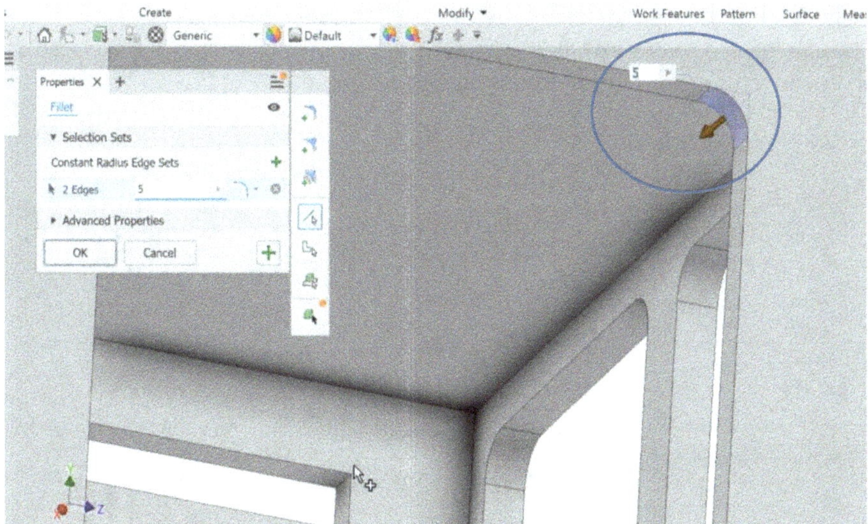

Figure 161: Les filets pour les poignées de porte (1,5 mm) et les fenêtres latérales (5mm ; uniquement les bords supérieurs)

Maintenant, nous dessinons le pare-chocs. Celle-ci doit se situer à l'avant avec les dimensions 140 mm et 15 mm. Pour ce faire, nous utilisons à nouveau la dépendance colinéaire pour la ligne horizontale supérieure, que nous associons à l'avant du camion, et par exemple la ligne verticale gauche, que nous associons au côté du camion, pour définir complètement l'esquisse.

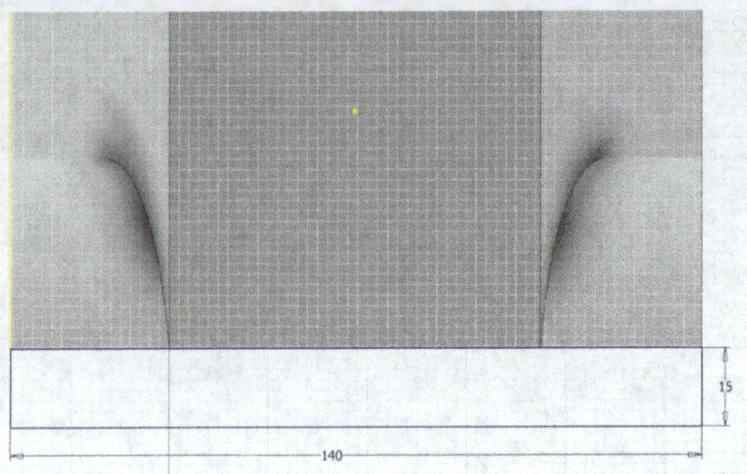

Figure 162: Le profil rectangulaire pour le pare-chocs (croquis sur la surface avant)

Ensuite, nous pouvons extruder le profilé sur 8 mm, nous lui créons à nouveau un nouveau corps et nous l'arrondissons sur 4 mm.

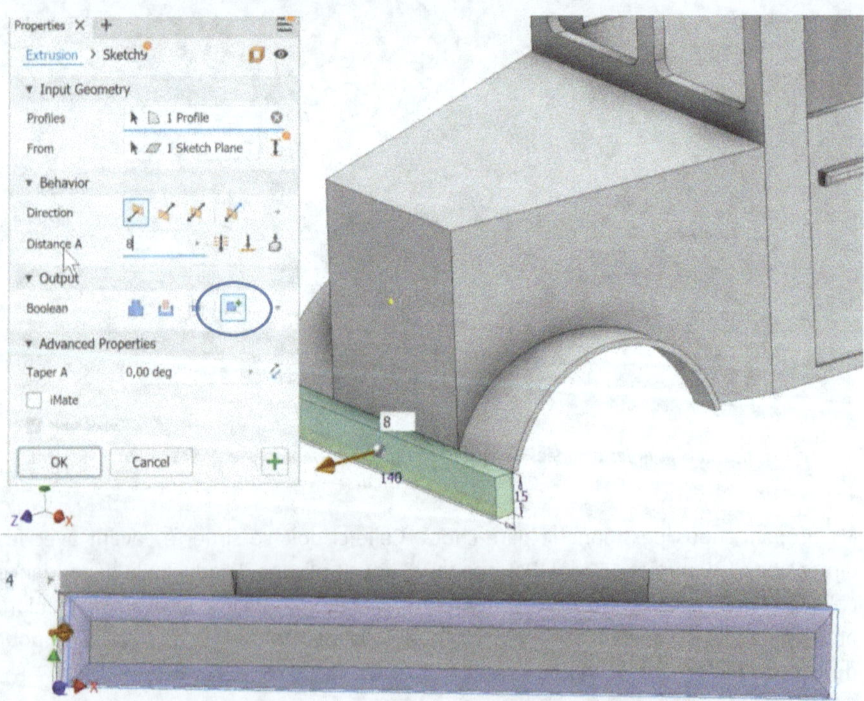

Figure 163: L'extrusion du profilé (8 mm) et l'arrondi des bords (4 mm)

Pour les phares, nous dessinons d'abord l'un des deux nécessaires sur la surface avant, puis nous le reproduisons en miroir.

Le profilé doit avoir les dimensions suivantes, par exemple :

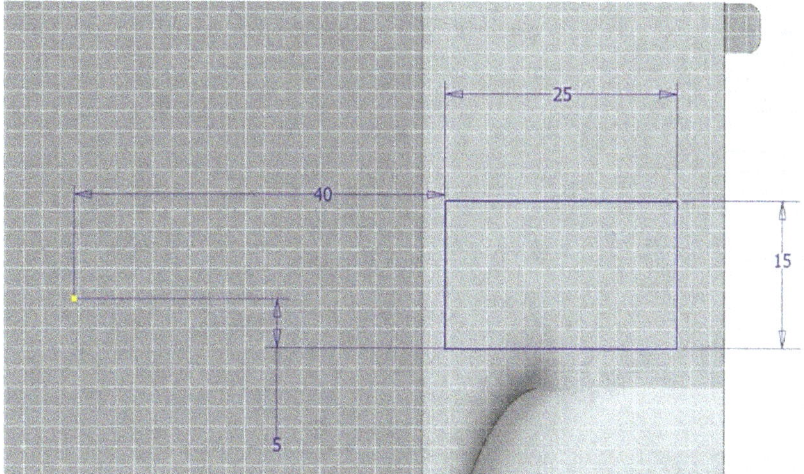

Figure 164: le profil du boîtier du phare (croquis sur la surface avant)

Nous l'extrudons ensuite avec 10 mm.

En outre, nous dessinons une autre découpe de 2 mm de distance par rapport au corps du phare pour améliorer un peu le design.

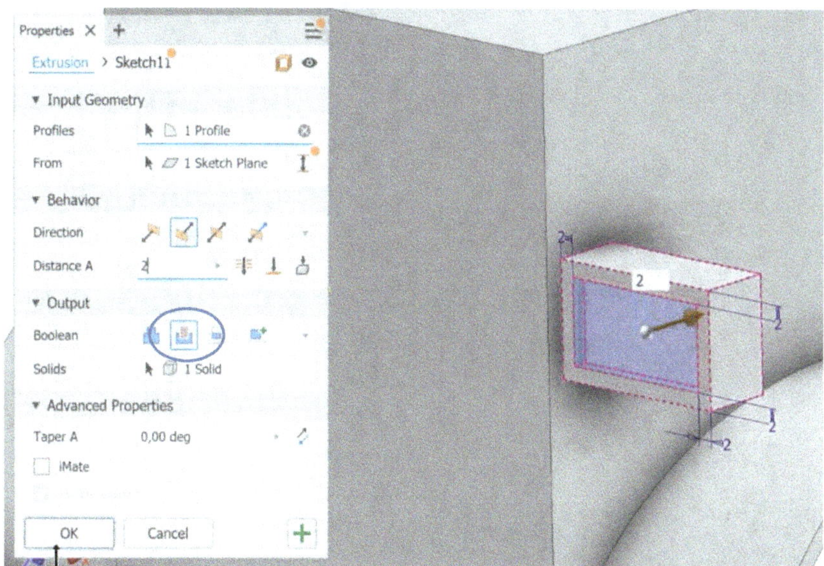

Figure 165: Tracez un profil avec une distance de 2 mm par rapport au bord sur la gaine extrudée, puis découpez 2 mm ("Cut" à "Output")

Et une jambe de force de connexion pour suggérer un peu plus de stabilité. Pour cette jambe de force, nous avons besoin d'une géométrie circulaire sur la surface latérale avant du camion avec un diamètre de 6 mm à une distance de 83 mm et horizontale par rapport à l'origine.

Figure 166: Tracez un cercle de 6 mm de diamètre sur la surface latérale avant du camion

En outre, une autre géométrie circulaire à l'arrière du phare, également de 6 mm de diamètre, que nous avons simplement dimensionnée à partir des bords supérieurs et latéraux à 8 mm et 12 mm.

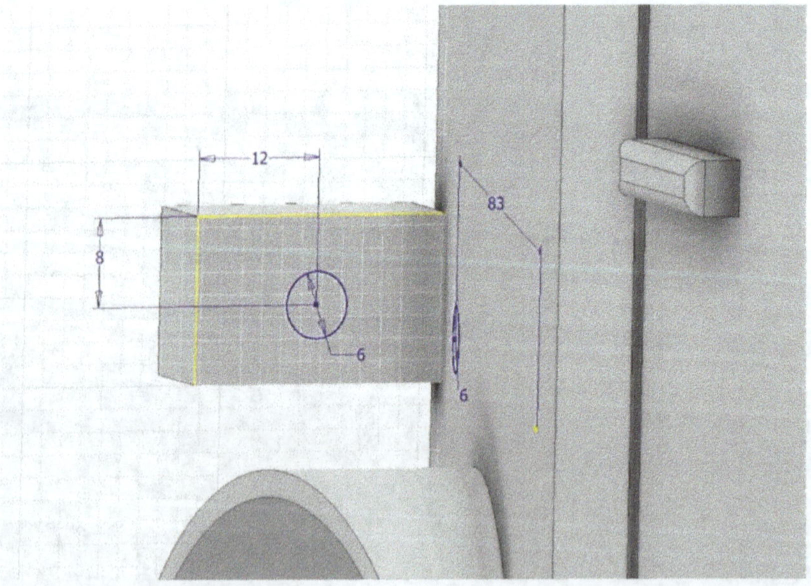

Figure 167: Esquissez le deuxième cercle à l'arrière du phare (tourné dans la vue de l'image)

Ensuite, nous utilisons la commande "Loft" et connectons les deux surfaces circulaires pour former une entretoise de connexion tridimensionnelle.

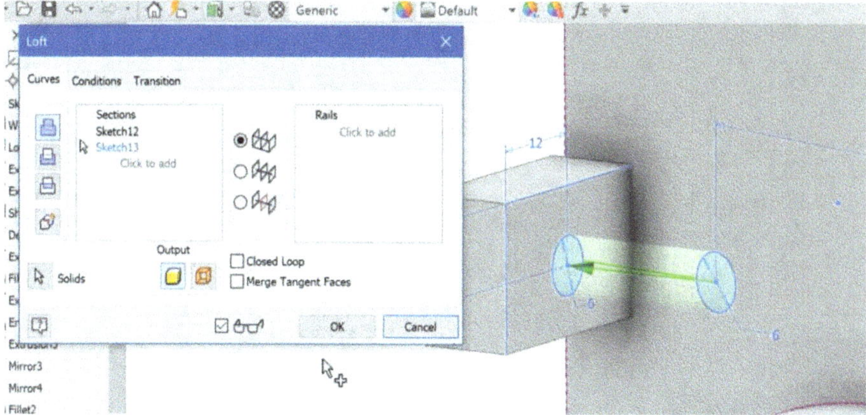

Figure 168: Utilisation de la commande "Loft" pour créer une jambe de force de connexion

Maintenant nous pouvons inverser le phare et la jambe de force de l'autre côté.

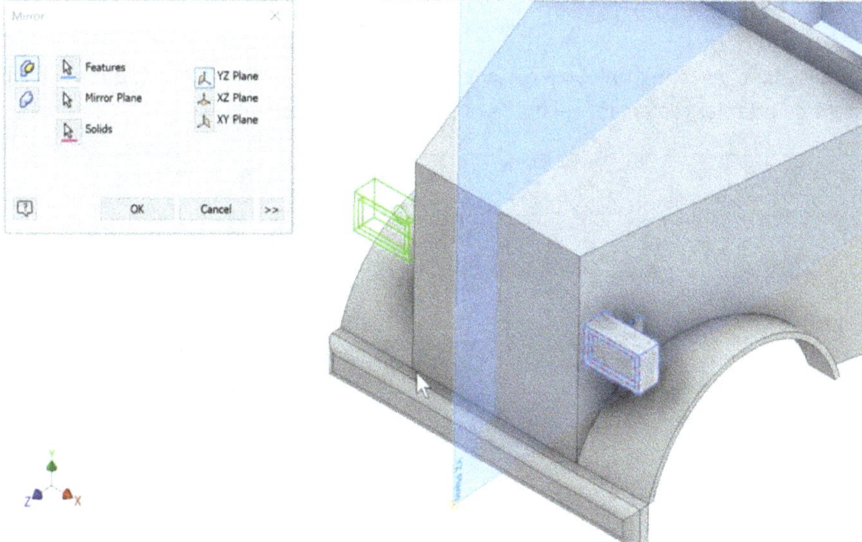

Figure 169: Miroir le projecteur et la jambe de force avec "Mirror" dans le plan y-z

Comme dernier détail de l'avant de notre camion, nous aimerions dessiner une grille de radiateur. Pour ce faire, nous commençons d'abord une nouvelle esquisse sur la surface avant.

Nous commençons par dessiner un rectangle de 75 mm de large et de 80 mm de haut. La ligne latérale et la ligne supérieure doivent chacune être colinéaires avec les lignes de la surface frontale.

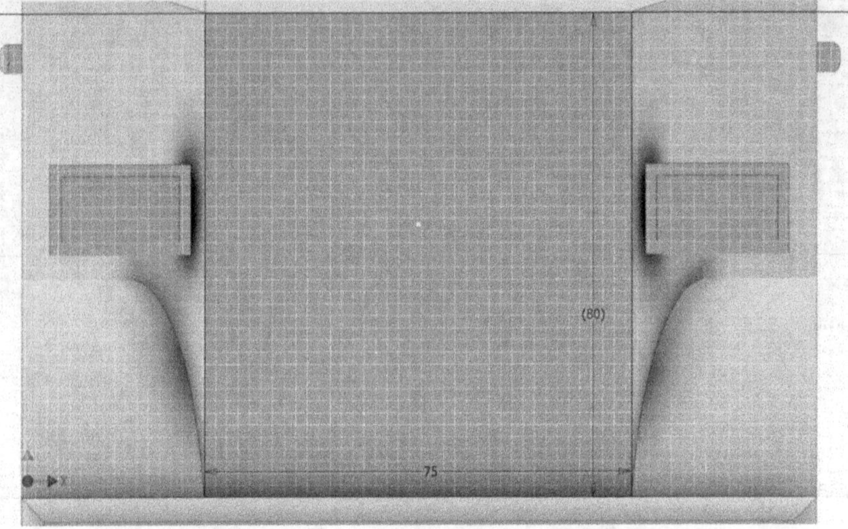

Figure 170: Esquissez un rectangle (75 x 80 mm) sur la surface avant du camion

Dans l'étape suivante, un autre rectangle, avec une distance de 4 mm par rapport au bord du premier rectangle, qui borde nos découpes de radiateur.

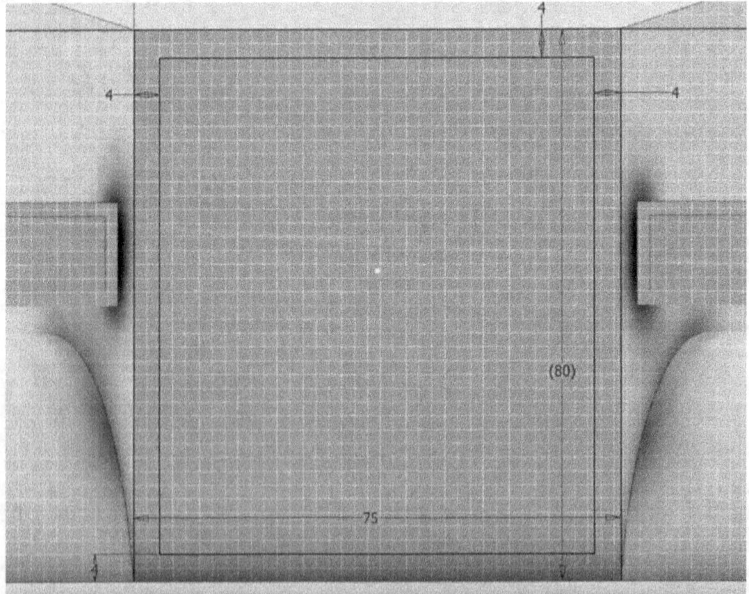

Figure 171: Esquisse du deuxième rectangle (chacun à 4 mm du premier rectangle)

Ensuite, nous traçons une ligne verticale congruente à la ligne centrale.

Ensuite, nous traçons une ligne à gauche et à droite de la ligne centrale à une distance de 1 mm de la ligne centrale. Les points de départ et d'arrivée doivent se trouver sur le deuxième rectangle dessiné.

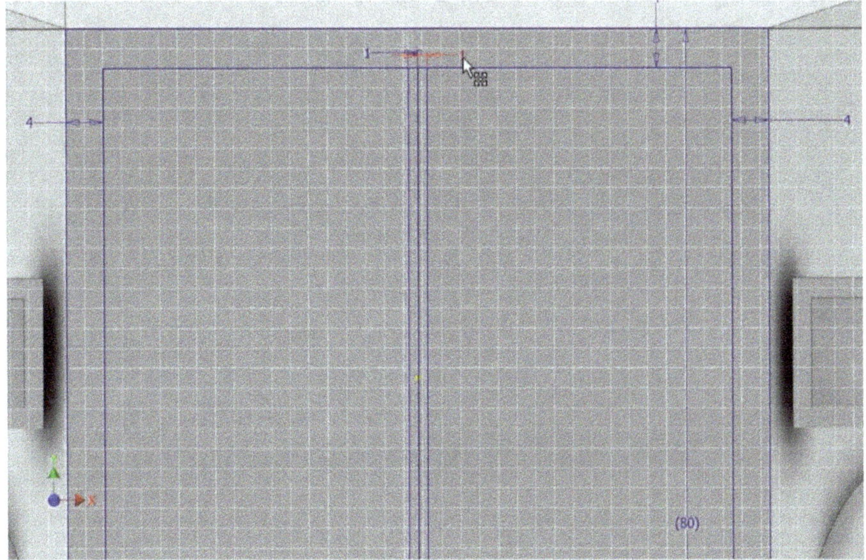

Figure 172: Une ligne verticale congruente à la ligne centrale et une ligne verticale à gauche et à droite de celle-ci (les lignes doivent commencer et se terminer sur le rectangle intérieur).

Maintenant, nous devrions dessiner beaucoup de ces lignes, car nous voulons extruder un espace sur deux entre elles pour obtenir la forme de la grille de radiateur. Pour nous faciliter la vie, nous utilisons une nouvelle commande, la commande "Pattern", ou aussi "Rectangular Patter" dans ce cas.

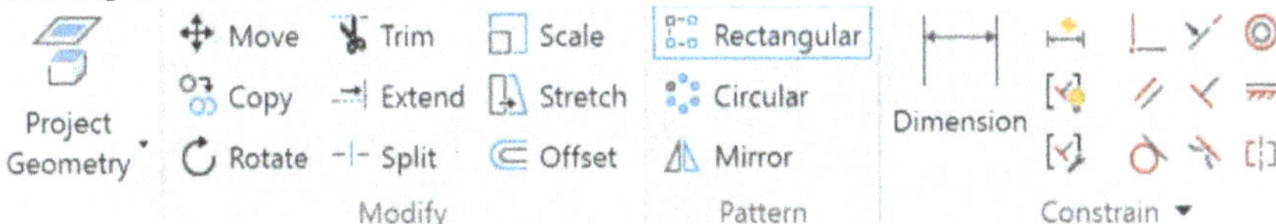

Figure 173: La commande Motif rectangulaire dans la section Motif

Pour ce faire, nous sélectionnons les éléments de la ligne verticale. Tout d'abord, sélectionnez la ligne de gauche, lancez la commande, puis nous devons spécifier une direction dans laquelle le motif doit être créé. Pour ce faire, il suffit de sélectionner le segment de ligne supérieur ou inférieur gauche du rectangle et, si nécessaire, de tourner la flèche verte affichée avec "Flip" dans la direction souhaitée, c'est-à-dire vers la gauche. Ensuite, nous devons saisir une distance de 1 mm entre les éléments de la ligne et augmenter le nombre à 33. Tada, le programme fait le travail pour nous.

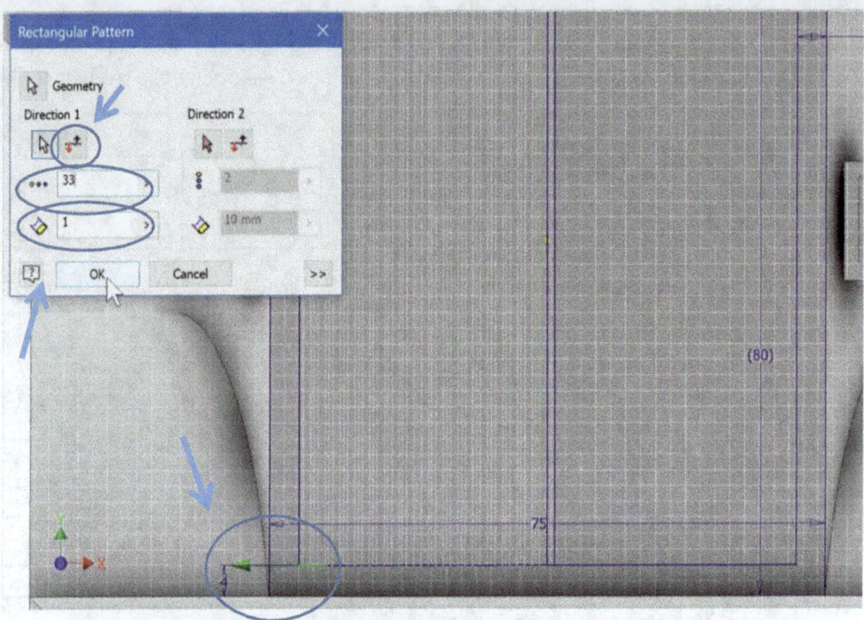

Figure 174: La commande "Rectangular Pattern" dans l'application ; la flèche verte (entourée) doit pointer vers la gauche, si nécessaire, retournez-la avec "Flip" dans les options "Direction"

Nous faisons ensuite la même chose pour l'autre côté, mais vers la droite.

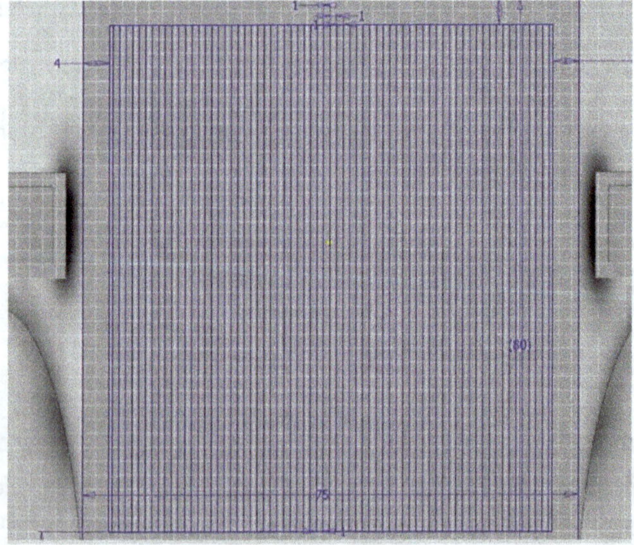

Figure 175: Le résultat de la commande "Rectangular Pattern" ; appliqué dans les deux directions

Pour créer le corps solide de la grille de radiateur, nous extrudons la zone située entre les deux grands rectangles et tous les autres rectangles longs et étroits de 2 mm vers l'extérieur pour créer le corps suivant.

Figure 176: Extrudez un rectangle sur deux de 2 mm vers l'extérieur pour obtenir la grille du radiateur

Très bien ! Après avoir arrondi quelques bords supplémentaires, chacun de 2 mm, selon le goût, nous jetons un coup d'œil rapide aux corps individuels et nous avons terminé cette leçon ! Super si vous avez tenu bon !

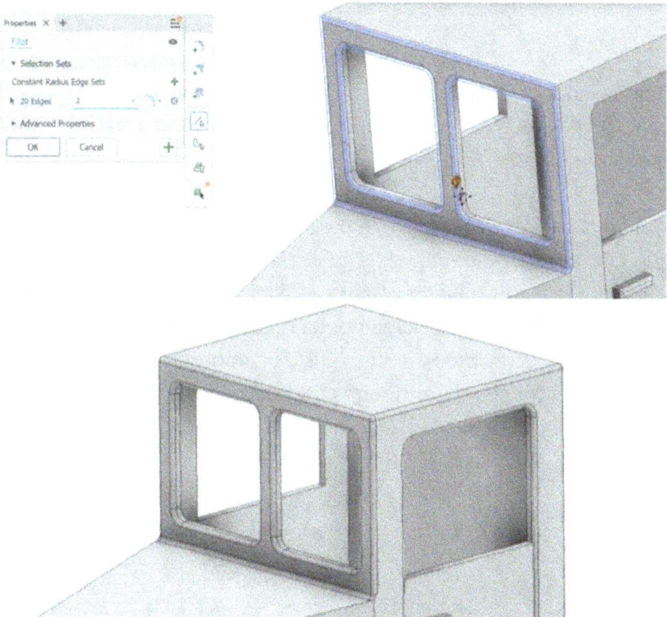

Figure 177: Arrondi des bords (par exemple à l'avant du pare-brise et en haut)

Comme nous pouvons le constater, nous avons maintenant créé plusieurs corps dans le dossier "Bodies" de l'arborescence. Plus précisément : un pour les poignées de porte, un pour la carrosserie, un pour les phares, un pour les jambes, un pour le pare-chocs et un pour la grille de radiateur. Nous pouvons maintenant cacher/afficher ces corps comme nous le souhaitons ou modifier l'apparence de chaque corps séparément.

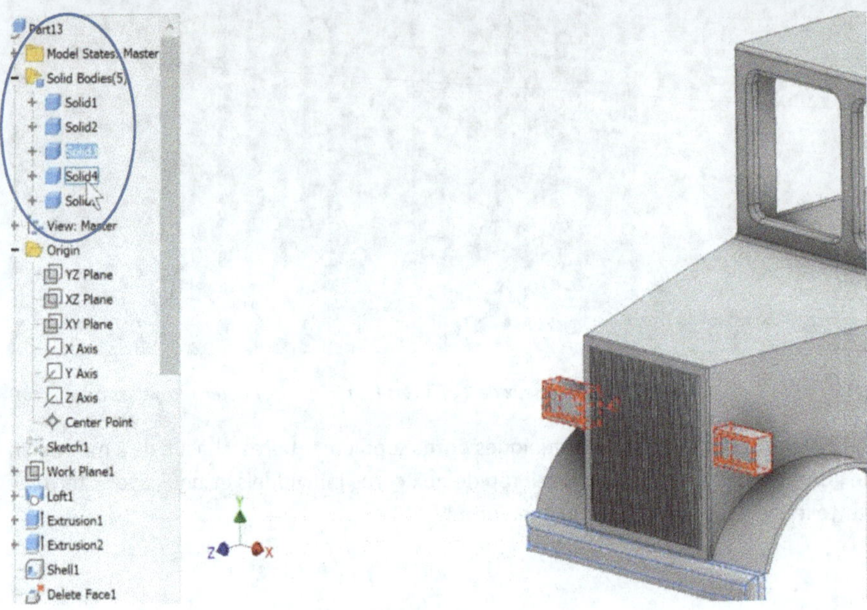

Si nous voulons, nous pouvons imprimer le modèle tel quel avec une imprimante 3D. Si l'impression 3D vous intéresse, jetez un coup d'œil à mon cours "Impression 3D | un guide étape par étape ".

Toutefois, si vous préférez construire le pare-chocs, la grille de radiateur et les phares en tant que composants indépendants et les assembler ensuite dans un ensemble, consultez d'abord la leçon suivante. Dans cette leçon, nous allons examiner pas à pas et en détail comment fonctionne la manipulation des composants dans un assemblage. Nous allons construire un modèle simplifié d'un moteur à combustion interne à 4 cylindres. Ce sera plutôt cool ! Continuons tout de suite !

4.4 Projet de conception IV : moteur à combustion interne à 4 cylindres

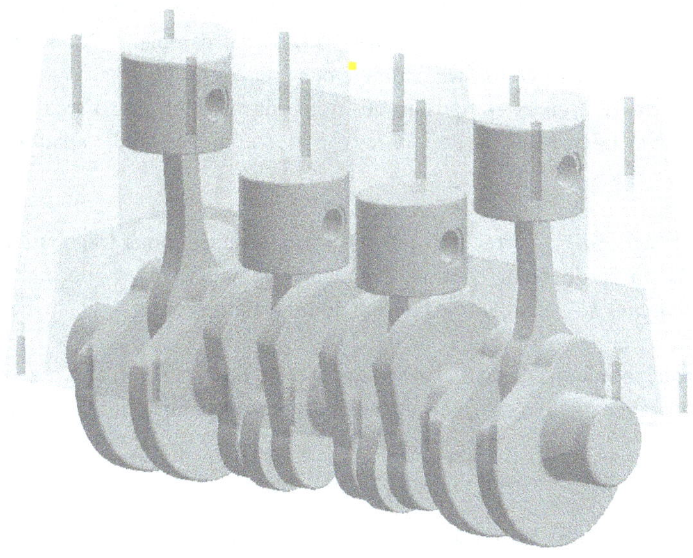

Figure 178: Un moteur à 4 cylindres devient notre quatrième projet de conception

4.4.1 Partie 1 : carter moteur

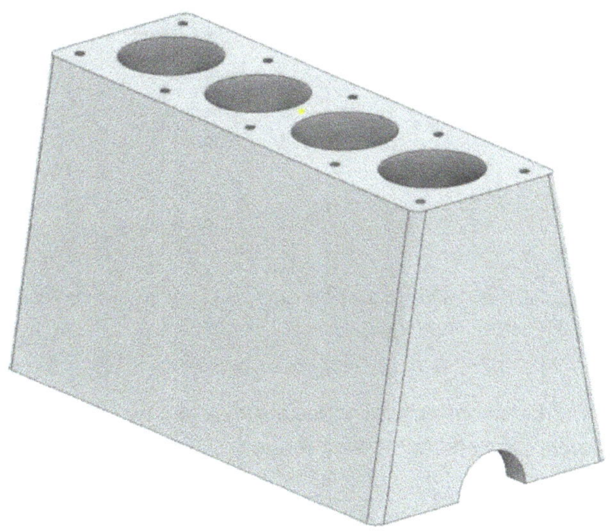

Figure 179: Nous commençons par le carter du vilebrequin ou le bloc moteur.

Dans ce chapitre, comme annoncé, nous voulons construire un modèle simplifié d'un moteur à 4 cylindres. Nous voulons d'abord construire ce modèle à partir de plusieurs composants principaux, comme dans la réalité, mais nous négligerons ensuite certains détails pour que la construction ne devienne pas trop complexe. Pour commencer, nous avons besoin d'un carter. Nous omettrons un carter d'huile et une culasse avec cache-soupape. Le premier composant que nous construisons est donc le carter, car il crée un point de départ central. Pour ce faire, nous commençons sur le plan x-z par une esquisse.

Pour créer la forme du carter en tant que corps de base, nous traçons d'abord un rectangle à partir du point central et pouvons immédiatement spécifier 500 mm comme largeur et 150 mm comme hauteur comme dimensions.

Ensuite, nous terminons l'esquisse et créons un plan parallèle au plan x-z en mode 3D avec une distance de -250 mm, comme nous l'avons déjà appris dans l'une des leçons précédentes.

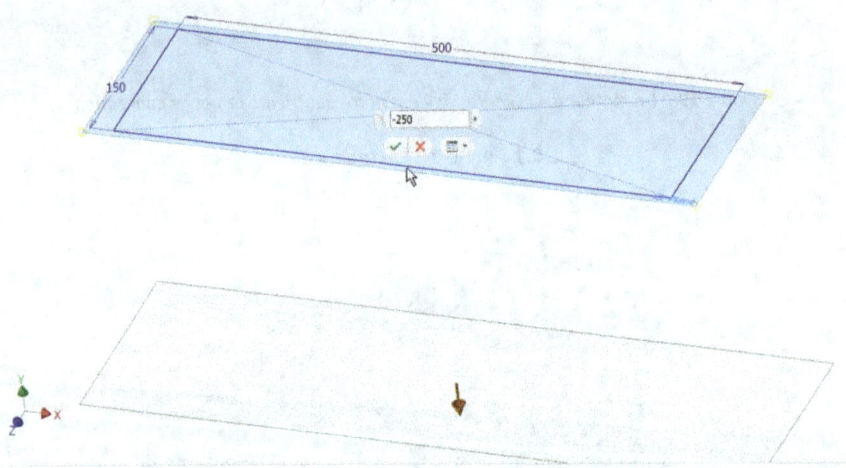

Figure 180: Dessinez un profil rectangulaire (500 x 150 mm) sur le plan x-z ; créez un plan de décalage (-250 mm) parallèle au plan x-z.

Sur ce plan, nous dessinons ensuite un rectangle de largeur identique, c'est-à-dire 500 mm et de hauteur 250 mm. Après avoir fermé l'esquisse, nous utilisons la commande "Loft" et créons ainsi un solide trapézoïdal.

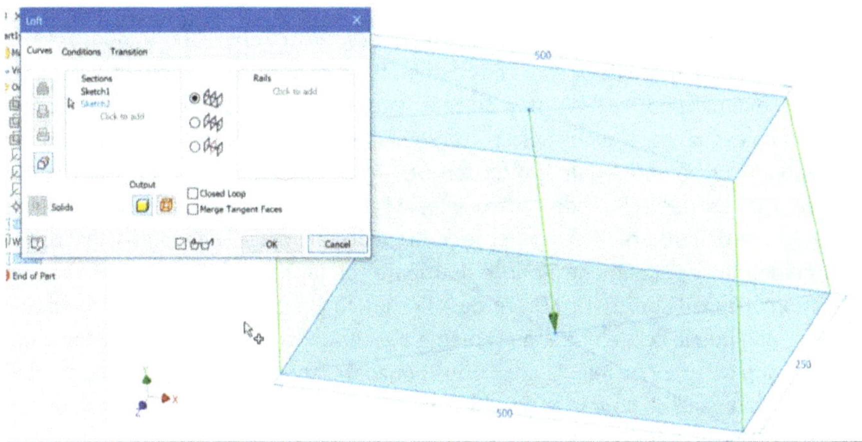

Figure 181: Création d'un solide trapézoïdal à l'aide de la commande "Loft".

Nous nous occupons maintenant des trous pour les pistons, c'est-à-dire les cylindres. Nous pouvons les percer de deux manières, soit avec la fonction "Hole", soit comme une découpe circulaire avec "Extrude". Comme les trous doivent traverser complètement le cuboïde, nous utilisons simplement la découpe dans ce cas. Pour ce faire, nous commençons une esquisse sur la surface supérieure. Nous voulons créer des cylindres d'un diamètre de 90 mm et construire un moteur à 4 cylindres. Par conséquent, nous avons besoin des dimensions et géométries suivantes :

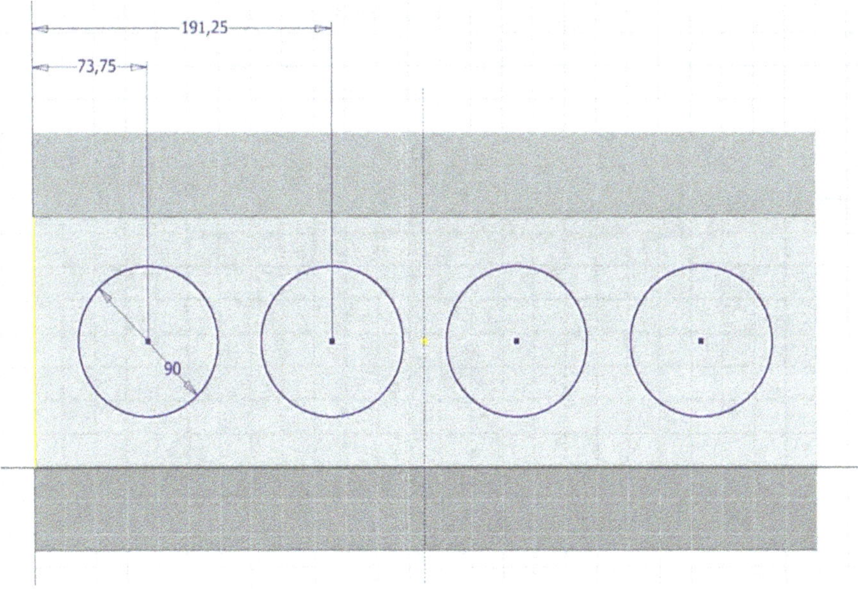

Figure 182: Pour les cylindres, nous avons besoin de quatre cercles, comme illustré.

Quelle est la façon la plus simple de dessiner ces cercles ? Tout d'abord, nous traçons un cercle d'un diamètre de 90 mm et déterminons sa position dans la direction de l'axe x avec une dimension de 73,75 mm du centre au bord. Pour définir complètement la position du cercle, nous avons besoin non seulement du diamètre et d'une dimension par rapport à un point fixe dans la direction x, mais aussi d'une position dans la direction z. Comme le centre du cercle doit se trouver sur l'axe des x, nous utilisons une condition au lieu d'une dimension. Sélectionnez le centre du cercle et l'origine, puis sélectionnez la condition horizontalement. Pour le deuxième cercle, nous utilisons à nouveau les conditions. Tout d'abord, il suffit de dessiner un cercle, puis de définir la condition "Equal", afin que le cercle obtienne la même dimension sans autre dimensionnement. Ensuite, appliquez à nouveau la condition "horizontal" pour la position z du cercle. Et une dimension en "x", pour la position x dans le système de coordonnées. Dans ce cas, 191,25 mm, pour créer une distance égale de 117,5 mm entre les cylindres.

Puisque notre géométrie des quatre cercles est axisymétrique autour de l'axe z, nous pouvons maintenant créer les deux autres cercles très rapidement et facilement avec la commande "Mirror". Pour la commande, nous devons d'abord créer un axe autour duquel nous voulons faire un miroir, car l'axe z n'est pas sélectionnable dans ce cas. Pour ce faire, nous traçons une ligne congrue à l'axe z et la relions en coïncidence avec l'origine. Nous convertissons ensuite cette ligne en une ligne de construction ou auxiliaire en faisant un clic droit et en sélectionnant "Construction". Cela peut être reconnu par le type de ligne en pointillés. Nous ne définirons pas complètement les lignes de construction, car elles ne sont pas nécessairement pertinentes. Nous avons seulement besoin d'une position définie dans la direction x, que nous avons déjà.

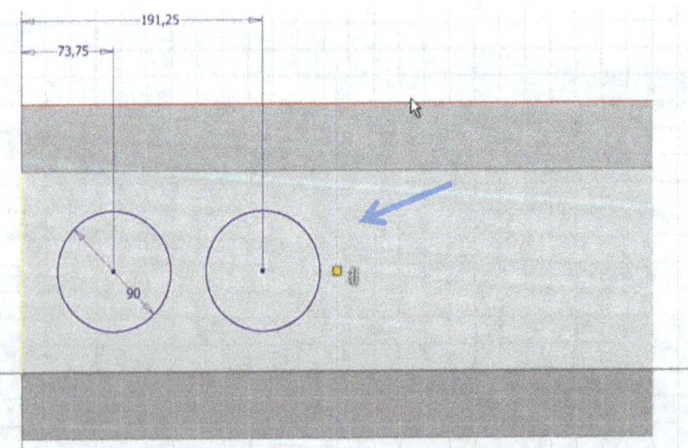

Figure 183: dessinez d'abord les deux cercles de gauche, puis créez une ligne verticale passant par le point central et convertissez-la en ligne de construction en cliquant dessus avec le bouton droit de la souris et en sélectionnant "Construction Line"

Sélectionnez ensuite la commande "Mirror" dans le menu "Pattern" et sélectionnez les deux cercles. Dans les options, passez la sélection sur "Mirror Line", puis sélectionnez la ligne de construction qui vient d'être créée. Avec "Apply", les deux autres cercles sont créés et sont déjà entièrement définis.

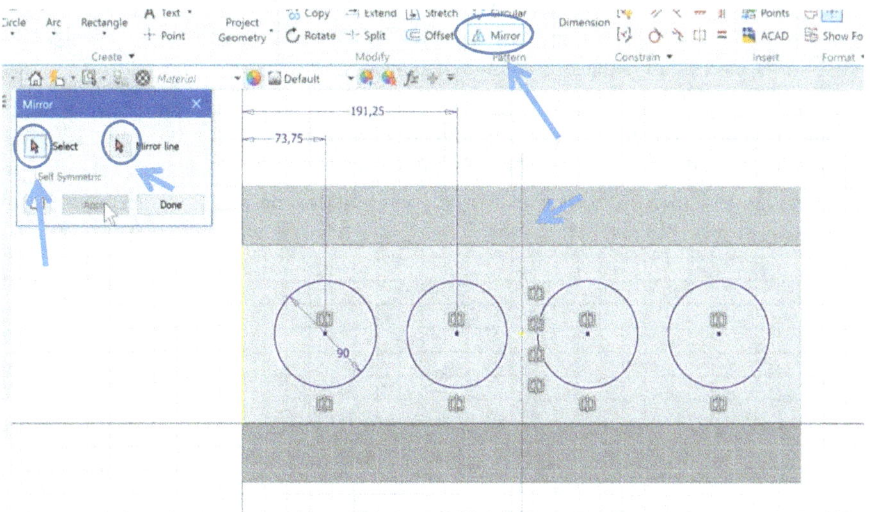

Figure 184: Création des deux cercles sur le côté droit de l'axe du miroir avec "Mirror"

Nous fermons l'esquisse 2D et créons les sections avec "Extrude" en sélectionnant les quatre zones circulaires. Dans les options, nous pouvons sélectionner "to" pour "Distance", puis sélectionner la surface jusqu'à laquelle les découpes doivent être réalisées. Dans notre cas, nous sélectionnons la surface de plancher. Au fait, "Output" doit ensuite être réglé sur "Cut".

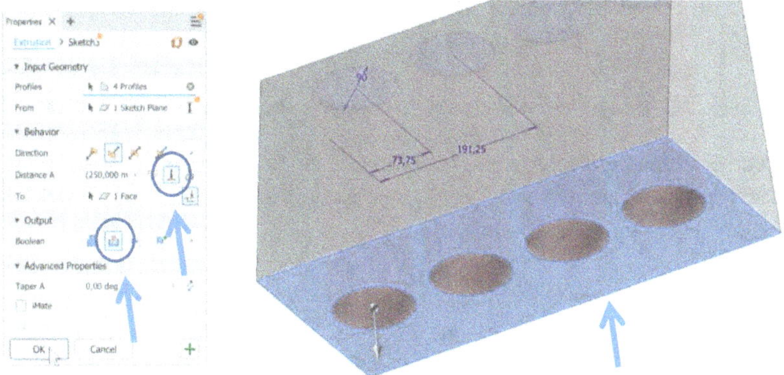

Figure 185: Créez les découpes avec "Extrude" ; pour "Distance" : sélectionnez "To" et sélectionnez le côté inférieur de l'enceinte

D'ailleurs, nous aurions pu intégrer ces zones circulaires dès la première esquisse et ainsi nous épargner une étape.

Nous travaillons ensuite sur la partie inférieure du carter, qui abritera plus tard le vilebrequin. Pour ce faire, nous créons une découpe trapézoïdale qui s'étend symétriquement à partir du centre du boîtier. Tout d'abord, nous traçons une ligne de base sur le plan y-z et la plaçons colinéaire avec le fond du carter.

Ensuite, dessinez le trapèze comme indiqué et dimensionnez la hauteur avec 100 mm. Dimensionnez ensuite les points d'angle inférieurs avec 25 mm chacun vers le mur. Pour les lignes latérales, nous choisissons une condition parallèle aux lignes latérales de l'enceinte.

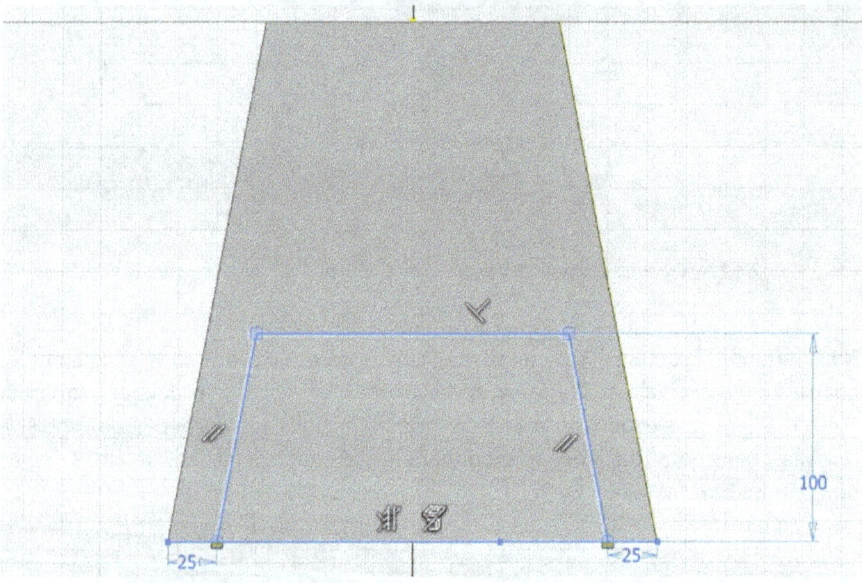

Figure 186: Le trapèze que nous devons dessiner sur le plan y-z ; marquez pour affichage

En mode 3D, nous utilisons à nouveau la commande "Extrude" et sélectionnons la surface trapézoïdale. Ensuite, nous sélectionnons l'option "Symmetric" pour "Direction" et l'option "Cut" pour "Output".

Nous entrons également une dimension de 450 mm, car nous avons une longueur de 500 mm et nous voulons laisser une épaisseur de paroi de 25 mm pour chacun. Confirmez et nous avons terminé.

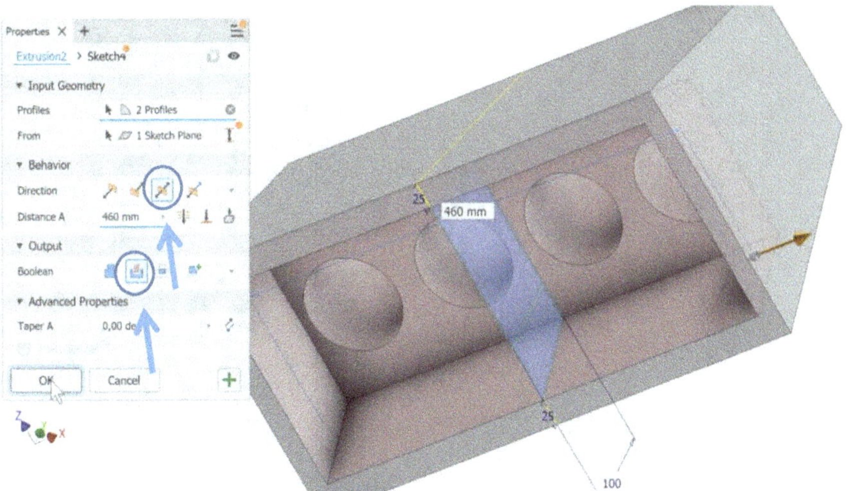

Figure 187: Convertir l'esquisse en une section avec "Extrude" ; utiliser 450 mm au lieu de 460 mm

Nous devons maintenant ajouter à nouveau du matériel pour les supports du vilebrequin. Nous dessinons les trois profils rectangulaires suivants sur la surface inférieure du boîtier.

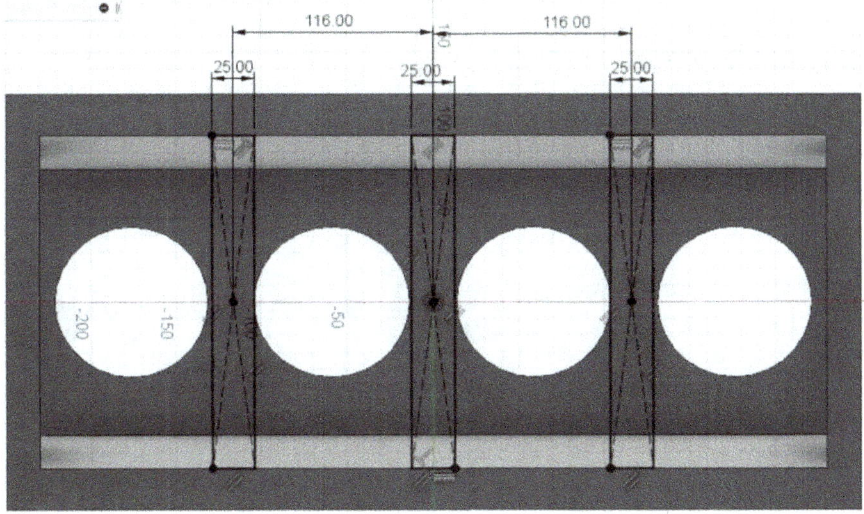

Figure 188: Dessinez le profil indiqué sur la face inférieure de l'enceinte

Nous les extrudons ensuite en mode 3D en sélectionnant "To" dans "Distance", ainsi que "Join" dans "Operation", dans les options d'extrusion. De cette façon, nous pouvons sélectionner la surface inférieure et y extruder les trois barres.

Figure 189: Les trois barres ; déjà extrudées

À l'étape suivante, nous créons une découpe circulaire pour les surfaces d'appui du vilebrequin. Pour ce faire, nous traçons un cercle d'un diamètre de 70 mm et à une distance de 125 mm du point d'angle sur la paroi latérale du boîtier. Le centre du cercle doit être congruent avec la ligne du bas.

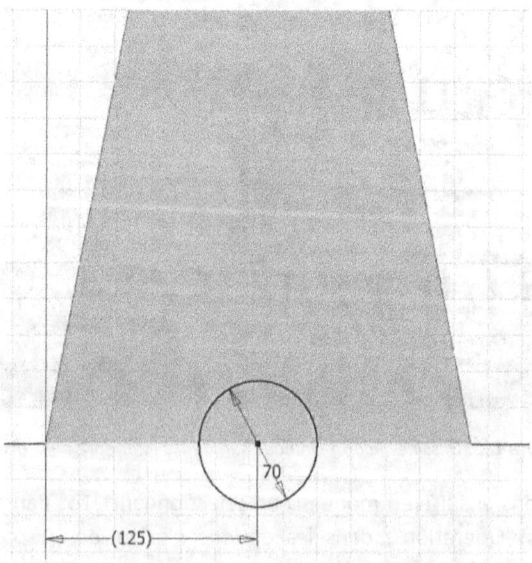

Figure 190: Esquisse du cercle représenté sur la surface latérale de l'enceinte

Nous l'extrudons ensuite complètement à travers toute l'enceinte en utilisant l'option "Cut". Bien sûr, nous aurions également pu ne dessiner qu'un demi-cercle ou utiliser la fonction "Trim".

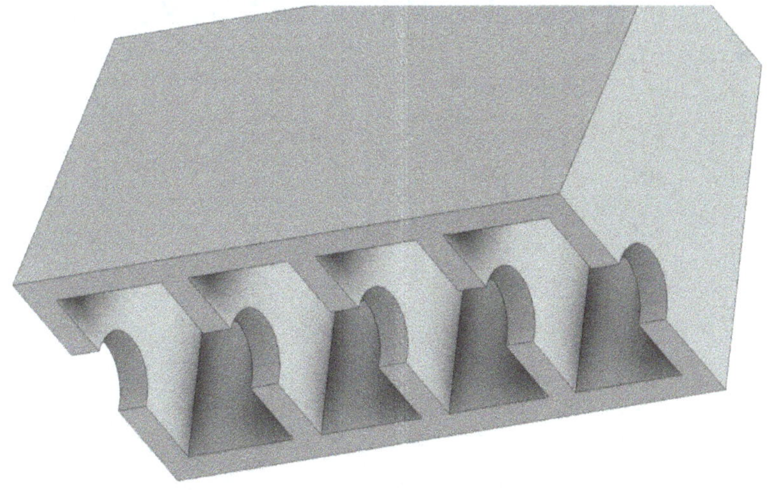

Figure 191: L'enceinte après l'extrusion du profilé circulaire avec l'option "Cut"

Dans l'avant-dernière étape, nous aimerions créer des trous filetés pour le montage de la culasse et du carter d'huile dans notre carter très primitif. Tout d'abord, nous créons les trous pour la culasse. Pour ce faire, nous utilisons la fonction "Hole" en mode 3D. Cependant, afin de pouvoir placer les trous correctement, nous commençons d'abord par une esquisse 2D sur la surface supérieure du boîtier. Nous avons besoin de dix trous pour la culasse. Pour les créer rapidement et facilement, nous utilisons la commande "Pattern" de la zone "Create". Dans ce cas, nous avons à nouveau besoin du "Rectangular Pattern". Nous créons d'abord un point à une distance de 20 mm de chacune des lignes latérales de la surface d'appui de la culasse. Ensuite, nous sélectionnons le point et la commande "Pattern".

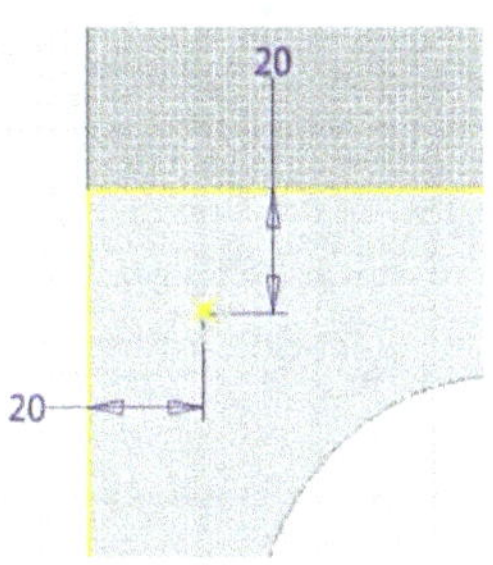

Figure 192: dessinez d'abord un point sur la surface supérieure dans une esquisse

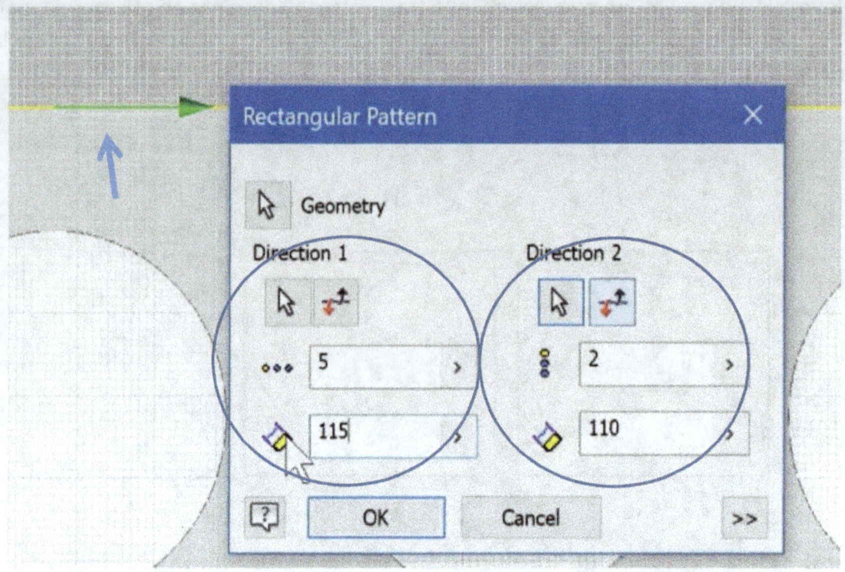

Figure 193: Sélectionnez la commande "Rectangular Pattern" et entrez les valeurs ; la flèche verte doit pointer vers la droite

Nous voyons deux champs de sélection pour les directions, ainsi que des options de saisie pour la distance et le nombre de l'arrangement ou du motif. Si nous choisissons "Direction 1" et sélectionnons la ligne supérieure de la culasse, une flèche verte qui doit pointer vers la droite s'affiche. Si ce n'est pas le cas, retournez-le avec "Flip" dans les options du motif. Ensuite, nous choisissons "Direction 2" et sélectionnons la ligne verticale gauche de la culasse. Dans ce cas, la direction doit être orientée vers le bas, sinon retournez-la avec "Flip". Nous pouvons maintenant définir les valeurs du nombre et de la distance dans les options. Pensez-y comme à une table. Dans la direction z, nous avons besoin de 2 lignes si nous voulons. Dans la direction x, 5 lignes. 2 x 5 égalent 10 points pour les trous.

Les points d'angle doivent chacun avoir une distance de 20 mm par rapport au bord, c'est-à-dire que nous avons besoin d'une distance de 115 mm pour le motif dans la direction x et de 110 mm dans la direction z. Nous confirmons ensuite avec Ok et obtenons le modèle souhaité.

Ensuite, nous sélectionnons la commande "Hole" en mode 3D et créons les trous en saisissant les spécifications et en sélectionnant les points.

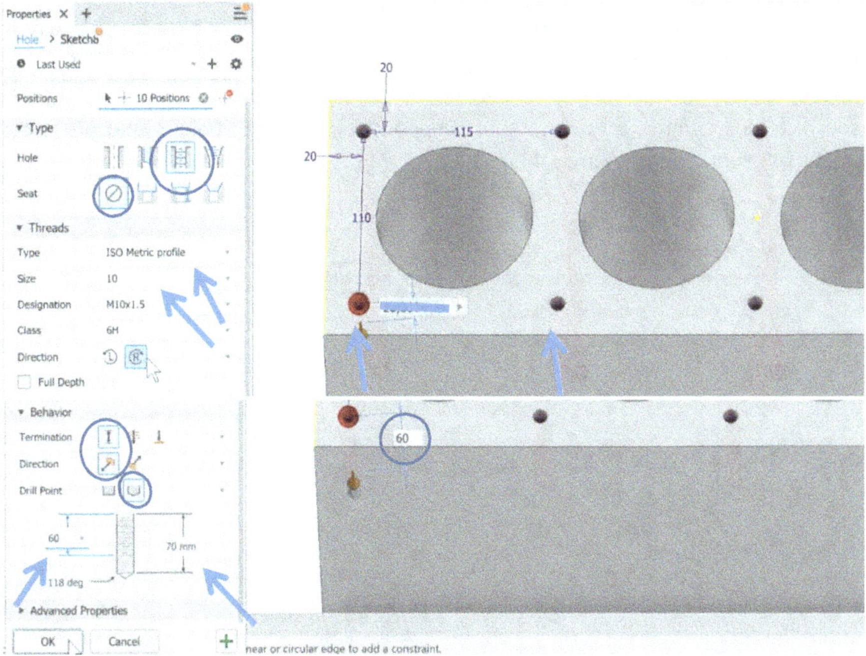

Figure 194elect "Hole" en mode 3D, sélectionne les points de trou et modifie les options

Après avoir sélectionné les points, nous choisissons le type de trou "Tapped Hole", car nous voulons créer un trou taraudé. Dans les champs de sélection inférieurs, nous pouvons ensuite choisir la dimension que doit avoir le trou taraudé. Par exemple, nos trous doivent mesurer 70 mm de long et avoir un diamètre de 10 mm pour un filetage métrique M10. De plus, un pas de filetage de 1,5. Confirmez, et les trous filetés sont créés.

Un conseil supplémentaire : comme nous l'avons déjà mentionné à plusieurs reprises, il existe plusieurs méthodes de construction, parfois plus rapides, parfois plus lentes, mais fondamentalement, toutes mènent au but. Alors, si possible, réfléchissez en même temps qu'eux afin de pouvoir également reconnaître d'autres voies.

Avec les trous de perçage, par exemple, il est également possible de créer d'abord un trou de perçage en mode 3D, puis d'utiliser la fonction "Pattern" du mode 3D et de placer les trous de perçage de la même manière que les points d'esquisse.

Regardons ceci pour les trous de fixation du carter d'huile.
Nous sélectionnons "Hole" puis d'abord la surface de perçage, c'est-à-dire la face inférieure du boîtier. Ensuite, nous déterminons la position de ce trou dans les directions x et z. Il suffit de cliquer d'abord sur le bord supérieur, de saisir une valeur,

dans ce cas 12,5 mm, puis de cliquer sur le bord latéral et de saisir également 12,5 mm. Il est important que vous <u>n'</u>appuyiez <u>pas </u>sur "Entrée" entre les deux, mais que vous sélectionniez tout de suite le bord suivant. Sélectionnez ensuite le type de trou et les spécifications comme précédemment. Cependant, nous ne voulons que des trous filetés M8 et une dimension de 40 mm.

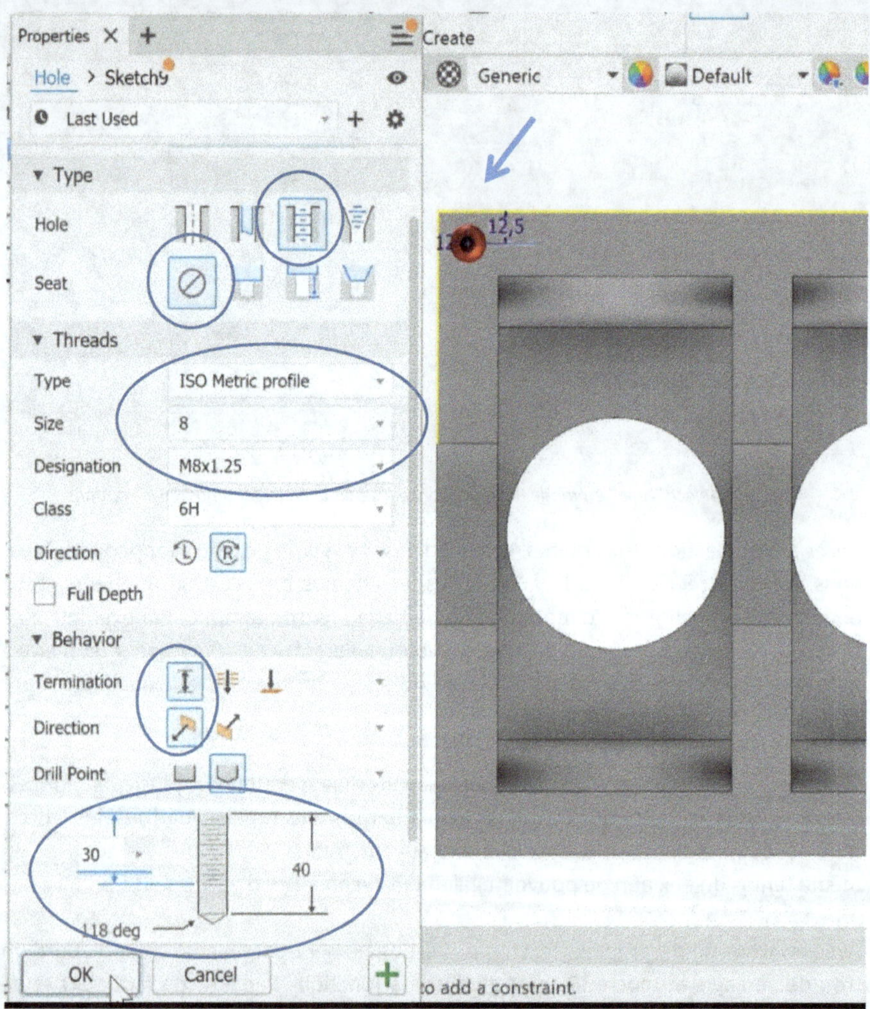

Figure 195: Utilisez "Hole" pour percer le premier trou sur le côté inférieur ; distance de 12,5 mm de chaque bord ; filetage M8 x 1,25 30 mm pour un trou de 40 mm

Confirmez maintenant avec "OK" et le trou est créé. Ensuite, nous sélectionnons le trou et utilisons la commande "Pattern". Dans l'étape suivante, nous passons à "Directions" dans les options, puis nous cliquons sur l'axe des x pour spécifier la première direction, nous faisons éventuellement pivoter la direction de la flèche avec "Flip" et nous pouvons procéder pour la deuxième direction de manière analogue comme pour l'esquisse 2D précédente. Dans la direction x, nous voulons 8 trous avec une distance de 67,5 mm entre les trous et dans la direction z, 2 trous avec une distance de 225 mm ; au total 16 trous.

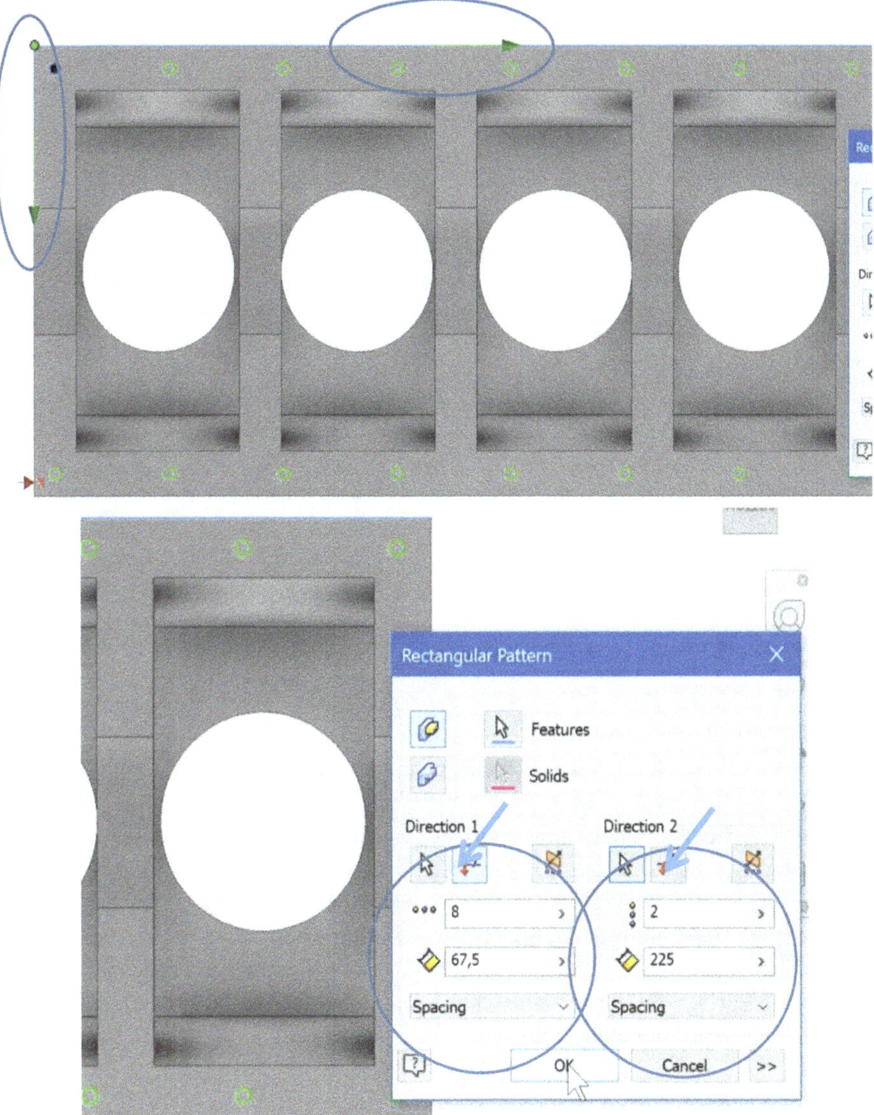

Figure 196: Sélectionnez le bord gauche et le bord supérieur de manière à ce que les flèches vertes apparaissent (image du haut) ; inversez le sens des flèches avec "Flip" si nécessaire ; saisissez les valeurs (image du bas).

Dans la dernière étape pour le carter et cette leçon, nous utilisons la commande "Fillet" pour arrondir les angles. Sélectionnez la commande, sélectionnez les bords souhaités et saisissez un rayon d'arrondi de 10 mm par exemple.

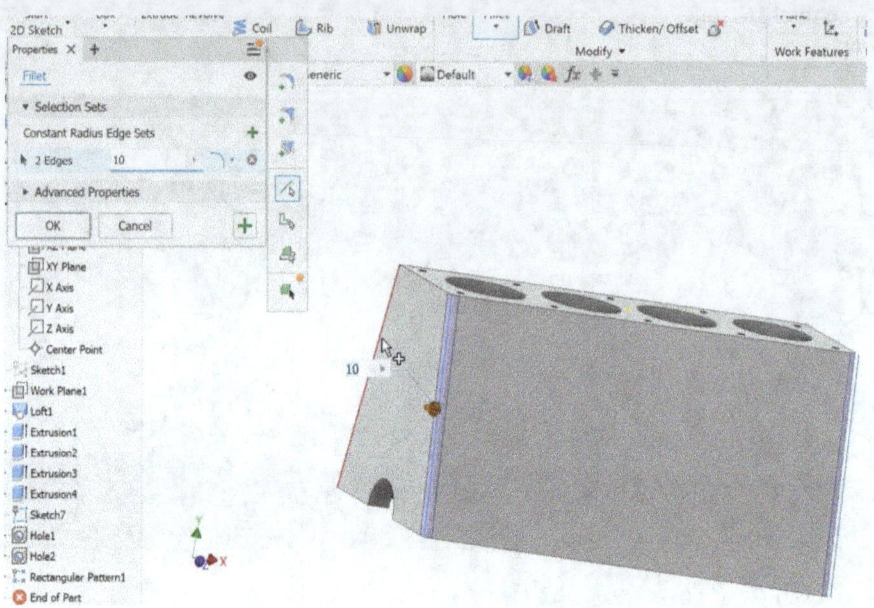

Figure 197: Par exemple, arrondir les angles de 10 mm

Le carter est terminé ! La prochaine leçon portera sur le piston, la bielle et l'axe du piston.

4.4.2 Partie 2 : Bielle, piston et axe de piston

Dans cette section, nous nous intéressons aux bielles, aux pistons et aux axes de piston. Nous commençons par la création des pistons. Pour cela, nous commençons par un nouveau fichier, car le piston est une pièce unique de l'assemblage : "moteur". Nous commençons alors une esquisse sur le plan x-z et dessinons d'abord un cercle de 85 mm de diamètre. Ensuite, nous terminons l'esquisse. Maintenant, nous devons encore extruder la surface du cercle, nous choisissons par exemple 70 mm. Dans l'étape suivante, nous creusons le ballon et lui donnons une épaisseur de paroi de 5 mm.

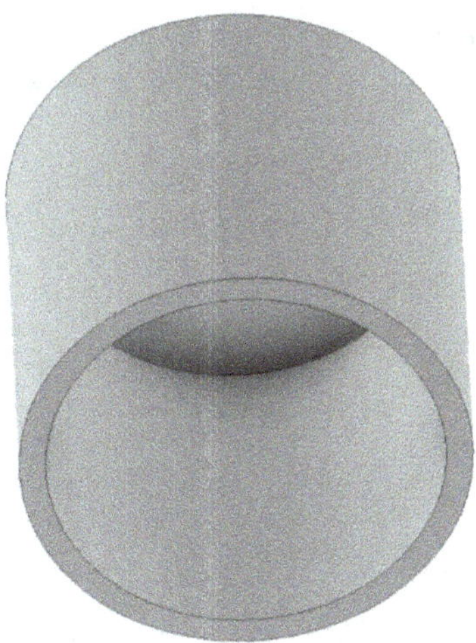

Figure 198: Le corps de base du piston créé avec "Sketch", "Extrusion" et "Shell".

Ensuite, nous commençons une esquisse sur le plan y-z du piston pour faire une découpe pour l'axe du piston, qui relie ensuite le piston et la bielle. Par exemple, nous choisissons un diamètre de 30 mm et dimensionnons le cercle avec 35 mm au bord inférieur pour qu'il soit centré. Nous dessinons également le cercle de façon à ce qu'il soit aligné avec l'axe des y.

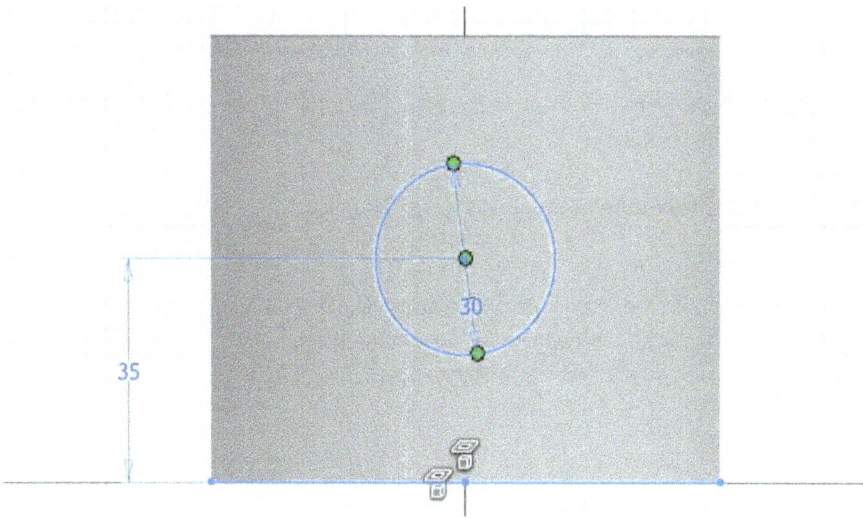

Figure 199: Le croquis sur le plan y-z pour la section

Ensuite, nous extrudons la découpe en mode 3D et créons une ouverture. Enfin, nous arrondissons les bords supérieur et inférieur du flacon de 2 mm chacun.

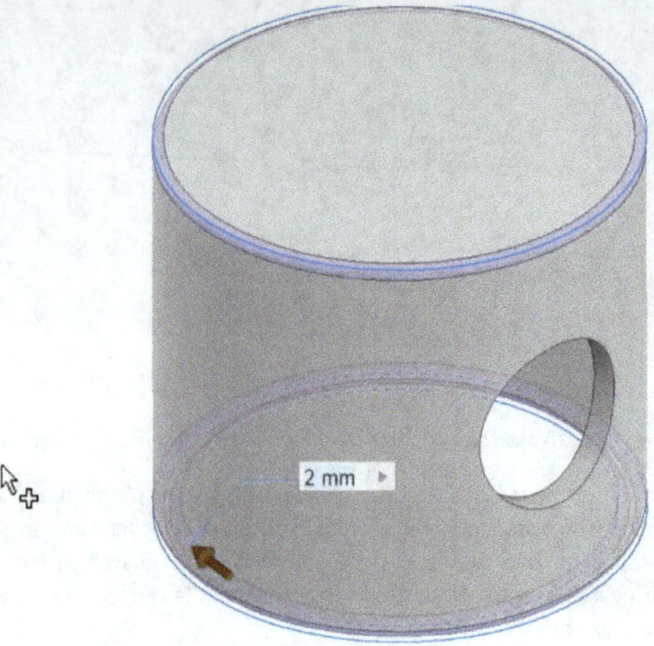

Figure 200: La découpe doit traverser toute la pièce ; arrondissez les bords en haut et en bas.

Les segments de piston et autres détails ne sont pas inclus pour des raisons de complexité et de temps.

Nous poursuivons ensuite avec la bielle et l'axe du piston avant de monter les pistons dans le carter.

Pour la bielle, nous créons à nouveau une nouvelle pièce unique, car ce composant est également une partie indépendante de l'assemblage. Nous esquissons le profil transversal suivant de la bielle sur le plan y-z.

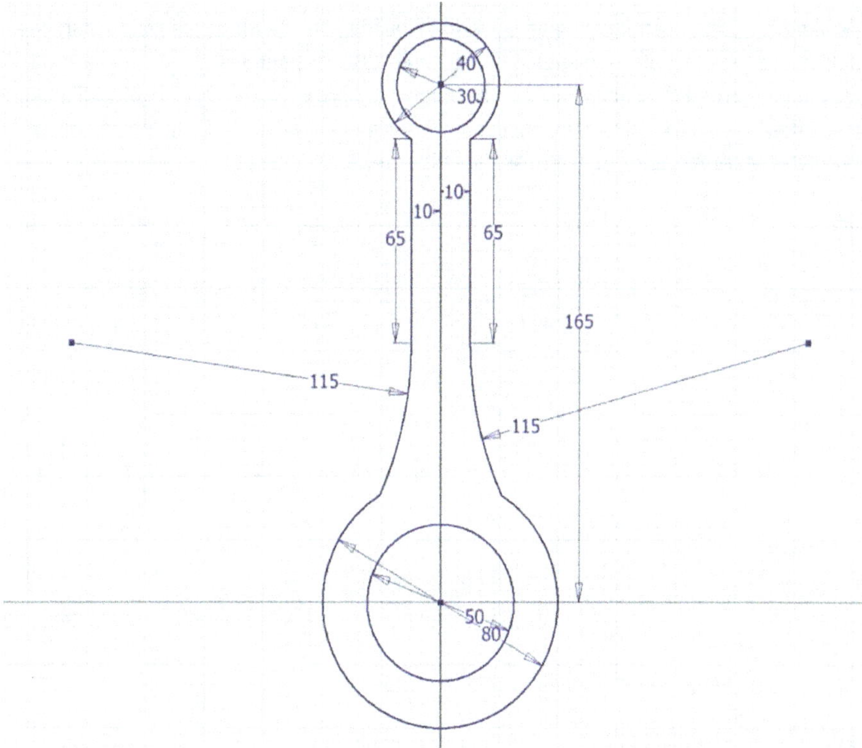

Figure 201: La section transversale de la bielle ; vous pouvez également essayer de dessiner le profil vous-même ; sinon, suivez les différentes étapes.

Nous commençons par les deux "yeux". L'œil de bielle supérieur doit avoir un diamètre de 30 mm à l'intérieur et de 40 mm à l'extérieur.

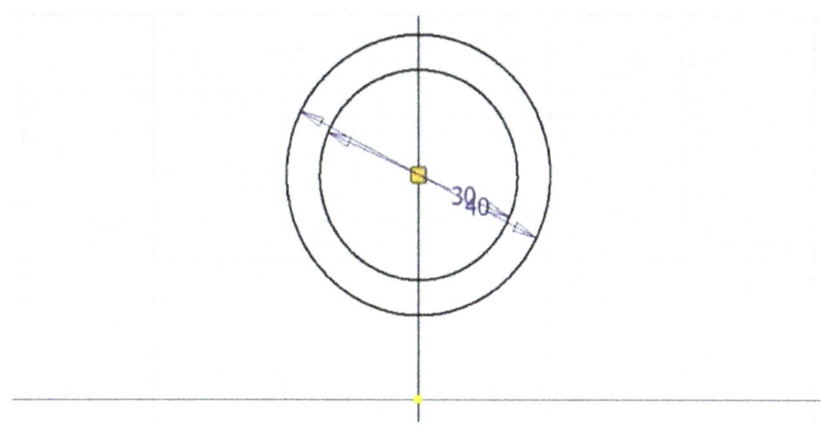

Figure 202: Nous commençons par deux cercles concentriques (30 mm et 40 mm de diamètre)

L'œil de la bielle inférieure est de 50 mm à l'intérieur et de 80 mm à l'extérieur. Nous dimensionnons ensuite la distance entre les centres des cercles à 165 mm et plaçons les deux centres verticalement l'un par rapport à l'autre. Nous avons également placé le centre des deux cercles inférieurs en congruence avec l'origine pour définir et positionner complètement l'esquisse précédente.

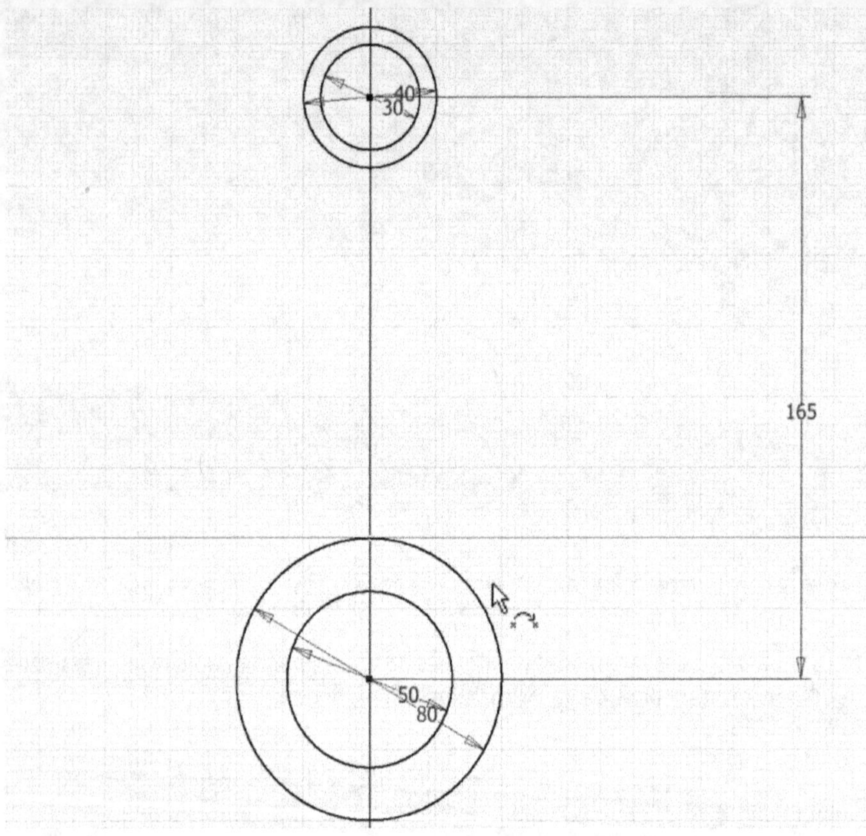

Figure 203: Ajoutez deux autres cercles (50 mm et 80 mm) et dimensionnez-les à 165 mm l'un de l'autre

Ensuite, nous traçons deux lignes verticales de 65 mm de long, dont chacune doit avoir une distance horizontale de 10 mm par rapport au centre de l'œil de la bielle supérieure.

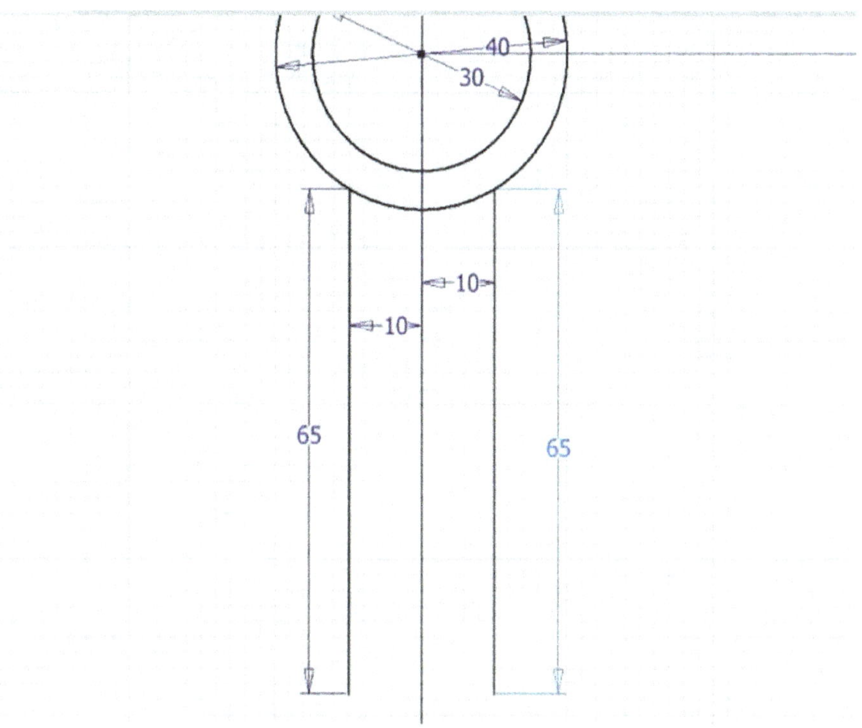

Figure 204: Tracez deux lignes verticales de 65 mm de long à une distance de 10 mm de la ligne centrale.

Nous complétons le profil par deux coudes tangentiels, dont chacun doit avoir un rayon de R=115 mm.

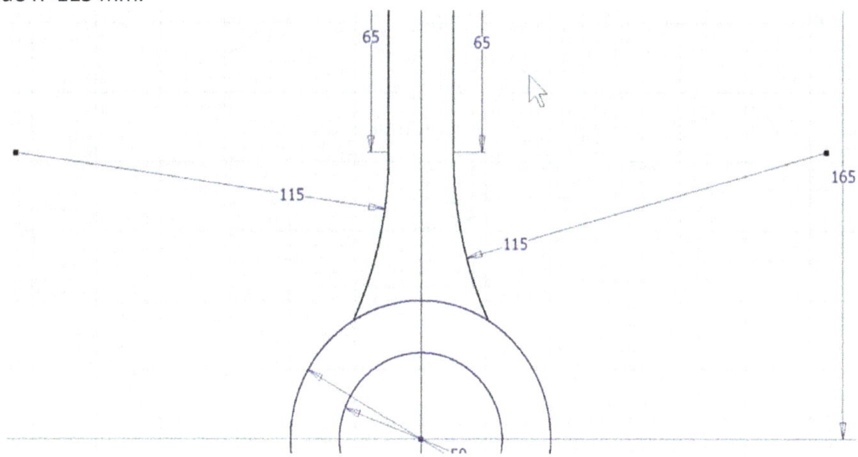

Figure 205: Reliez les extrémités supérieure et inférieure avec deux coudes de 115 mm

Enfin, nous utilisons la fonction "Trim" et supprimons les lignes excédentaires.

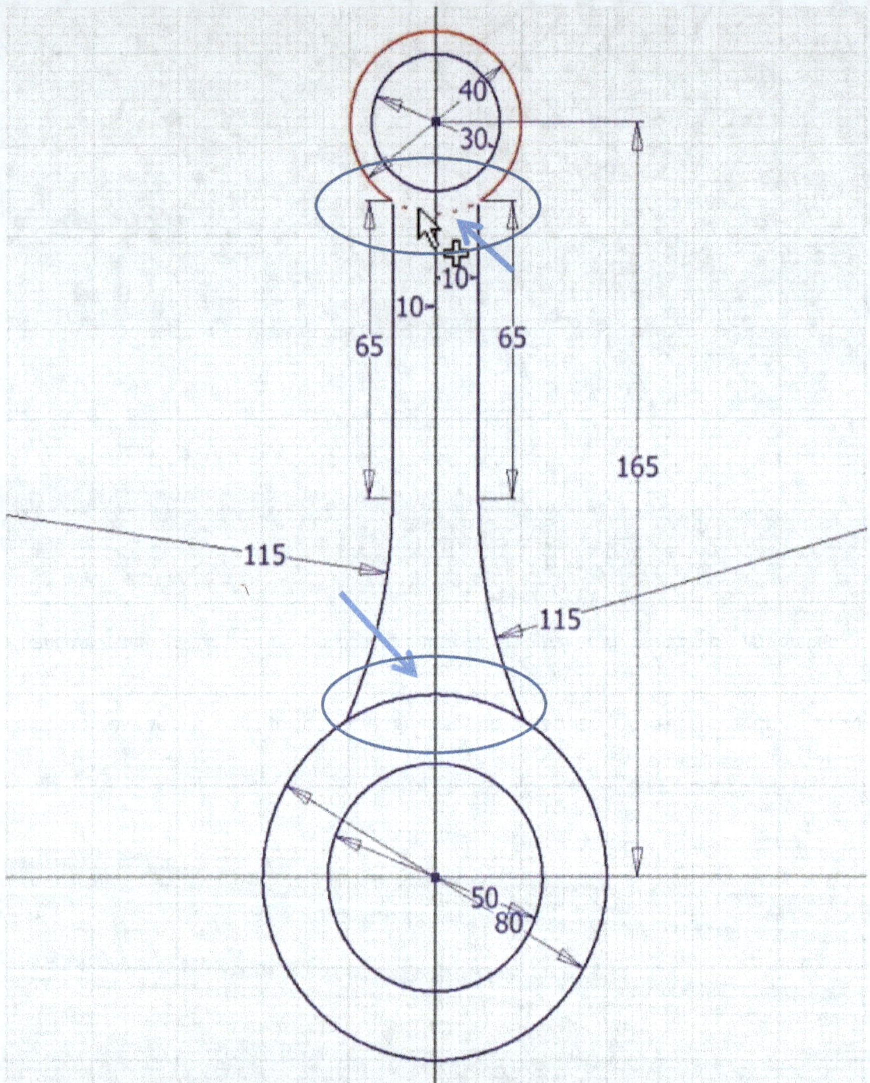

Figure 206: Retirez les sections de cercle excédentaires (voir les flèches) avec "Trim"

Lorsque cela est fait, nous pouvons terminer l'esquisse et extruder la bielle de 20 mm.

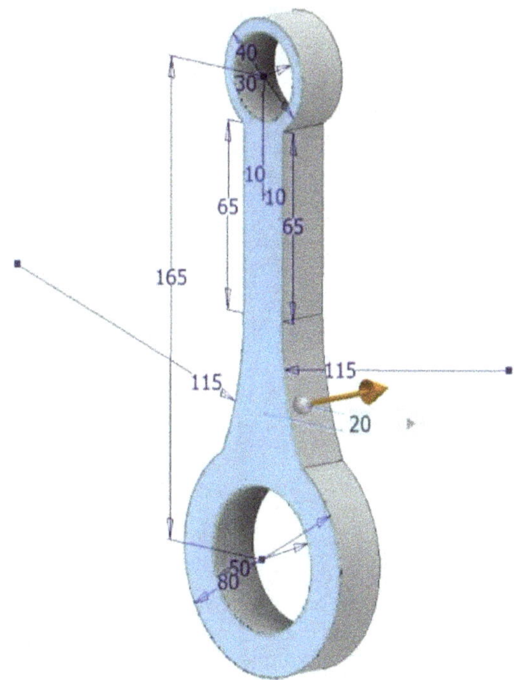

Figure 207: Extrusion de 20 mm du profil de la bielle

Pour que les transitions ne soient pas trop extrêmes, nous pouvons arrondir la transition en bas et en haut avec 20 mm dans la zone de la bielle.

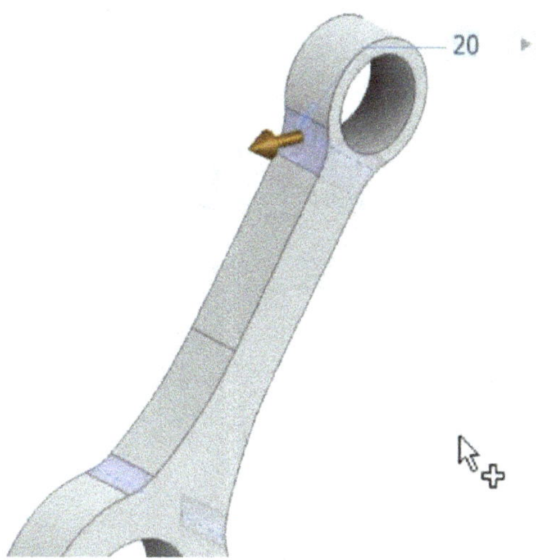

Figure 208: Arrondir les transitions supérieures et inférieures sur les côtés avec 20 mm chacun

Arrondissez également les bords des deux surfaces de 1 mm chacune.

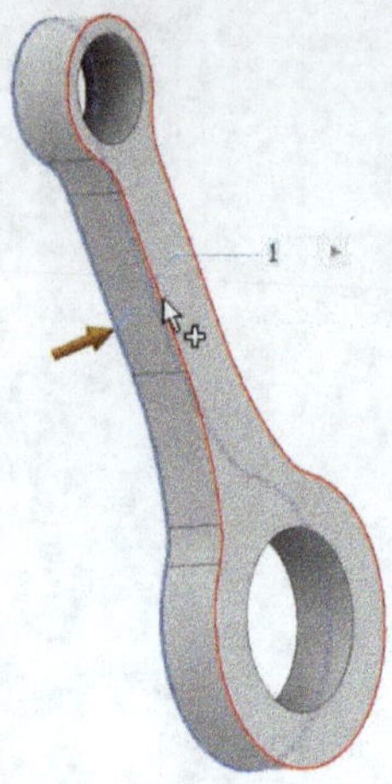

Figure 209: Arrondissez les bords extérieurs de la bielle de 1 mm.

Dans ce cas, la bielle est également un modèle très simplifié. Normalement, une bielle ressemble à celle de cette photo.

Figure 210: Une véritable bielle de moteur

Dans la zone inférieure, il est divisé en deux parties, la géométrie est plus ciblée et il y a également ce que l'on appelle les coussinets de bielle qui se trouvent dans l'œil inférieur.

Dessinons d'abord l'axe du piston avant de commencer à assembler les composants. Pour ce faire, nous créons à nouveau une nouvelle pièce et dessinons un cercle d'un diamètre de 30 mm sur le plan y-z, que nous extrudons ensuite de façon symétrique sur 76 mm et que nous évidons pour obtenir une épaisseur de paroi de 3 mm.

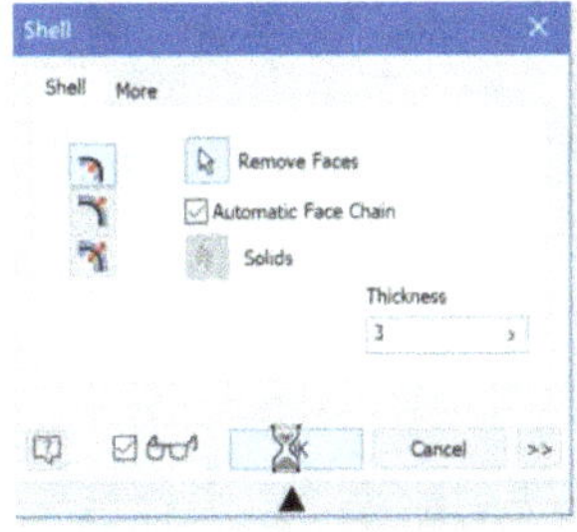
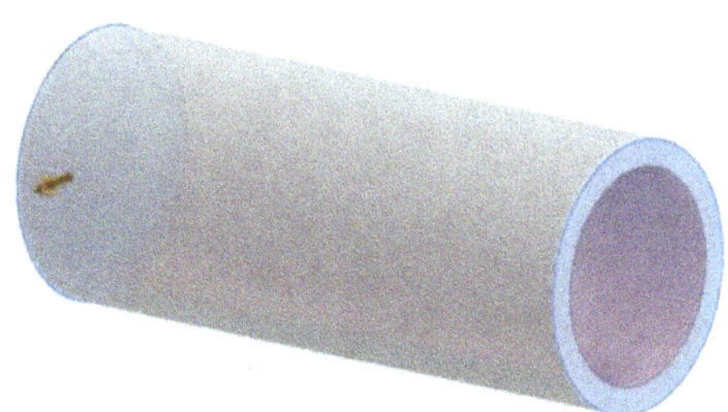

Figure 211: extruder un profilé de 30 mm et extruder 76 mm ; pour "Direction" : sélectionner "Symmetric" ; évider jusqu'à 3 mm d'épaisseur de paroi avec "Shell", sélectionner à cet effet les deux faces latérales

Pour l'assemblage, nous créons un nouveau fichier d'assemblage, c'est-à-dire un fichier "Assembly". Le carter sera notre corps de base, nous le glisserons donc simplement dans l'assemblage en premier. Pour ce faire, ouvrez d'abord toutes les parties du moteur, puis cliquez sur le petit symbole "fenêtre" en haut à droite pour afficher toutes les fenêtres ouvertes les unes à côté des autres.

Figure 212: Appuyez sur le symbole de la petite fenêtre en haut à droite pour afficher tous les fichiers ouverts les uns à côté des autres (si nécessaire, ouvrez d'abord tous les fichiers nécessaires).

Vous pouvez maintenant cliquer dans la fenêtre souhaitée, puis faire glisser et déposer la partie de l'arbre de structure dans la bonne fenêtre en maintenant le bouton de la souris enfoncé.

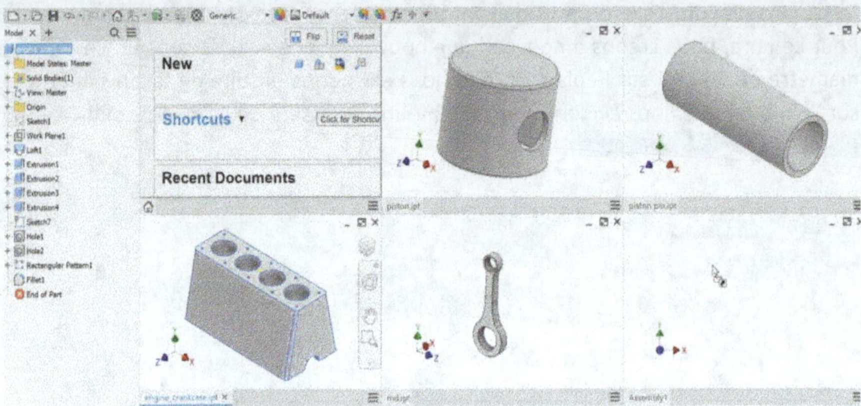

Figure 213: Tous les fichiers ouverts sont maintenant affichés les uns à côté des autres

Le carter est alors automatiquement aligné et fixé en fonction de l'origine. Nous tirons ensuite toutes les autres pièces dans l'assemblage. Lorsque nous avons fait cela, nous copions finalement les pistons, les bielles et les axes de piston quatre fois chacun, puisque nous avons quatre cylindres.

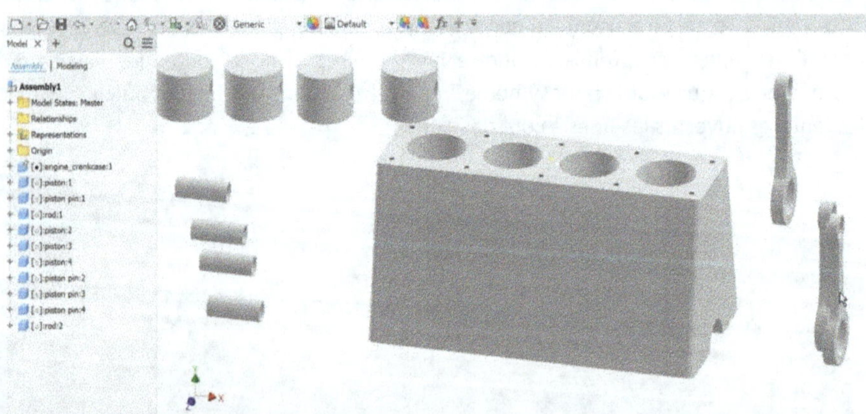

Figure 214: Faites glisser le piston, le maneton et la bielle dans l'assemblage, puis copiez/collez-les.

Ensuite, nous commençons par monter la bielle sur l'axe du piston en choisissant les points suivants comme origines de l'articulation et en sélectionnant le type d'articulation "Rotational".

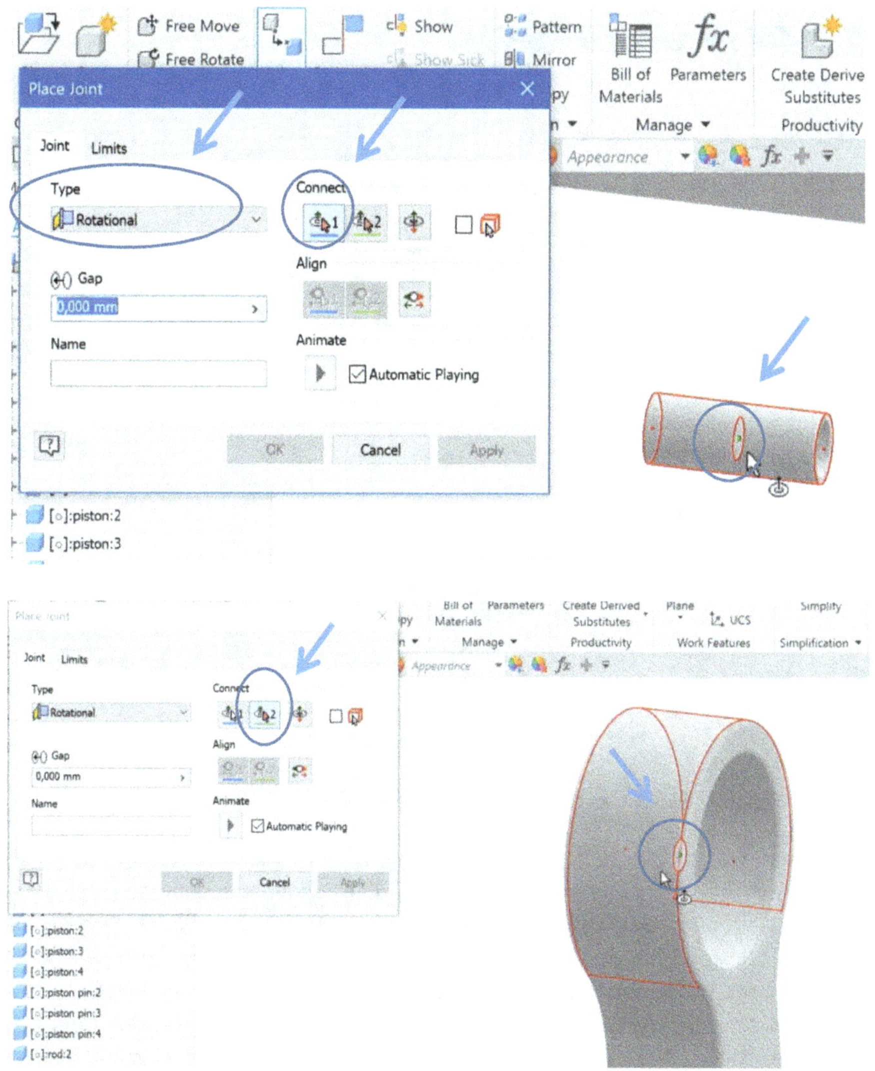

Figure 215: Sélectionnez la commande "Joint", choisissez "Type" : "Rotational" et définissez les origines des joints comme indiqué, d'abord sur l'un des axes du piston, puis sur l'une des bielles.

Nous montons ensuite l'ensemble axe et bielle dans le piston, en utilisant une origine de joint latérale sur l'axe et au milieu de l'ouverture de l'axe sur le piston. Le type d'articulation est à nouveau "Rotational". Il faut ici un peu de patience jusqu'à ce que les deux origines correctes des joints soient sélectionnées ou trouvées. Accordez une attention particulière à l'alignement correct des axes aux origines des joints.

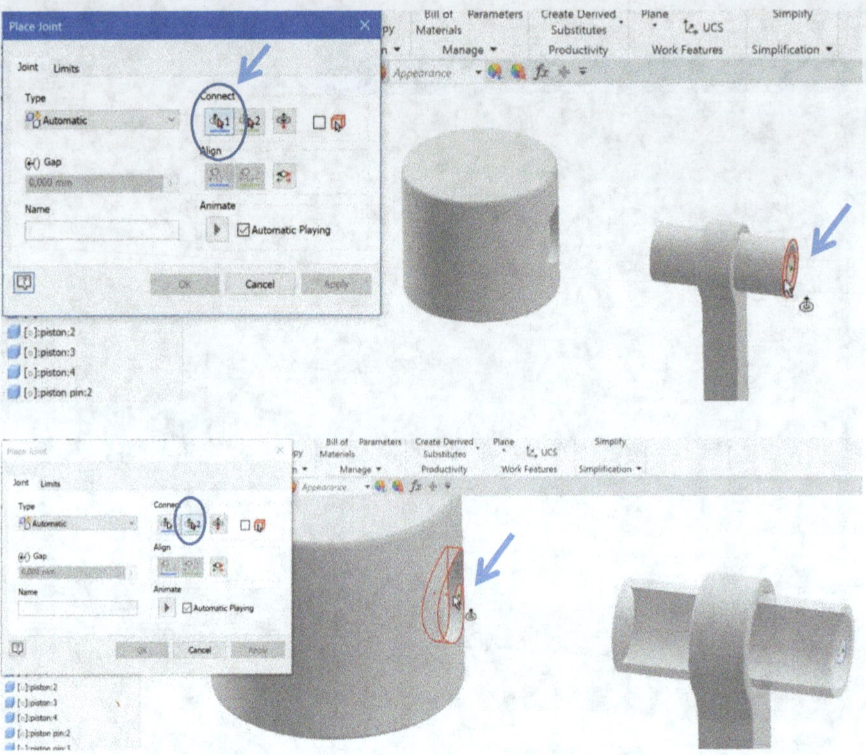

Figure 216: Bielle "de montage" avec axe de piston dans le piston

Il faudrait maintenant relier tous les autres pistons, axes de piston et bielles exactement de la même manière. Pour nous faciliter la vie, nous copions simplement trois fois le groupe de pistons, de bielles et d'axes de piston déjà lié dans l'étape suivante. Pour ce faire, nous sélectionnons les trois composants et les copions avec CTRL-C. Avec CTRL-V, nous les collons dans l'environnement de conception. Ce qui est génial, c'est que les liens sont conservés ! Nous le remarquons lorsque nous déplaçons les parties collées. Nous avons gagné beaucoup de temps et pouvons supprimer les parties précédemment insérées qui ne sont plus nécessaires. Nous faisons cela rapidement et facilement en les sélectionnant et en appuyant sur la touche "Suppress" du clavier. Voilà pour la copie et la suppression de pièces et de pièces liées dans un assemblage.

Il faut maintenant relier les pistons aux cylindres. Pour cela, nous sélectionnons le type de joint "Cylindrical" et les origines du joint indiquées.

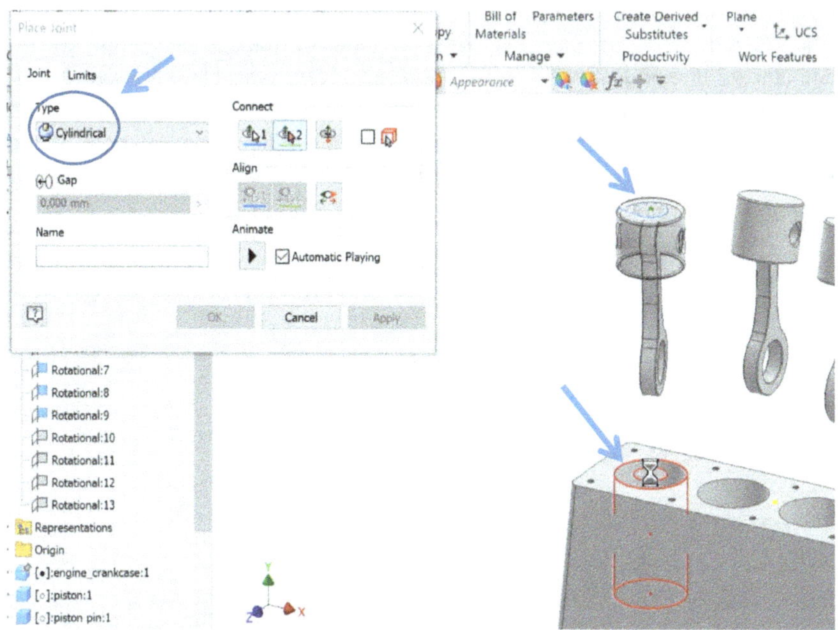

Figure 217: Liaison de l'ensemble piston, bielle et axe de piston au carter du vilebrequin

Nous avons maintenant presque terminé notre modèle très simple de moteur à 4 cylindres. Dans la prochaine leçon, nous dessinerons le vilebrequin. Allons-y !

4.4.3 Partie 3 : Vilebrequin

Pour le vilebrequin, la dernière pièce de notre moteur, nous recommençons une nouvelle pièce unique. Au final, le vilebrequin devrait ressembler à cette image :

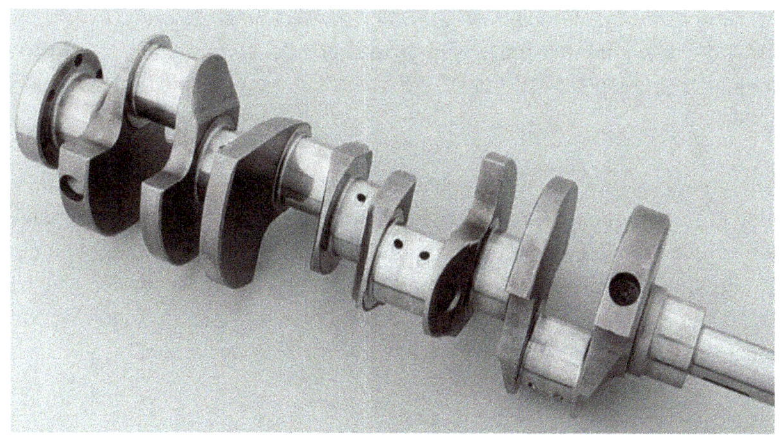

Figure 218: Un véritable vilebrequin de moteur

Nous allons bien sûr procéder à nouveau de manière quelque peu simplifiée. Nous commençons une nouvelle esquisse sur le plan y-z dans la vue latérale. Ensuite, nous dessinons le premier palier principal du vilebrequin ou son tourillon avec un simple cercle de 65 mm de diamètre avec l'origine comme point de départ. En mode 3D, nous extrudons cette surface circulaire et sélectionnons une distance de 20 mm dans une direction et confirmons avec "Ok".

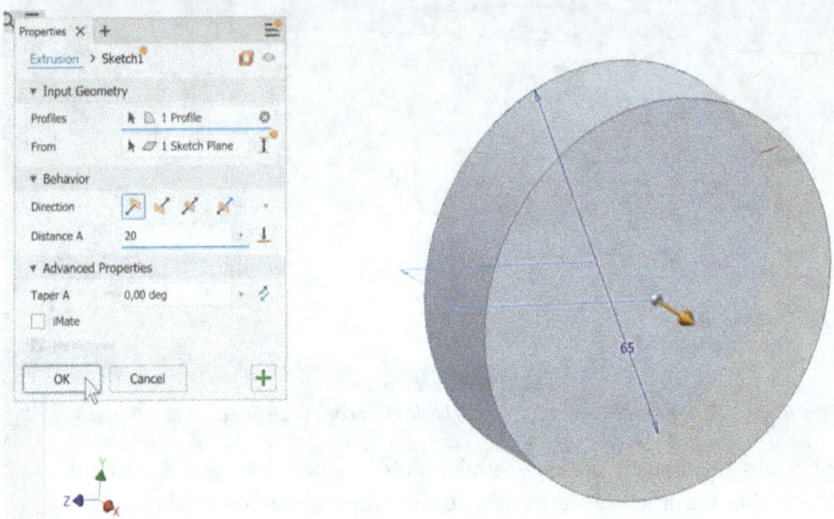

Figure 219: Esquissez un cercle sur le plan y-z et extrudez 65 mm

Comme notre vilebrequin doit être symétrique, nous n'en dessinerons qu'une moitié pour l'instant et, plus tard, nous le mettrons simplement en miroir sur le plan y-z. Nous construisons maintenant le vilebrequin section par section en utilisant l'extrusion. Nous vous invitons également à réfléchir à la manière dont vous pourriez construire le vilebrequin avec la fonction "Revolve", c'est-à-dire en tant que pièce rotative, et si cela est possible ?

Nous commençons pour la section suivante de la première joue de vilebrequin, une esquisse sur le tourillon d'arbre précédemment créé. Pour cela, nous créons deux cercles, l'un de 70 mm de diamètre et l'autre de 160 mm de diamètre, à une distance de 45 mm l'un de l'autre, avec une condition verticale entre leurs deux centres. Le centre du cercle supérieur doit également se trouver à 40 mm du centre du tourillon de l'arbre et être aligné avec lui, c'est-à-dire être relié verticalement.

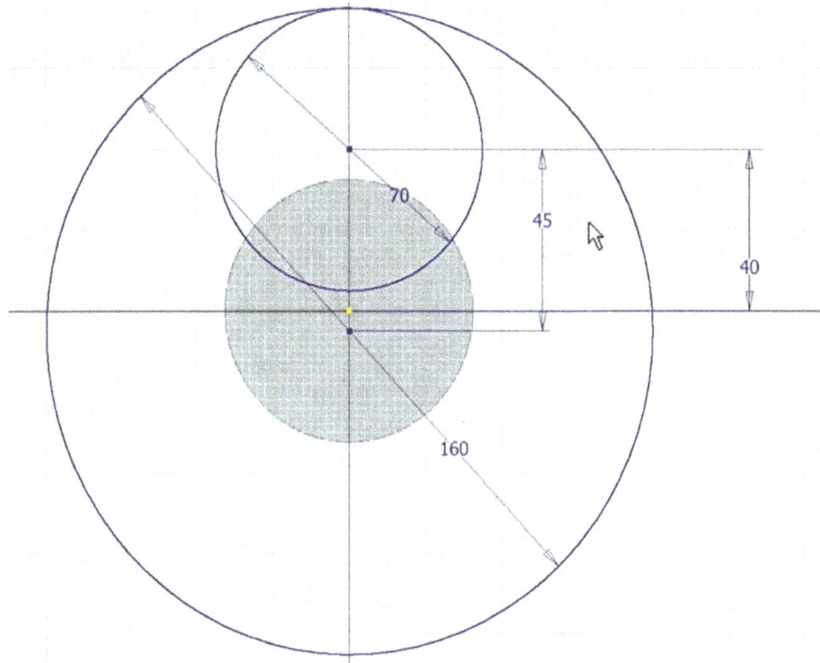

Figure 220: Esquissez deux cercles comme indiqué sur un côté du corps

Ensuite, nous traçons deux lignes de connexion et les dimensionnons verticalement avec une longueur de 60 mm et avec une dimension parallèle de 30 mm au centre supérieur du cercle.

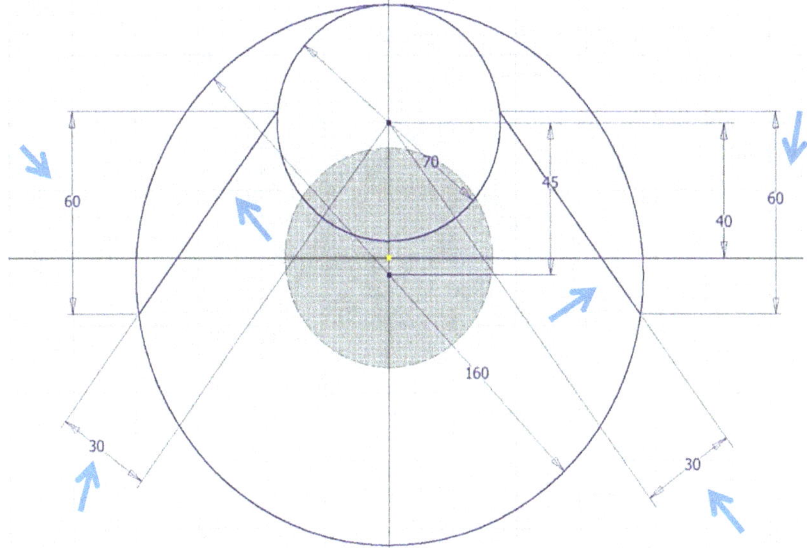

Figure 221: Création et dimensionnement de deux lignes de connexion entre les cercles

Dans la dernière étape, nous utilisons la fonction "Trim" pour couper toutes les lignes et sections superflues.

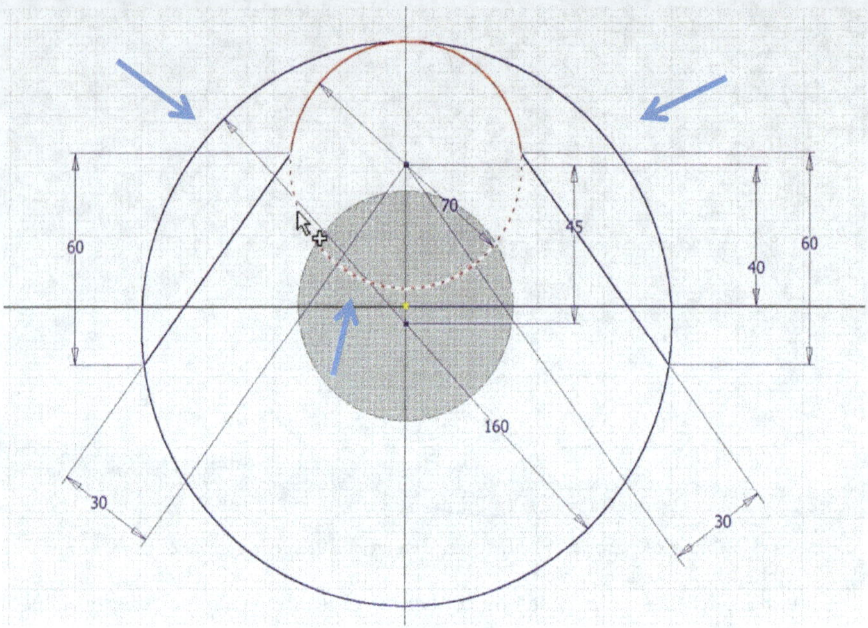

Figure 222: Supprimez les sections de cercle superflues (voir les flèches) à l'aide de "Trim"

Puis nous extrudons cette joue de 22 mm.

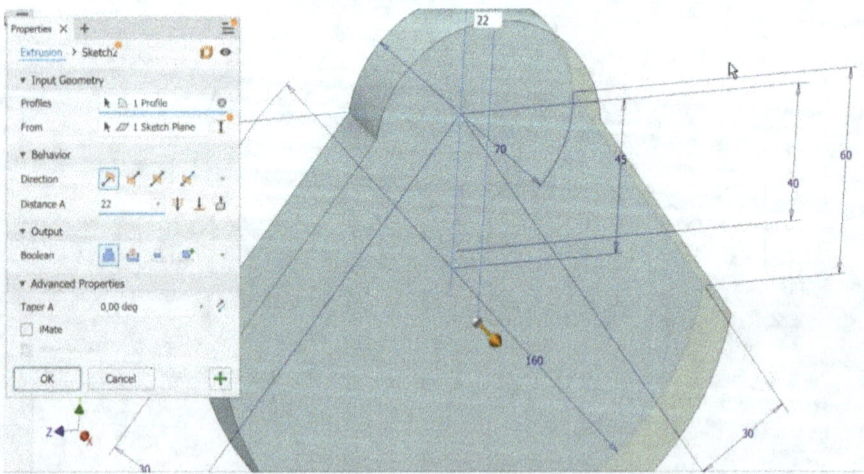

Figure 223: Extrusion de la joue du vilebrequin de 22 mm

À l'étape suivante, nous dessinons le tourillon d'arbre pour la bielle sur cette joue. Pour cela, nous traçons un cercle de 50 mm qui doit se situer concentriquement à la courbe supérieure de la joue du vilebrequin. Nous avons besoin d'une dimension de 16 mm pour l'extrusion.

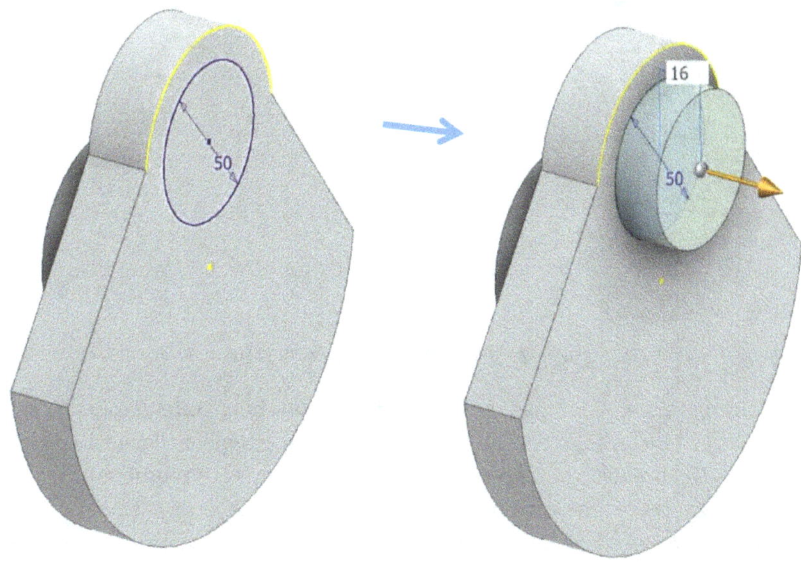

Figure 224: Dessiner un cercle de 50 mm dans une esquisse 2D, puis extruder 16 mm

Si nous devions emprunter une voie plus détournée, nous pourrions maintenant dessiner joue par joue et tourillon d'arbre par tourillon d'arbre l'un sur l'autre sous forme d'esquisse 2D et les extruder, comme nous l'avons fait jusqu'à présent. Mais il est beaucoup plus facile d'utiliser uniquement cette moitié pour la première bielle. Ce corps représente plus ou moins 1/8 de l'ensemble du vilebrequin.

Dans ce qui suit, nous allons maintenant utiliser habilement la fonction "Miroir" pour nous épargner du travail. Ainsi, pour la deuxième joue de vilebrequin et les sections de tourillons d'arbre adjacentes, nous reflétons simplement le premier corps.

Pour ce faire, nous sélectionnons la commande "Mirror" et passons ensuite à "Mirror solids" dans la petite fenêtre d'options qui s'ouvre. Comme nous n'avons qu'un seul corps, celui-ci est alors automatiquement sélectionné. À l'étape suivante, nous passons à "Mirror Plane" dans la fenêtre des options et sélectionnons la surface latérale de la moitié de l'arbre de la bielle comme plan miroir.

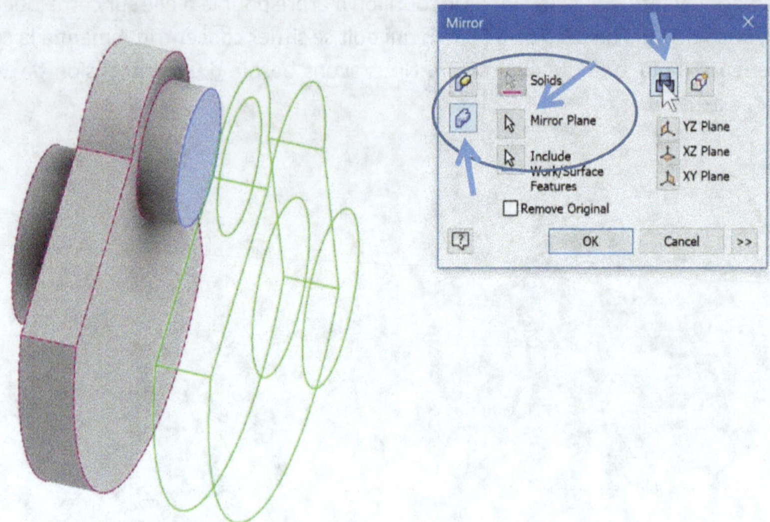

Figure 225: Miroir du premier huitième du vilebrequin sur la surface bleue

Nous pouvons laisser "Join" dans la fenêtre des options pour cette étape, car nous ne voulons obtenir qu'un seul corps et la joue est déjà correctement alignée. Le deuxième huitième du vilebrequin est terminé. Pour le 2/8 suivant, nous reproduisons la partie du vilebrequin créée précédemment dans cette étape. Sélectionnez le corps, puis sélectionnez "Mirror Plane". Dans ce cas, le côté du tourillon de l'arbre qui reposera dans le carter. Cependant, nous devons maintenant modifier un peu notre procédure, car nous voulons créer un nouveau corps pour le moment. Nous devons donc sélectionner "New Solid" dans la fenêtre des options de la commande miroir.

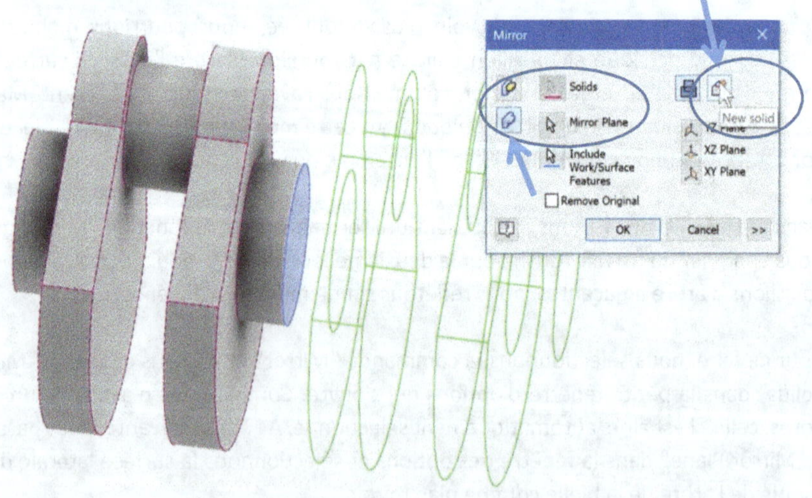

Figure 226: Refaites le miroir du deuxième huitième du vilebrequin sur la surface bleue

Pourquoi un nouveau corps ? Car, comme nous pouvons le voir maintenant, ce quart du vilebrequin doit encore être tourné de 180 degrés autour - dans ce cas - de l'axe des x pour qu'il soit en opposition avec l'autre quart. Sinon, tous les pistons fonctionneraient de la même manière, mais seuls deux des quatre pistons doivent toujours être dans la même position.

C'est pourquoi nous avons créé le nouveau corps, car sinon nous ne pourrions pas faire tourner ce quart de l'arbre indépendamment de l'autre quart.

Pour la rotation, nous utilisons simplement la commande "Move Bodies" du menu "Modify".

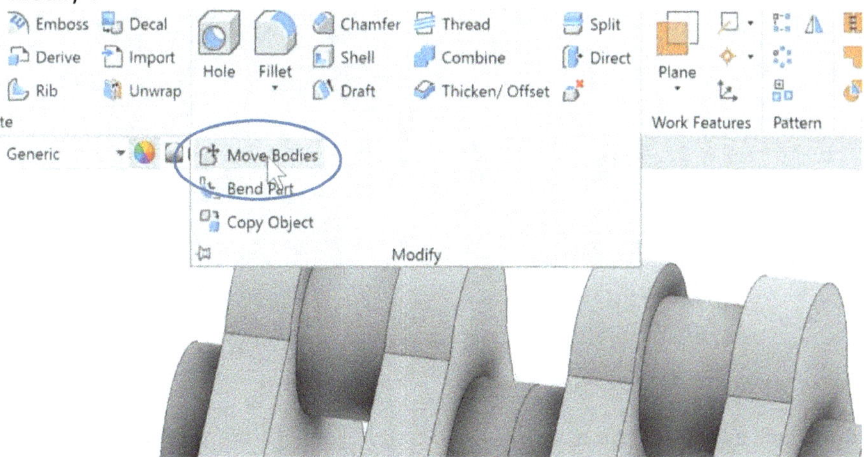

Figure 227: La commande "Move Bodies" dans le menu déroulant "Modify"

Ensuite, sélectionnez d'abord le corps, dans la fenêtre des options dans la zone de gauche, utilisez le menu déroulant pour passer à "Rotate about Line".

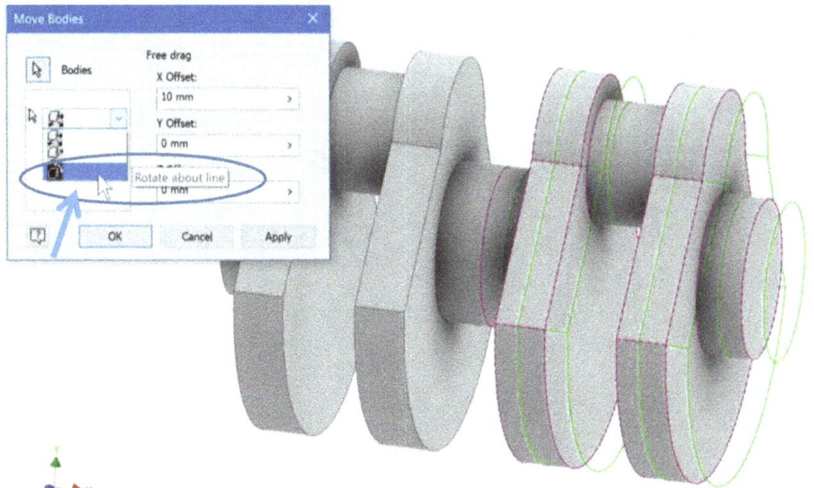

Figure 228: Sélectionnez le deuxième huitième du vilebrequin, puis "Rotate about Line"

Sélectionnez ensuite l'axe de rotation, dans notre cas l'axe des x, puis saisissez un angle. Nous avons besoin d'une demi rotation, c'est-à-dire 180°.

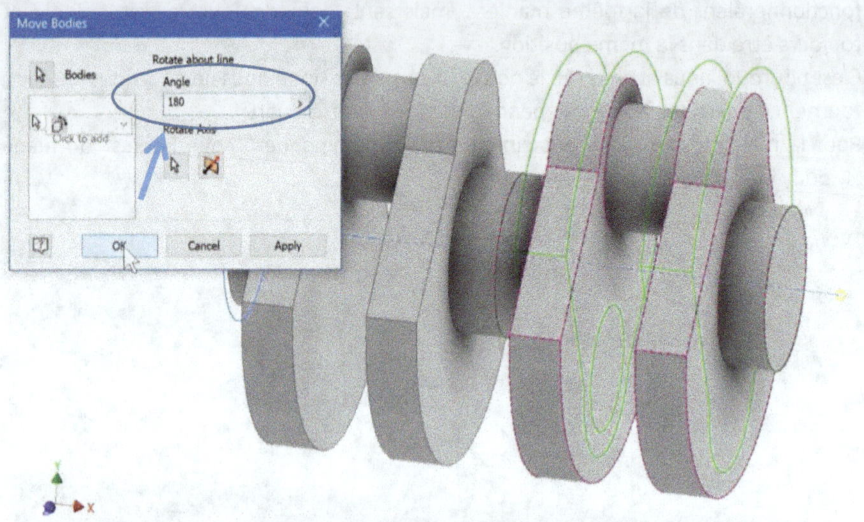

Figure 229: saisissez un angle de 180° ; sélectionnez d'abord l'axe des x dans l'arbre de structure

Confirmez avec "OK". Nous voyons que les tourillons d'arbre pour les bielles sont maintenant dans la bonne position.

Avant de continuer, nous rallongeons le tourillon du vilebrequin, qui est arrivé un peu trop court à cause de l'effet miroir. Il suffit de sélectionner "Extrude" et de déterminer une surface pour l'esquisse 2D. Tracez un cercle concentrique autour du tourillon de l'arbre et extrudez 30 mm.

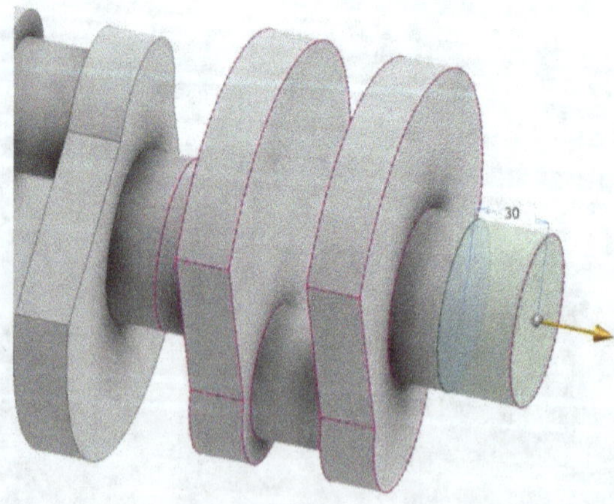

Figure 230: rallongez la pièce d'extrémité du vilebrequin précédent de 30 mm

Nous voulons maintenant relier à nouveau les deux parties existantes du demi-vilebrequin actuel pour réunir les deux corps. Pour ce faire, nous utilisons la fonction "Combine" du menu "Modify". Sélectionnez le corps et la commande, choisissez "Join" dans les options "Output" et appuyez sur "OK".

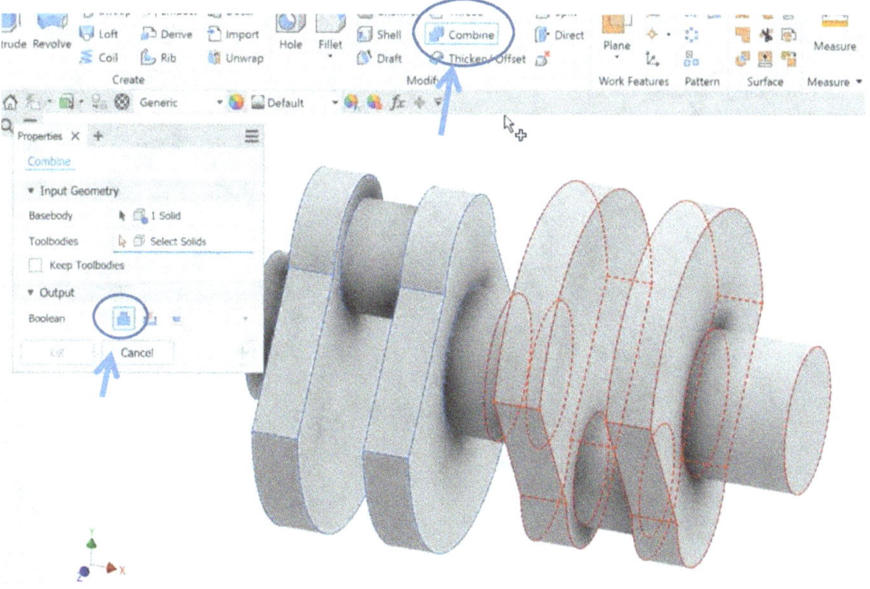

Figure 231: Reconnectez les deux corps encore simples du vilebrequin avec "Combine"

Cette approche nous a déjà permis d'économiser pas mal de travail. Pour continuer à une vitesse exponentielle, nous doublons une dernière fois notre vilebrequin semi-fini. Cette fois encore, nous pouvons laisser "Join" au lieu de "New Body" comme type de connexion, puisque l'alignement est correct.

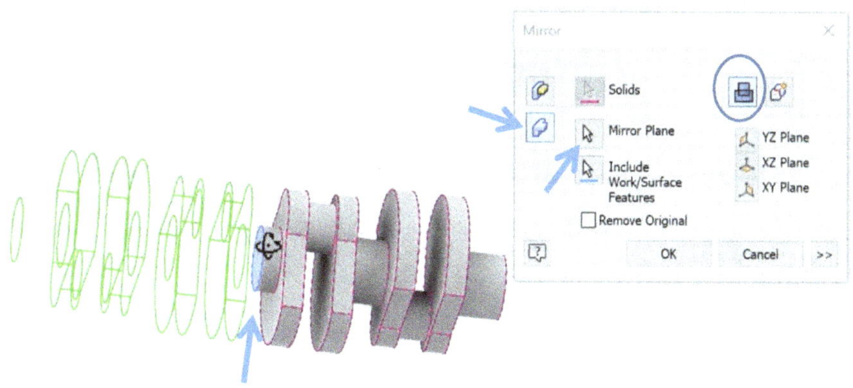

Figure 232: Créez la dernière partie du vilebrequin avec "Mirror" ; miroir sur la surface bleue

En un clic, le vilebrequin est enfin presque terminé. Qu'est-ce qui manque encore ? D'une part, quelques filets, que nous souhaitons réaliser comme suit : 10 mm sur les bords des transitions dans les zones inférieures des longerons et 5 mm sur les bords des transitions dans les zones supérieures.

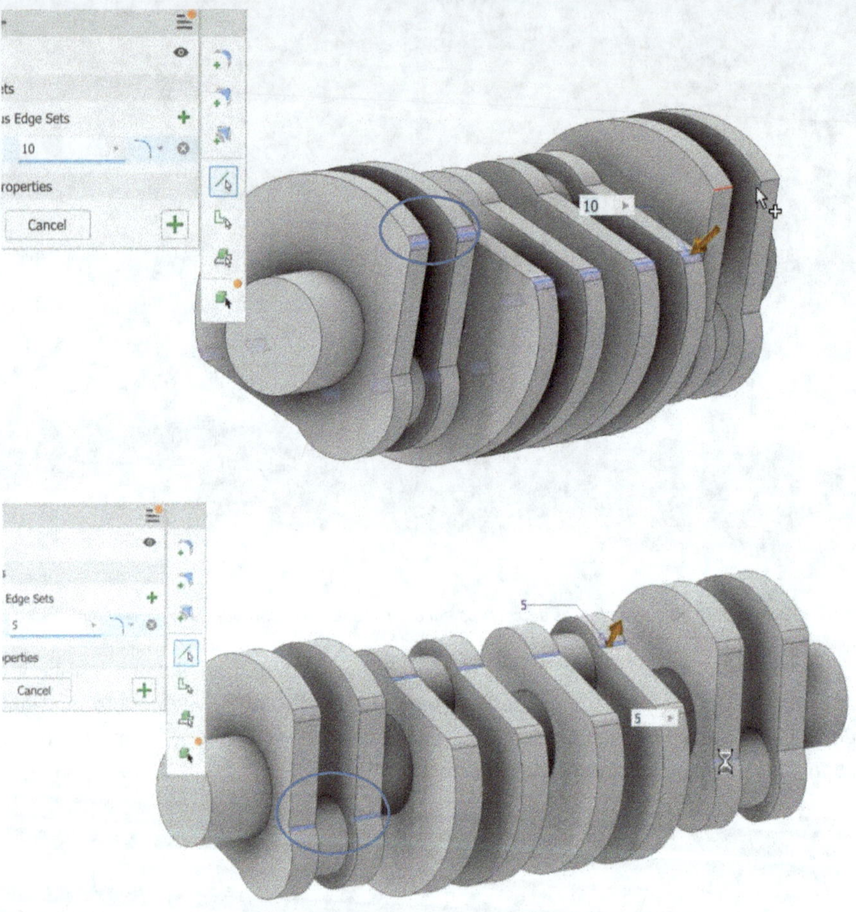

Figure 233: Faites des filets ; dans la photo du haut 10 mm et dans la photo du bas 5 mm

D'ailleurs, nous aurions pu intégrer ces filets dans l'esquisse des longerons tout de suite.

Et puis des filets de 3 mm pour les bords sur les faces latérales des longerons et des tourillons d'arbre.

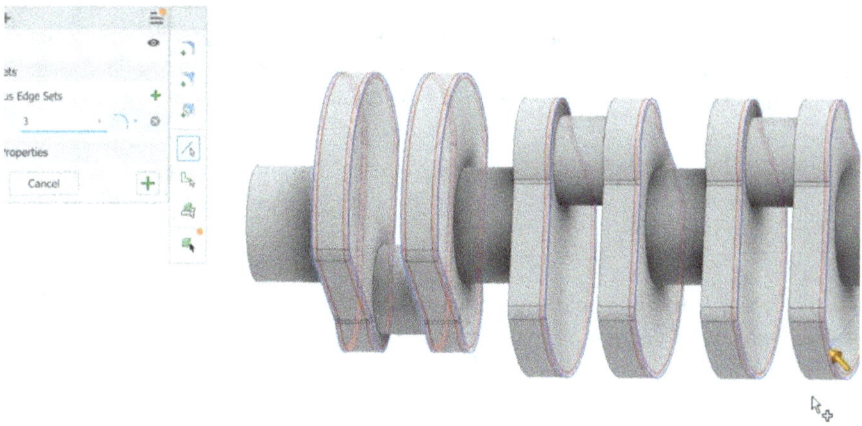

Figure 234: Filets de 3 mm pour les bords latéraux des joues du vilebrequin

De plus, nous devons maintenant insérer notre vilebrequin dans notre assemblage de moteur et ensuite créer le joint au logement du vilebrequin. Pour ce faire, il suffit de sélectionner l'origine de l'articulation, par exemple centrée sur le tourillon de l'arbre avec lequel nous avons commencé, et de sélectionner la deuxième origine de l'articulation centrée sur le roulement principal du carter du vilebrequin. Nous sélectionnons "Rotational" comme type d'articulation.

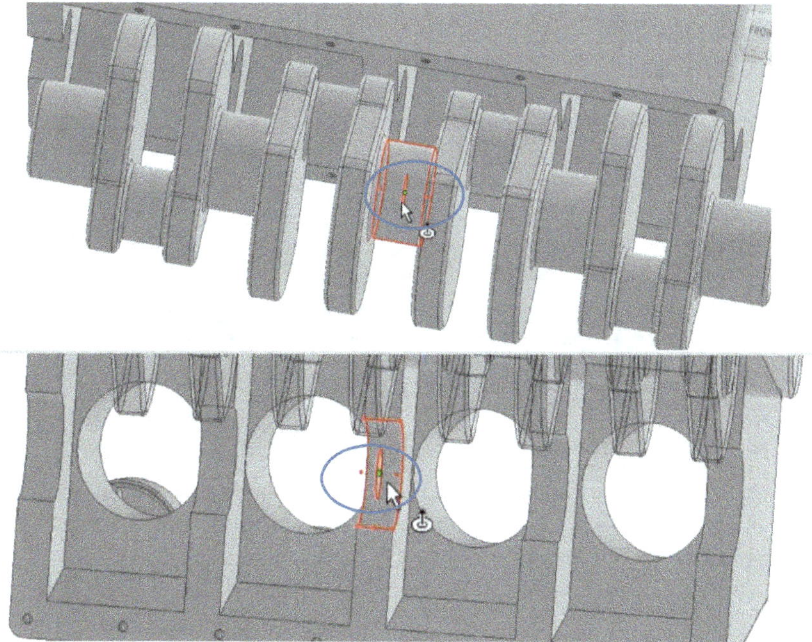

Figure 235: Appliquez la commande "Joint" et sélectionnez ces deux origines de joints

Parfait, enfin tous les composants de notre modèle de moteur grandement simplifié sont prêts. À la fin du chapitre, nous aimerions bien sûr relier toutes les bielles au vilebrequin et laisser notre moteur tourner virtuellement. Dernier sursaut !

Pour les liens de la bielle et du vilebrequin, nous cachons pour l'instant le carter pour une meilleure vue d'ensemble (cliquez avec le bouton droit de la souris sur le carter et sélectionnez "Visibility").

La création de liens ou de joints est à nouveau relativement peu spectaculaire. Placez la première origine du joint au centre de l'œil inférieur de la bielle et placez la seconde origine au centre du tourillon du vilebrequin. Dans ce cas, le type de joint est à nouveau "Cylindrical". Procédez de la même manière pour les autres bielles.

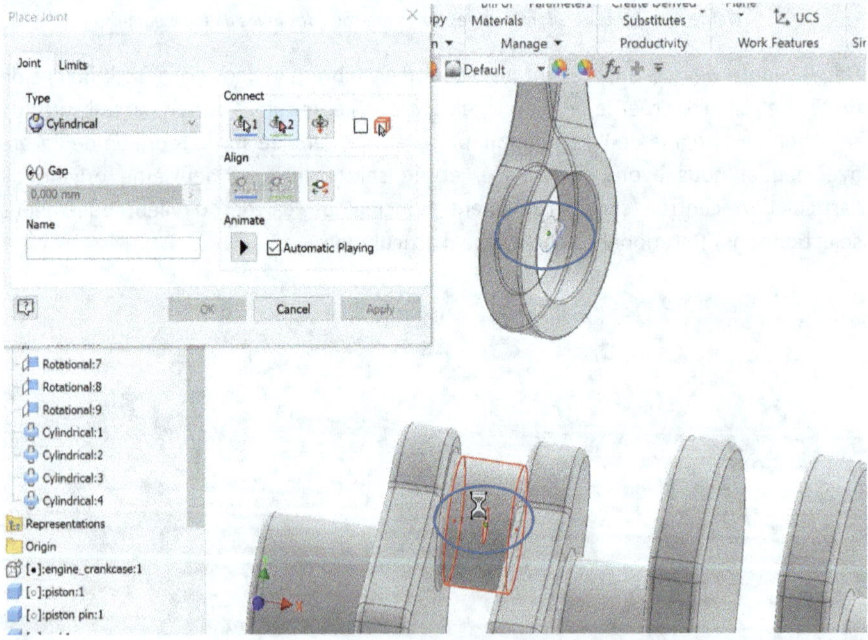

Figure 236: Liaison entre la bielle et le vilebrequin

Lorsque tout est lié, nous pouvons d'abord montrer à nouveau le carter en cliquant avec le bouton droit de la souris sur son corps et en sélectionnant "Visibility" et en même temps le rendre transparent en sélectionnant "Transparent".

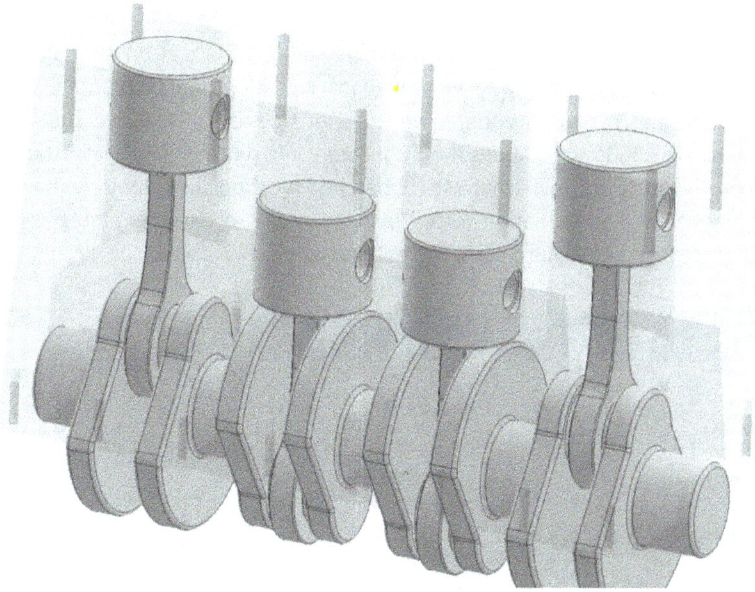

Figure 237: Tous les joints sont créés et le boîtier du vilebrequin est maintenant transparent

Pour conclure le chapitre, nous voulons maintenant faire tourner notre moteur virtuellement. Si nous avons placé tous les joints correctement, cela ne devrait pas être un problème. Pour ce faire, nous trouvons la jointure du vilebrequin avec le carter du vilebrequin et nous faisons un clic droit dessus. Nous sélectionnons "Drive" et devons ensuite saisir un point de départ et un point d'arrivée, dans ce cas deux angles.

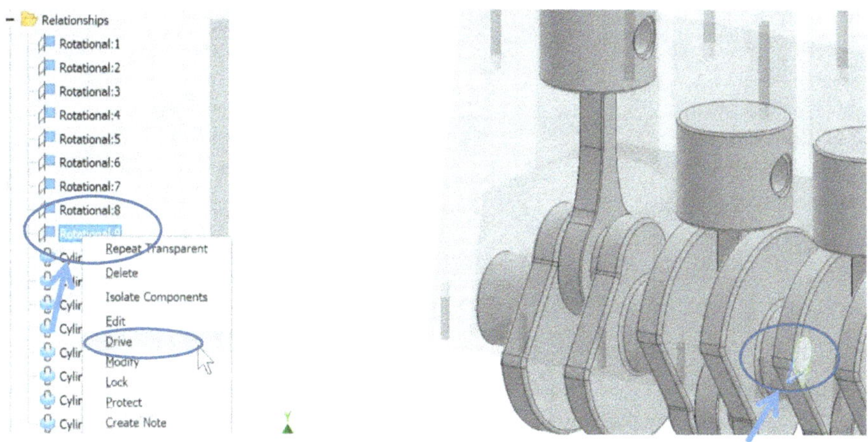

Figure 238: Sélectionnez le joint droit et cliquez dessus avec le bouton droit de la souris ; sélectionnez "Drive"

Par exemple, nous pouvons saisir 0° comme angle de départ et un multiple de 360° comme angle d'arrivée, puisque nous voulons voir plusieurs révolutions. 360° est logiquement une révolution entière. Nous entrons donc par exemple 1080°, ce qui correspond à 3 x 360° ! Il suffit ensuite d'appuyer sur le symbole "Play" et, attachez vos ceintures s'il vous plaît, le moteur est en marche ! À propos, vous pouvez maintenant aussi enregistrer cette animation grâce à la fonction d'enregistrement intégrée. Mais il y a une autre façon de le faire dans "Inventor Studio" plus tard.

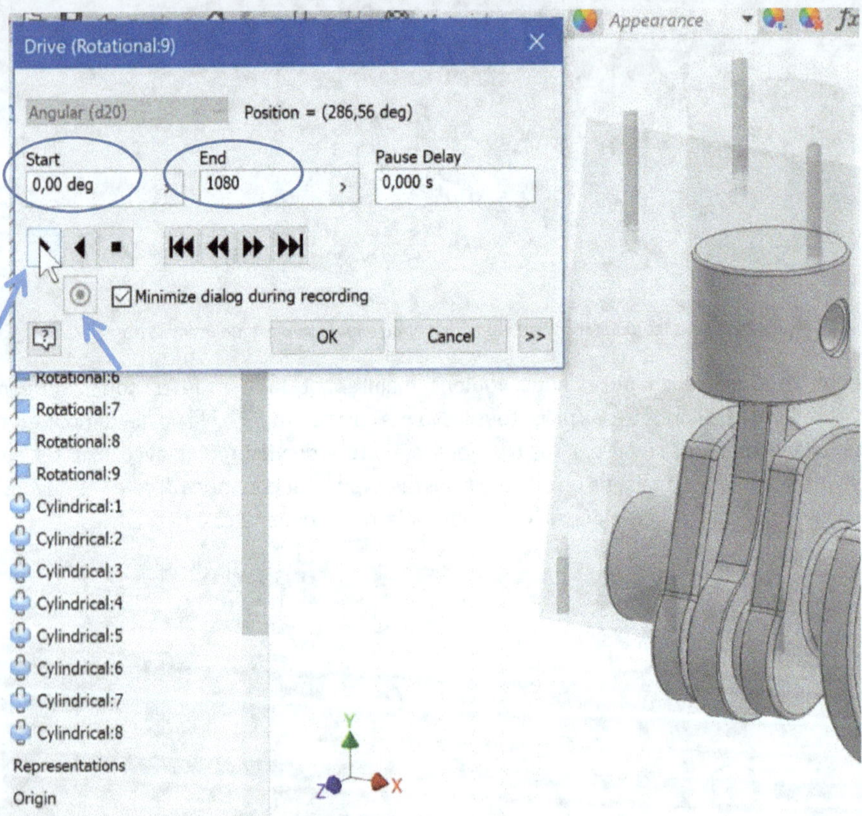

Figure 239: Contrôle de l'animation de l'articulation avec les options

Respect, si vous êtes arrivé jusqu'ici, vous pouvez vraiment être fier de vous ! À propos, vous pouvez mettre fin à l'animation de l'articulation en appuyant simplement sur la touche "ESC".

5 Introduction à la conception de la tôle avec "Inventor"

Bienvenue à nouveau ! Passons maintenant à la construction en tôle dans ce chapitre. La zone spécialement désignée "Sheet Metal" est d'une grande importance si vous voulez construire de la tôle. Les commandes et fonctions de cet onglet sont bien conçues pour cela.

Si vous voulez concevoir un corps en tôle, il vous faut avant tout de la facilité pour traiter les plis, les languettes, les déroulements et autres éléments et caractéristiques spécifiques à la tôle.

Si vous voulez construire un élément de tôle incurvé, comme cet élément,

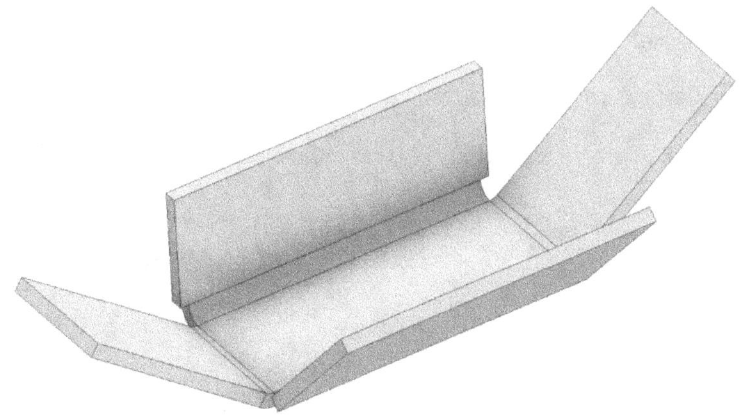

Figure 240: un exemple de feuille que nous allons construire dans cette leçon

Dans la pratique, c'est-à-dire dans l'atelier d'artisanat, vous avez besoin d'une pièce de tôle découpée dans sa forme de base, que vous pliez ou usinez ensuite pour lui donner une forme.

Cette forme de base, également appelée déroulage, peut facilement être créée dans "Inventor" dans cette section. Pour ce faire, il suffit de construire la tôle finie et déjà pliée et d'appliquer une commande.

Cela signifie que vous concevez le corps en tôle fini souhaité et qu'il suffit ensuite au programme de générer le déroulement, c'est-à-dire les dimensions et les géométries pour les documents de production.

Voyons cela à l'aide de l'exemple présenté. La procédure de construction est maintenant très similaire, mais toujours un peu différente, comme si vous construisiez un solide.

Allons-y ! Nous commençons une nouvelle pièce dans l'environnement "Part" comme d'habitude. Avant de commencer la construction, nous sélectionnons le bouton "Convert to Sheet Metal" dans la zone supérieure droite.

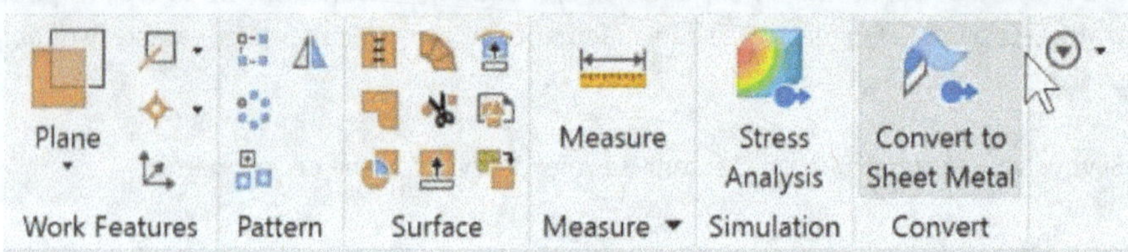

Figure 241: Conversion d'une seule pièce en tôle avec "Convert to Sheet Metal"

Le programme nous emmène maintenant dans le domaine de la construction en tôle.

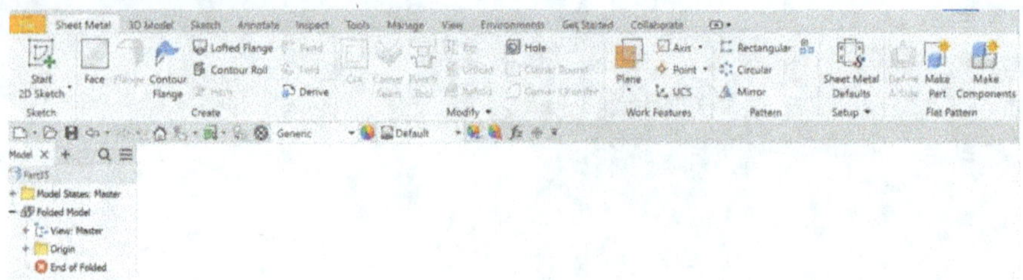

Figure 242: L'onglet "Sheet Metal" s'ouvre avec des fonctionnalités spécifiques à la tôlerie

Pour l'élément de sol ou de base, nous créons ensuite une feuille en commençant une nouvelle esquisse sur un plan. Nous dessinons ensuite, par exemple, un profil rectangulaire dans une esquisse 2D pour notre élément de base, comme d'habitude.

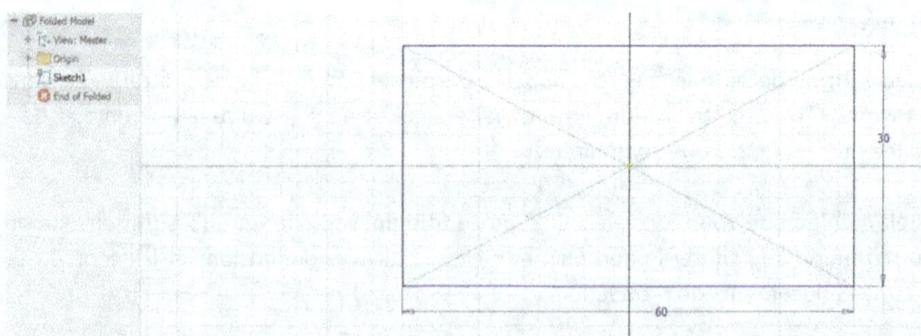

Figure 243: Le profil de base rectangulaire de notre feuille d'exemple (60 x 30 mm) sur le plan x-z

Maintenant, normalement, nous devrions utiliser la commande "Extrude" en mode 3D, mais nous ne le faisons pas ici. C'est l'une des plus grandes différences dans le domaine de la construction métallique. Nous construisons maintenant notre corps en tôle avec les deux commandes "Face" et "Flange". Pour l'élément de base, sélectionnez d'abord la commande "Face" et le profil esquissé. Il vous suffit de cliquer dessus, l'épaisseur est déjà sélectionnée. Nous verrons pourquoi il en est ainsi et comment vous pouvez modifier l'épaisseur dans un instant.

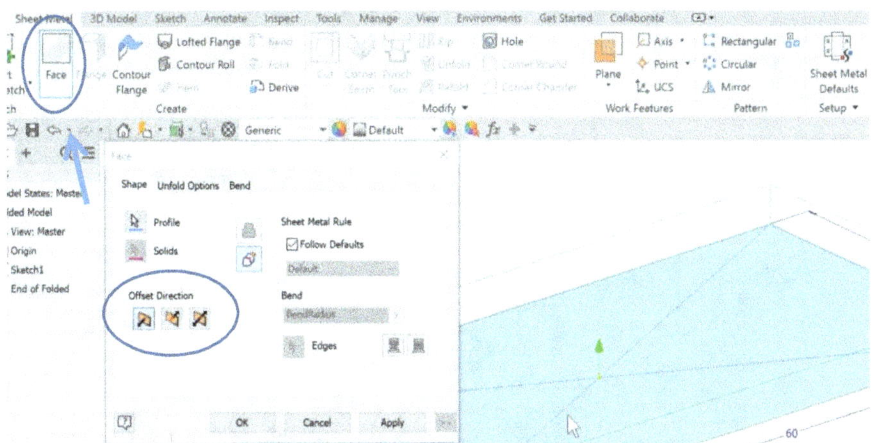

Figure 244: La commande "Face" dans la zone "Create" de l'onglet "Sheet Metal"

Le bouton "Sheet Metal Defaults", qui se trouve dans la barre de menu en haut sous "Setup" dans l'onglet "Sheet Metal", permet de sélectionner et de modifier la "Sheet Metal Rule" en cliquant sur le symbole du crayon.

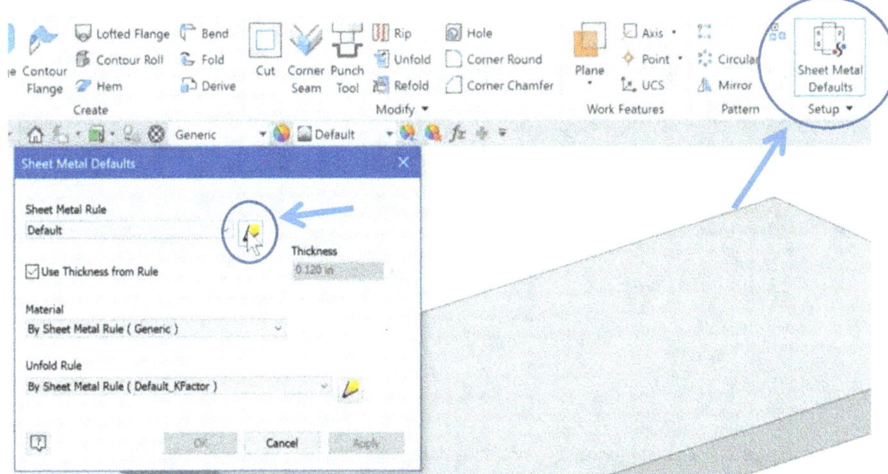

Figure 245: Modification des "Sheet Metal Defaults" ; cliquez sur l'icône du crayon

Le matériel peut également être sélectionné ici. Si nous éditons la "Sheet Metal Rule", nous pouvons définir l'épaisseur de notre tôle et modifier tous les paramètres spécifiques importants pour les constructions en tôle, tels que le "K-Factor" ou les propriétés de pliage ("Bend conditions"). Si nécessaire, vous pouvez passer à un autre matériau ici. Il est toutefois recommandé de ne régler que l'épaisseur de la feuille et de demander les paramètres à votre fournisseur de feuilles ou de les laisser avec les valeurs par défaut.

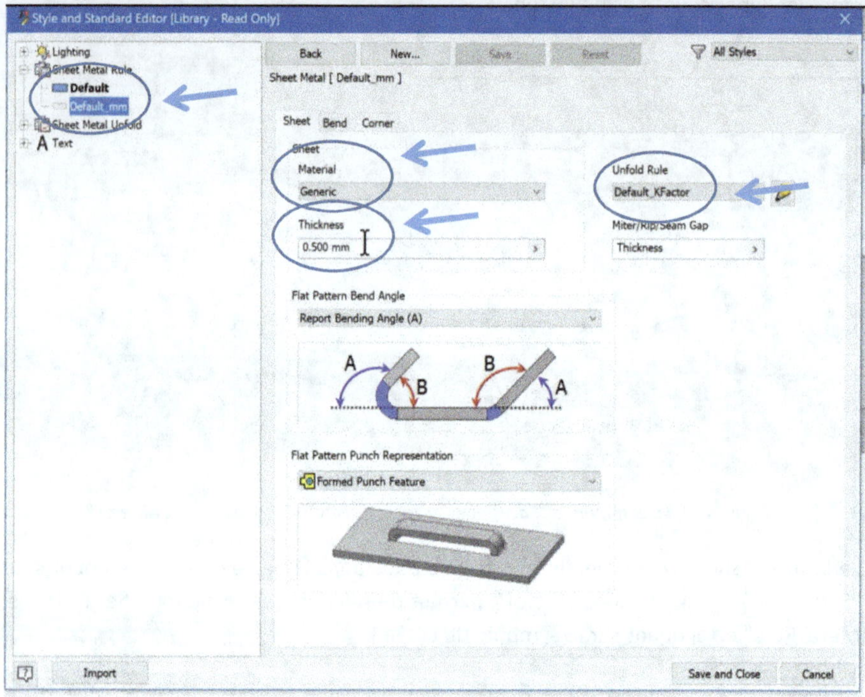

Figure 246: Épaisseur de la feuille, facteur K et autres paramètres spécifiques à la feuille

Que se passe-t-il ensuite ? Pour continuer à construire notre carrosserie en tôle, nous utilisons maintenant la commande "Flange".

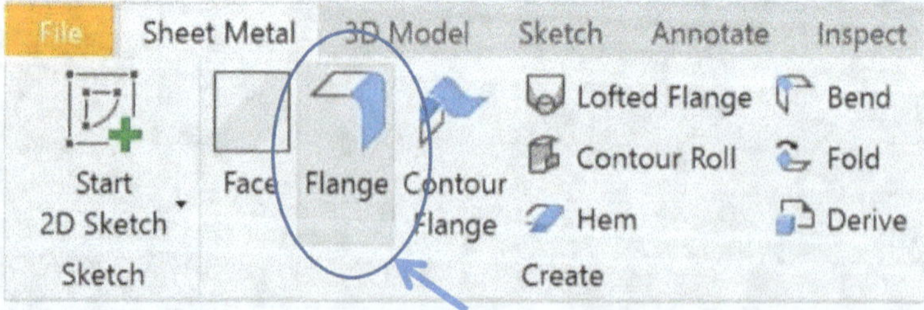

Figure 247: La commande "Flange" dans la section "Create" de l'onglet "Sheet Metal"

Pour ce faire, nous sélectionnons toujours des arêtes ou des esquisses dans ce qui suit. Comme notre feuille reste relativement simple, nous sélectionnons simplement le bord latéral de l'élément de base. Comme vous pouvez le voir, le programme crée maintenant immédiatement le matériau avec la courbure correcte.

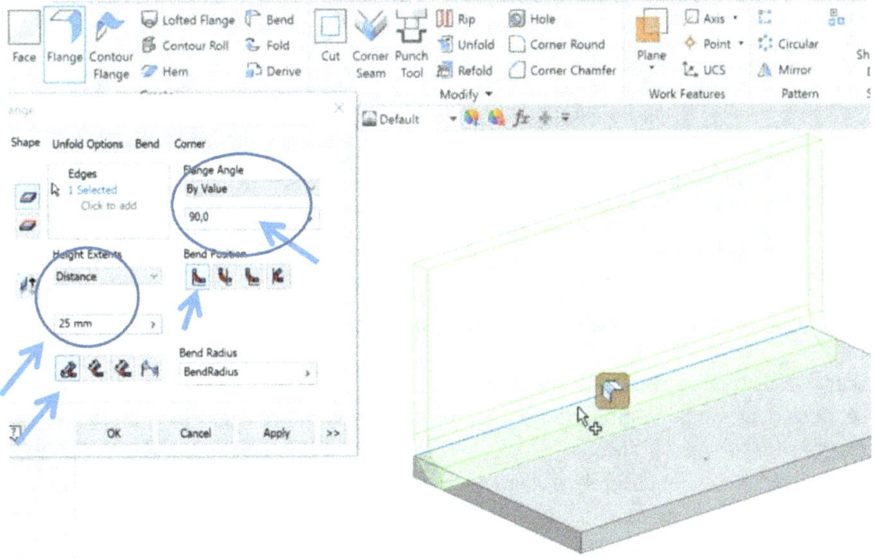

Figure 248: Sélectionnez la commande "Flange", choisissez un bord et définissez les paramètres ; angle de pliage de 90° et hauteur de 25 mm

Dans la fenêtre des options, vous pouvez modifier tous les paramètres importants, par exemple l'angle de pliage ou la position de pliage. Construisons également les autres éléments manquants de notre feuille d'exemple.

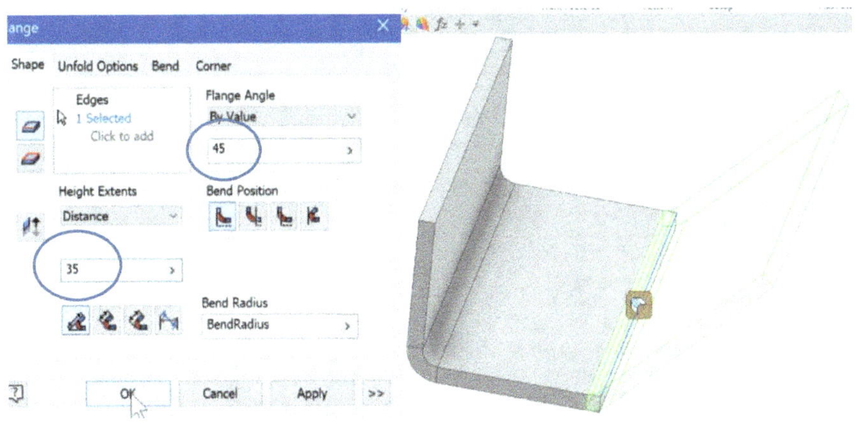

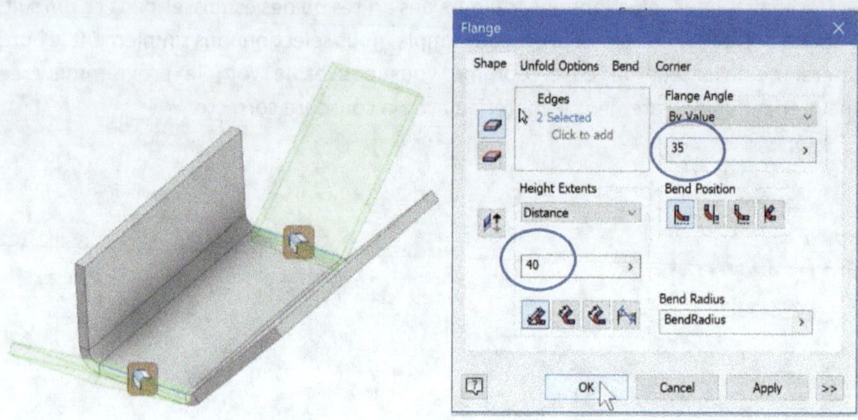

Figure 249: Autres ergots pour la tôle ; photo ci-dessus : 45° et 35 mm ; photo ci-dessous 35° et 40 mm

D'ailleurs, vous pouvez également utiliser les commandes appropriées des autres sections, comme la commande de création d'un trou ou de chanfreins ou de congés d'arêtes de l'onglet "3D Model".

Dans la section "Sheet Metal", il y a deux fonctions importantes pour les débutants que nous aimerions examiner. L'une est la commande "Unfold" et l'autre "Create Flat Pattern". Pour poursuivre le traitement d'une section de tôle sous forme non pliée ou pour créer des supports pour la production, nous pouvons d'une part utiliser la commande "Unfold" de la section "Modify". Pour ce faire, sélectionnez d'abord la section de la feuille qui doit rester immobile, c'est-à-dire autour de laquelle la partie de la feuille doit être dépliée, par exemple celle-ci :

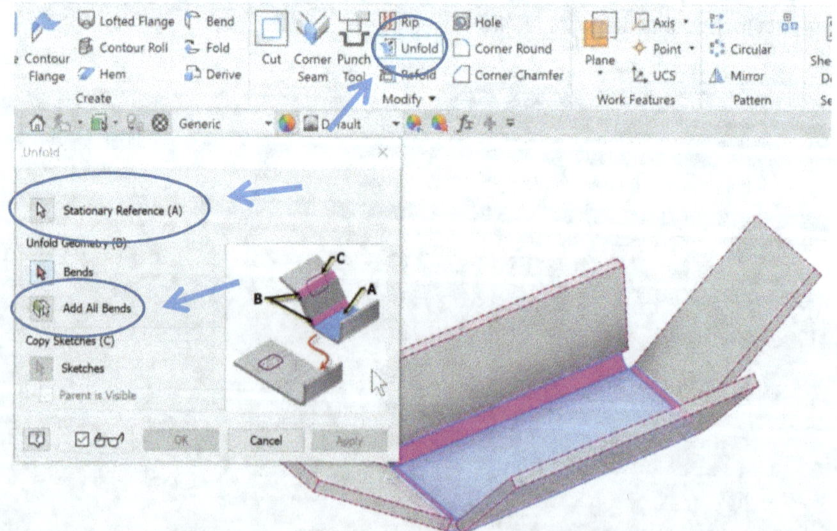

Figure 250: Utilisez la commande "Unfold" ; sélectionnez la zone bleue comme référence stationnaire

Dans la barre d'options, sélectionnez "Add all bends", par exemple, pour sélectionner tous les coudes, ou ne sélectionner que des coudes individuels.

Pour les documents de production proprement dits, il est toutefois préférable d'utiliser la commande "Create Flat Pattern" de la section "Flat Pattern". Pour ce faire, il suffit de sélectionner la commande et vous serez alors transféré dans l'espace de travail "Flat Pattern". La feuille sera déroulée automatiquement.

Figure 251: Créez le dépliage de la feuille à l'aide de "Create Flat Pattern"
(annulez "Unfold" au préalable)

Si tout concorde, vous pouvez quitter à nouveau cet espace de travail avec "Go to Folded Part" et voir alors le "Flat Pattern" créé dans l'arbre de structure à gauche.

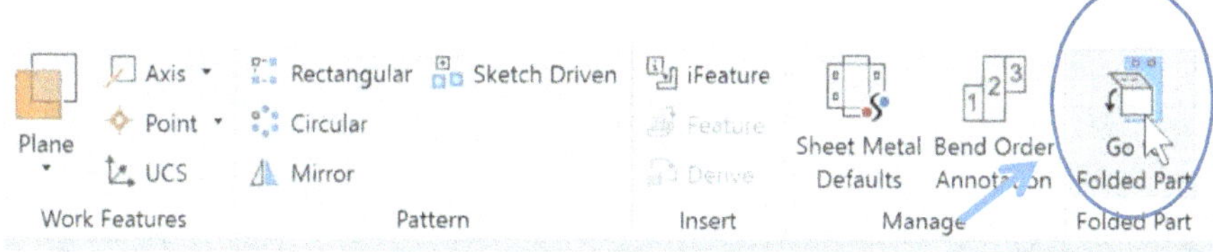

Figure 252: Sortie de l'espace de travail "Flat Pattern" avec "Go to Folded Part"

Vous pouvez ensuite exporter le développement généré pour la production ou créer un dessin technique à partir de celui-ci.

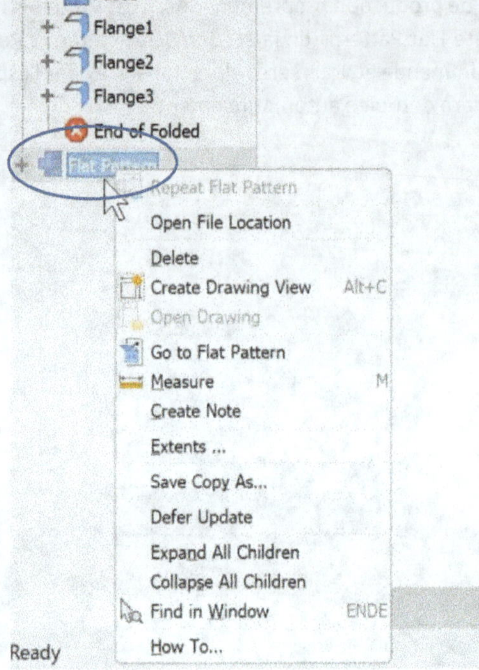

Figure 253: Le "Flat Pattern" créé apparaît dans l'arbre de structure et peut être édité

Tant pis pour la section "Design" et la construction CAO ! Bon travail jusqu'à présent !

Assurez-vous de continuer afin de connaître ou d'utiliser tout le potentiel de "Inventor". Dans la prochaine section, nous allons d'abord examiner brièvement les domaines du "Render" et de l' "Animation" avant de passer à la"Simulation" et aux dessins techniques.

Section II : Rendu et animation

Dans cette partie du cours, nous aborderons les deux fonctions "Render" et "Animation". Ces deux fonctions se trouvent dans le "Inventor Studio", sous "Environments".

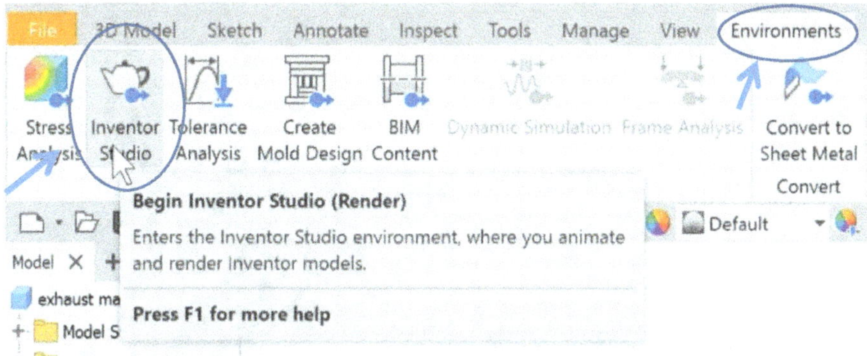

Figure 254: Passage à la zone "Inventor Studio" ; onglet "Environment".

Vous en avez besoin chaque fois que vous voulez présenter des pièces individuelles ou des assemblages déjà conçus de manière statique, c'est-à-dire sous forme de photos, ou dynamique, c'est-à-dire sous forme de vidéo pour une présentation de produit, pour un site Web, pour une réunion ou simplement pour votre cercle d'amis. Il s'agit, pour ainsi dire, d'un studio de photographie et de cinéma intégré pour les objets construits.

6 Rendu et animation

Dans cette leçon, nous commencerons par la fonction "Render". Nous utilisons l'un de nos projets de construction comme objet, à savoir le collecteur d'échappement. Comme vous pouvez le constater, l'environnement du programme n'a guère changé. À gauche se trouve l'arborescence et en haut, l'onglet "Render" avec les différentes fonctions et commandes.

À propos, le rendu signifie ici simplement qu'un graphique ou une image est généré(e) à partir des informations géométriques du composant CAO. Vous pouvez, bien sûr, simplement faire une capture d'écran si vous êtes pressé. Cependant, un graphique rendu sera sensiblement différent en termes de résolution et de réalisme, mais il prendra également plus de temps à créer.

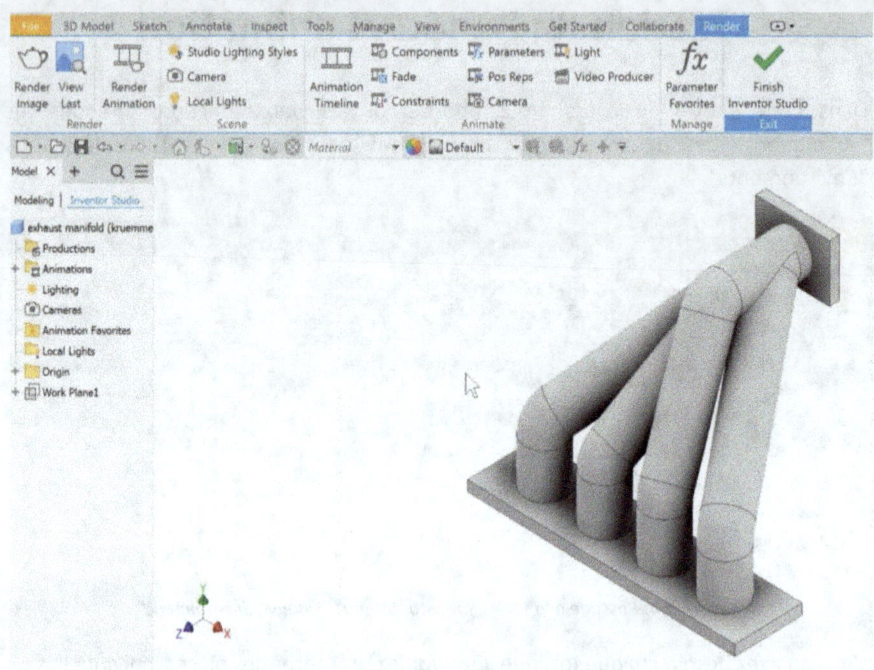

Figure 255: La zone "Inventor Studio"

Essayons tout cela étape par étape. Tout d'abord, vous pouvez bien sûr masquer tous les éléments indésirables dans l'arborescence en cliquant avec le bouton droit de la souris sur un objet et en sélectionnant "Visibility", mais cela n'est pas nécessaire dans notre cas car nous n'avons que le collecteur d'échappement comme pièce individuelle. Dans la deuxième étape, nous pouvons modifier l'apparence de notre objet. Nous pouvons l'utiliser pour transférer l'apparence ("Appearance") et la texture de certains matériaux à l'ensemble de notre objet de construction ou seulement à des surfaces individuelles. Un grand nombre de matériaux sont disponibles pour la sélection. Toutefois, cette fonction est indépendante de l'onglet "Render". Nous devons passer à l'onglet familier "Tools".

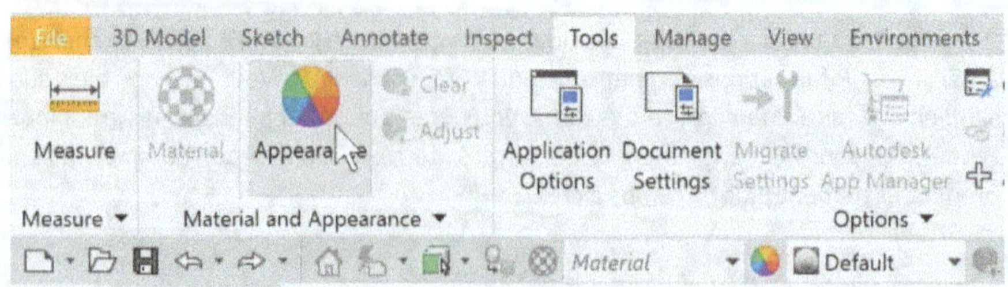

Figure 256: La commande "Appearance" de l'onglet "Tools"

Par exemple, nous pourrions simplement faire afficher le collecteur d'échappement en cuivre. Pour ce faire, marquez d'abord la pièce individuelle avec la souris, appuyez sur le bouton "Appearance", puis recherchez le matériau dans la bibliothèque de matériaux et ajoutez-le au document en cliquant sur la petite flèche dans la zone de droite.

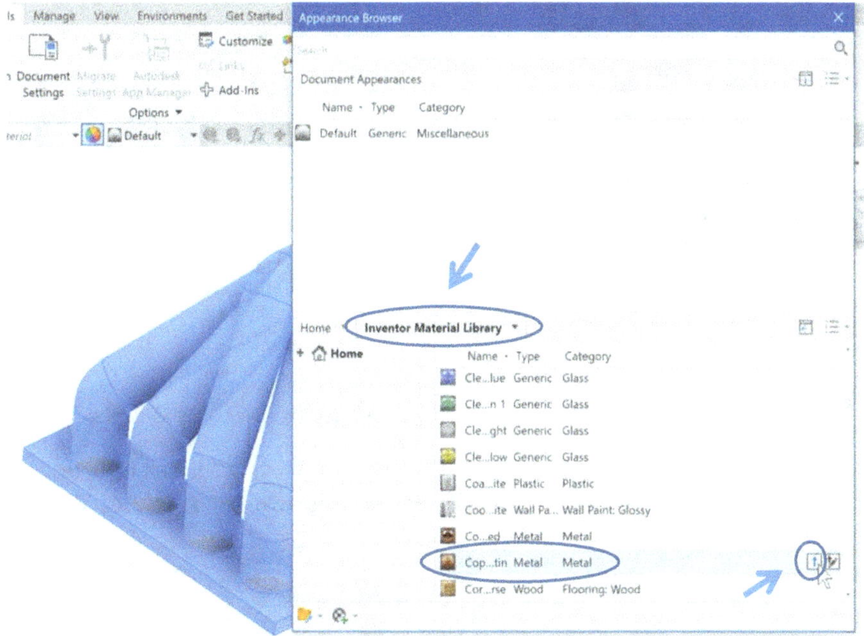

Figure 257: Présentation du collecteur d'échappement en cuivre ou autre matériau

Parfait, d'ailleurs, le résultat final n'est visible que lorsque tout a été rendu. Dans la zone "Scene", nous trouvons ensuite quelques commandes avec lesquelles nous pouvons modifier notre décor de scène, pour ainsi dire, c'est-à-dire l'arrière-plan et les environs.

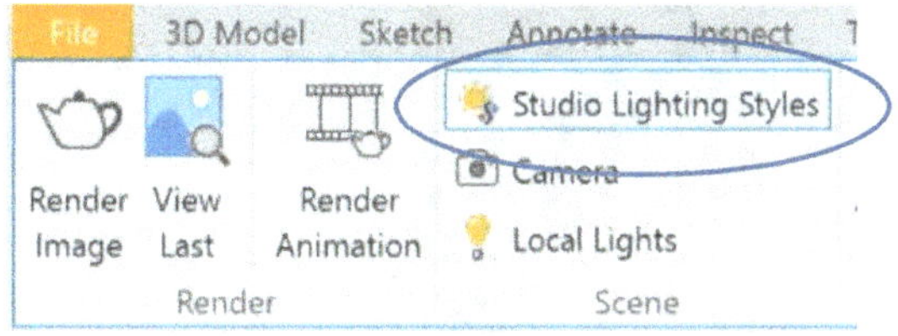

Figure 258: La zone "Scene" dans Inventor Studio

Vous pouvez sélectionner ici un réglage prédéfini avec les "Studio Lighting Styles", par exemple "Warm Light". Il est appliqué par un clic droit et "Activate".

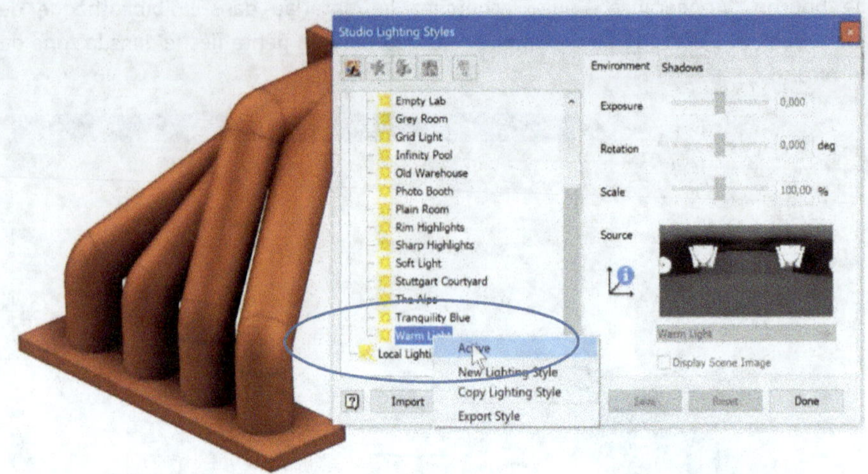

Figure 259: modification des "Studio Lighting Styles", par exemple sur "Warm Light".

Avec les "Local Lights", des "Spots" pour plus de lumière peuvent également être placés à des endroits spécifiques. Pour ce faire, il suffit de sélectionner "Position" et "Cible" et de placer un "Spot" qui éclaire mieux l'endroit.

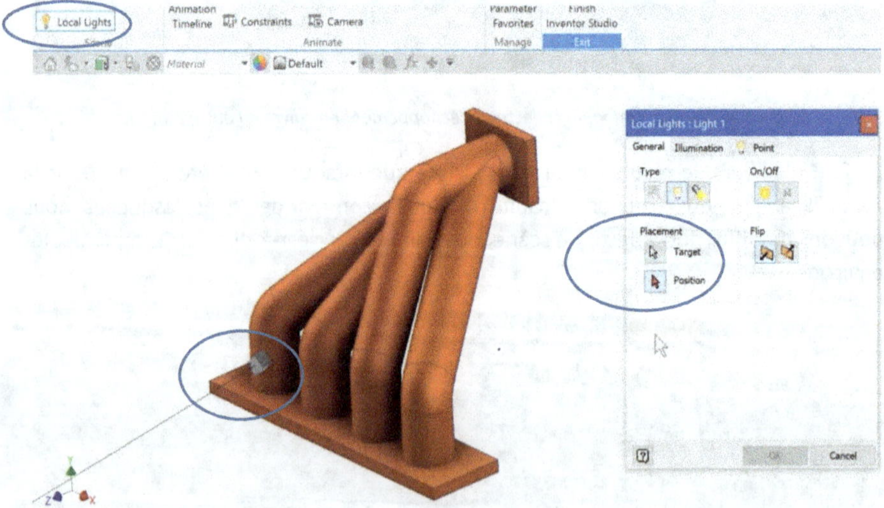

Figure 260: Placement d'un spot (rectangle gris) pour augmenter l'illumination d'un emplacement

La même procédure peut être utilisée pour placer une caméra, qui peut ensuite être sélectionnée pendant le processus de rendu. Il est préférable d'essayer de nombreux réglages différents afin de trouver ce qui vous convient le mieux individuellement.

Le rendu proprement dit est maintenant lancé avec la commande "Render Image". Il suffit de cliquer sur le symbole de la "théière", puis d'effectuer les réglages souhaités.

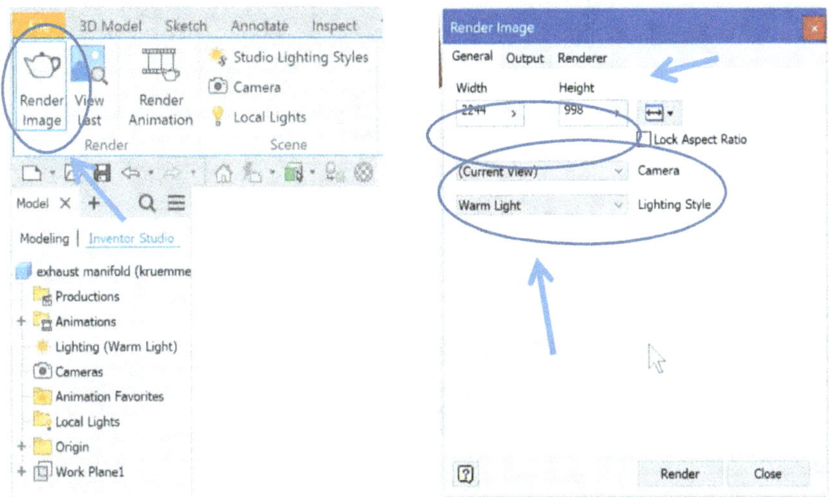

Figure 261: Démarrage du processus de rendu avec "Render Image" (gauche) ; paramètres (droite)

Ici, la taille souhaitée du rendu peut être définie et, sous "Camera", on peut sélectionner soit la vue ou la perspective actuellement affichée, soit, comme mentionné précédemment, une caméra créée. Le "Lighting Style" peut également être modifié à nouveau. Dans l'élément de menu "Output", il est possible de définir un répertoire afin que l'image soit sauvegardée immédiatement après le rendu et dans l'onglet de menu "Renderer", des réglages peuvent être effectués pour la durée / la qualité du rendu. Toutefois, vous pouvez également laisser les valeurs par défaut.

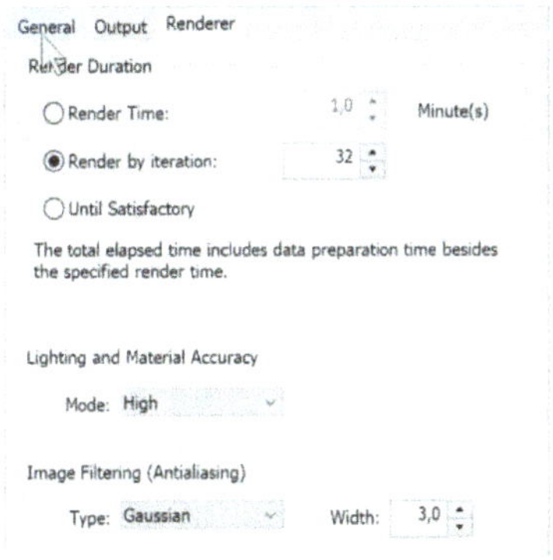

Figure 262: l'onglet "Render" des paramètres de rendu avec les valeurs par défaut

Plus la résolution et la qualité de rendu sont élevées, plus le temps est long. Ensuite, il suffit de lancer le rendu et d'attendre. Le fichier et la progression sont alors affichés. En cliquant sur "Save rendered image" en haut à droite, vous pouvez alors enregistrer le graphique rendu.

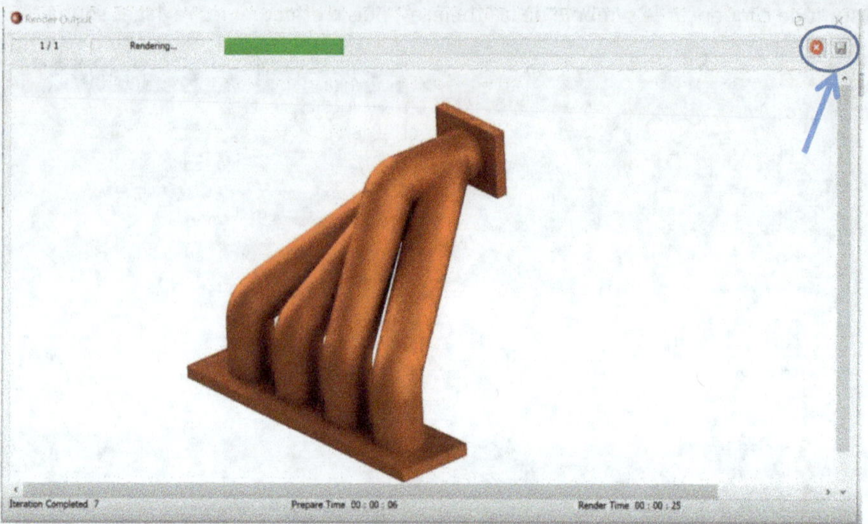

Figure 263: Le processus de rendu pas encore terminé

C'est tout pour l'équarrissage, il n'y a plus grand-chose à discuter dans cet environnement. Nous allons maintenant poursuivre avec l'environnement "Animation" et revenir ensuite à des sujets plus passionnants.

Pour la fonction "Animation", qui se trouve également dans "Inventor Studio", nous utilisons le modèle construit de notre moteur 4 cylindres.

En cliquant sur le bouton "Animation Timeline", nous montrons d'abord la ligne de temps qui s'ouvre dans la zone inférieure.

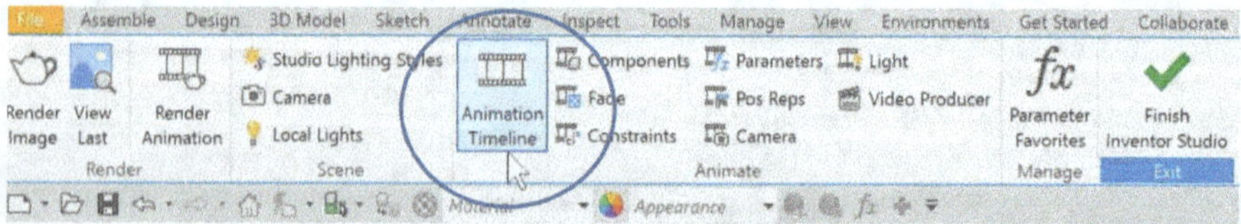

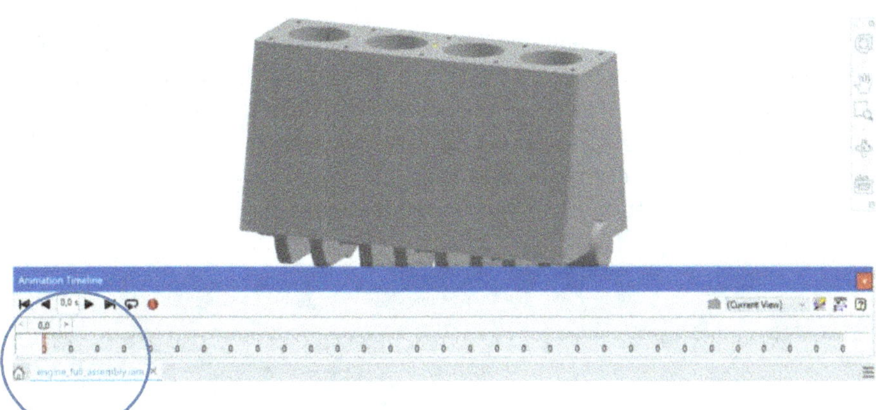

Figure 264: Un clic sur "Animation Timeline" (image du haut) ouvre la ligne de temps (image du bas).

Nous aimerions maintenant créer une sorte de vidéo dans laquelle les pistons se déplacent de haut en bas dans les cylindres. Malheureusement, l'articulation existante du vilebrequin ne peut pas être animée dans cet environnement car les articulations ne sont pas affichées dans "Animation". Les "Constraints", quant à elles, sont affichées et peuvent également être animées. J'en avais déjà parlé au début. Si vous prévoyez une animation, il est donc logique d'utiliser des "Constraints" dans la construction ou du moins de les appliquer spécifiquement pour l'animation. C'est ce que nous allons faire dans ce qui suit. L'animation est ensuite très simple. Pour cela, nous devons remplacer le joint du vilebrequin par deux "Constraints". Nous fermons "Inventor Studio" pour l'instant et recherchons le joint du vilebrequin dans l'environnement de montage. Puisque nous voulons remplacer ce joint, nous le supprimons en faisant un clic droit et en sélectionnant "Suppress".

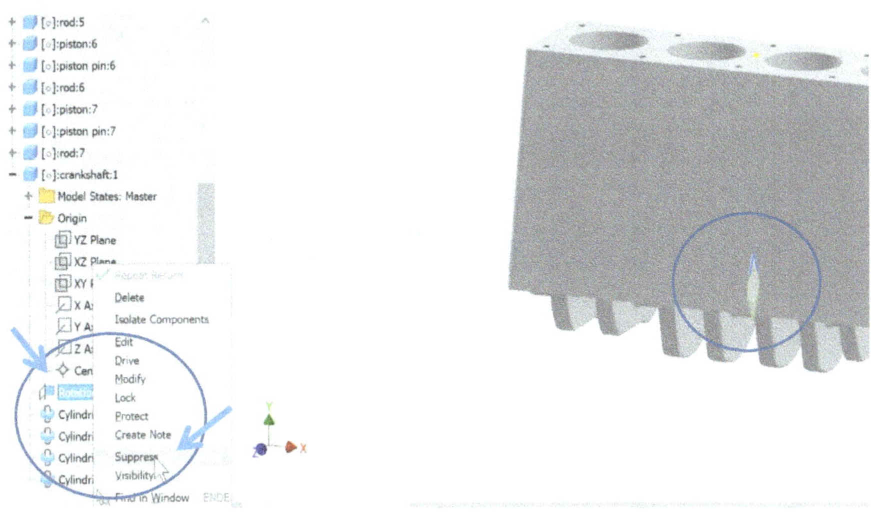

Figure 265: Recherche et suppression de l'articulation du vilebrequin ("Rotational") dans l'arbre de structure

Vous pouvez également le supprimer, mais il disparaît alors définitivement. Ensuite, nous pouvons à nouveau déplacer librement le vilebrequin. Maintenant, nous devons à nouveau connecter le vilebrequin au logement du vilebrequin avec "Constraints". Pour ce faire, nous utilisons d'abord la fonction "Constrain" : "Insert" pour relier les axes du vilebrequin et des réceptacles dans le boîtier. Cliquez ensuite sur le bord gauche de la surface médiane du support du vilebrequin et sélectionnez la contrepartie dans le boîtier.

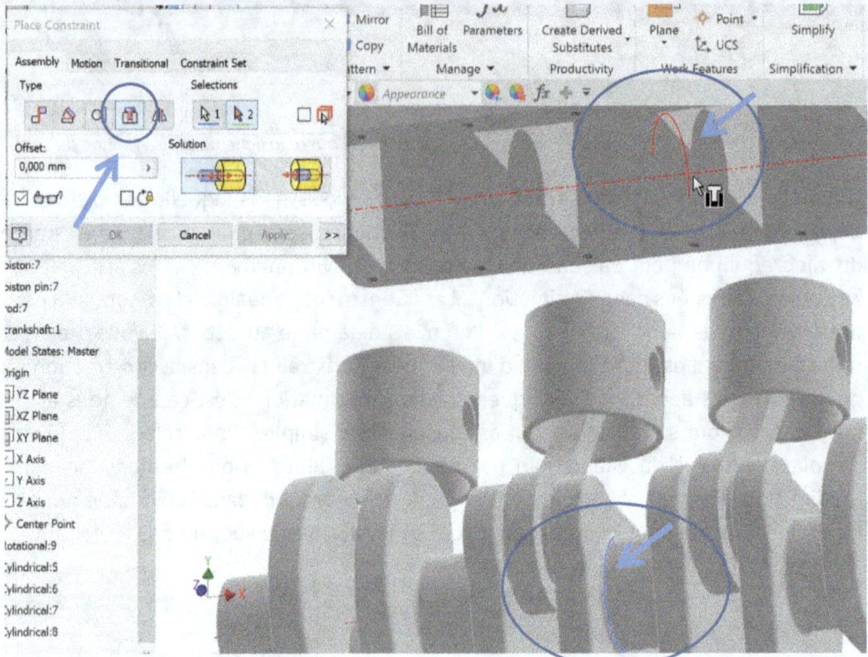

Figure 266: La "Constrain" : utilisez "Insert" et reliez le vilebrequin au carter

Dans les options, nous devons corriger l'alignement. Pour ce faire, nous sélectionnons "Aligned" pour "Solution" et un décalage de -5 mm.

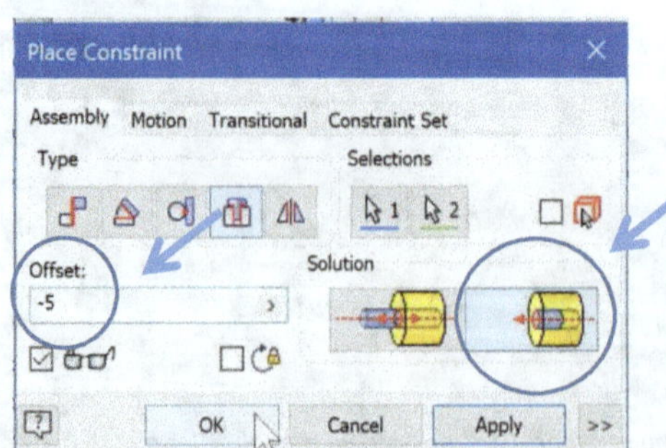

Figure 267: Changez "Solution" en "Aligned" et entrez un décalage de -5 mm

Le vilebrequin est alors correctement centré. Le vilebrequin est maintenant monté de manière rotative dans le logement du vilebrequin. Pour obtenir une définition complète, nous créons une autre dépendance d'angle avec la "Constrain" : "Angle". Nous en avons également besoin pour l'animation. Pour ce faire, nous relions le plan x-z du vilebrequin avec le plan x-y du carter du vilebrequin.

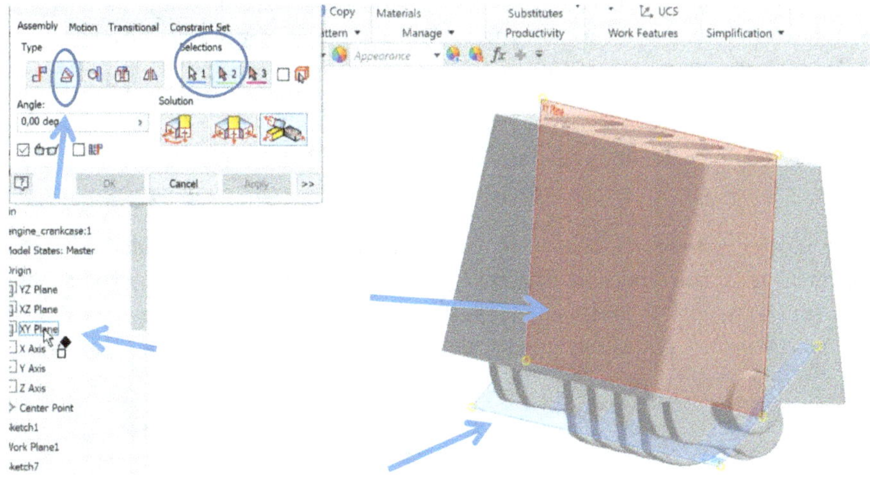

Figure 268: Sélectionnez "Constrain" et choisissez "Angle" comme "Type" ; puis sélectionnez successivement le plan x-z du vilebrequin et le plan x-y du logement du vilebrequin dans l'arbre de structure.

Dans "Solution", nous sélectionnons "Directed Angle" et saisissons un angle de 90 degrés afin que les pistons s'alignent comme indiqué.

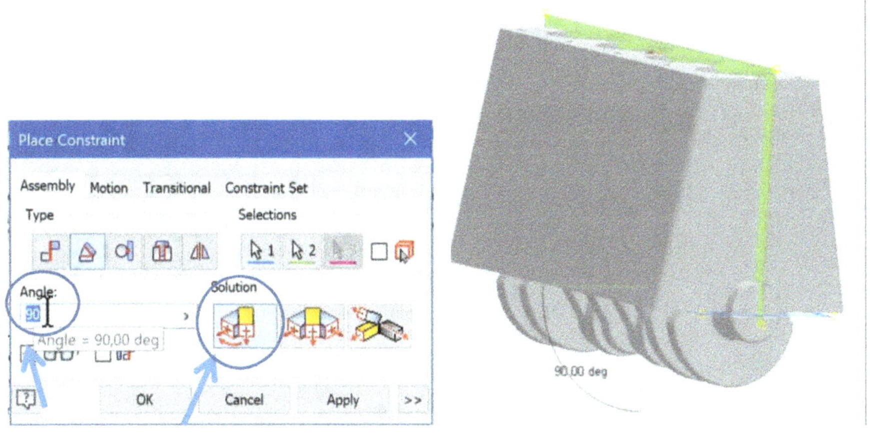

Figure 269: Pour "Solution" : sélectionnez "Directed Angle" et entrez 90° comme angle

Parfait ! Nous avons maintenant défini le vilebrequin avec des "Constraints" au lieu d'un joint et nous pouvons retourner dans la zone "Inventor Studio".

Autre astuce : pour des animations très simples et rapides, vous pouvez aussi simplement vous passer de l'animation dans "Inventor Studio" et animer à la place l'articulation du vilebrequin dans l'environnement "Design", comme nous l'avions déjà fait, et en créer une vidéo screencasting, c'est-à-dire un enregistrement d'écran, avec la fonction d'enregistrement intégrée - peut-être vous en souvenez-vous - ou aussi avec un logiciel externe.

Avant de commencer, nous devons définir le curseur dans la ligne de temps sur une durée, par exemple sur 10 secondes, car c'est la durée que doit durer notre animation.

Dans la suite, nous souhaitons animer quelques révolutions du moteur pendant ces 10 secondes, ainsi que rendre transparent le carter du vilebrequin dans le parcours. Pour la première partie, le mouvement, nous sélectionnons la commande "Constraints" dans la zone "Animate", puis la relation d'angle de l'arbre de structure pour le vilebrequin.

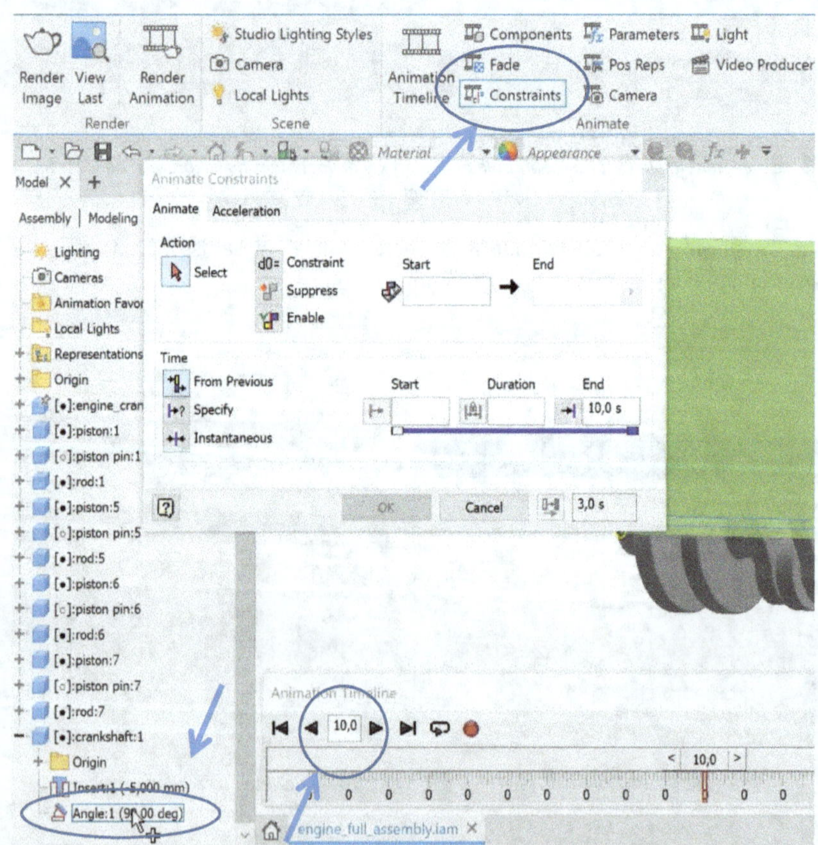

Figure 270: utilisation de "Animate Constrain" dans la zone "Animate"

Nous devons maintenant déterminer les positions pour "Start" et "End". Nous avons inscrit 90° comme point de départ et le laissons tel quel. Pour la position finale, nous choisissons par exemple 1170°. Pourquoi ce numéro ? Parce que nous voulons par exemple 3 révolutions entières. Une révolution complète a 360°. 3 x 360° pour trois révolutions donne 1080°. Nous devons ensuite ajouter notre point de départ, c'est-à-dire le 90°, et nous obtenons 1170°. Les heures de début et de fin sont déjà saisies car nous avons réglé la ligne de temps sur 10 secondes. Nous pouvons changer cela ici - si vous le souhaitez. Ensuite, cliquez simplement sur "OK".

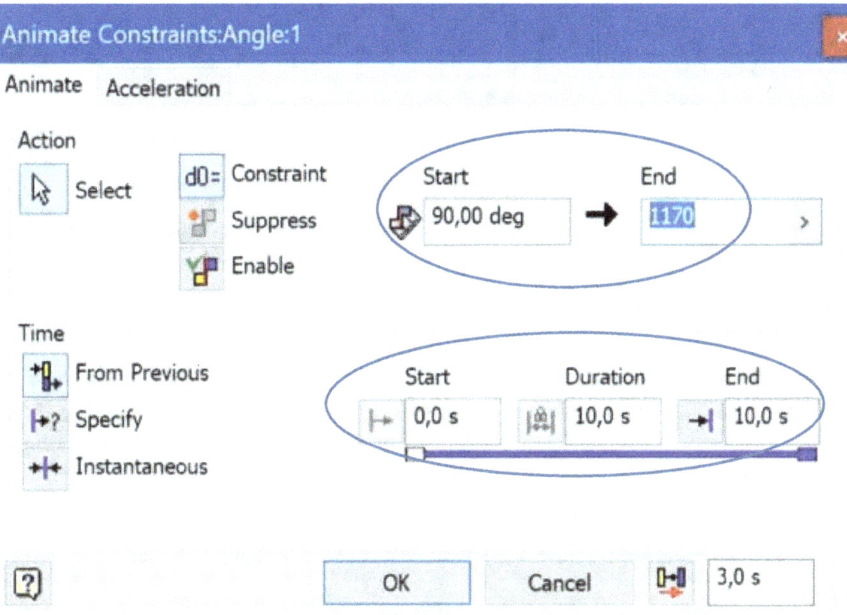

Figure 271: saisissez le point de départ et le point d'arrivée et, le cas échéant, l'heure de départ et d'arrivée

Pour la deuxième partie de l'animation, c'est-à-dire pour rendre le carter du vilebrequin transparent, nous sélectionnons la commande "Fade".

Nous sélectionnons le carter du vilebrequin comme composant et laissons la transparence commencer à 100 %, c'est-à-dire aucune transparence, et l'augmenter à 50 % par exemple jusqu'à la fin du processus.

Par exemple, nous voulons que ce processus commence à la première seconde et se termine à trois secondes, c'est-à-dire qu'il dure deux secondes. Pour ce faire, nous sélectionnons "Specify" pour "Time" et saisissons les valeurs de début et de fin. Enfin, confirmez avec "Ok".

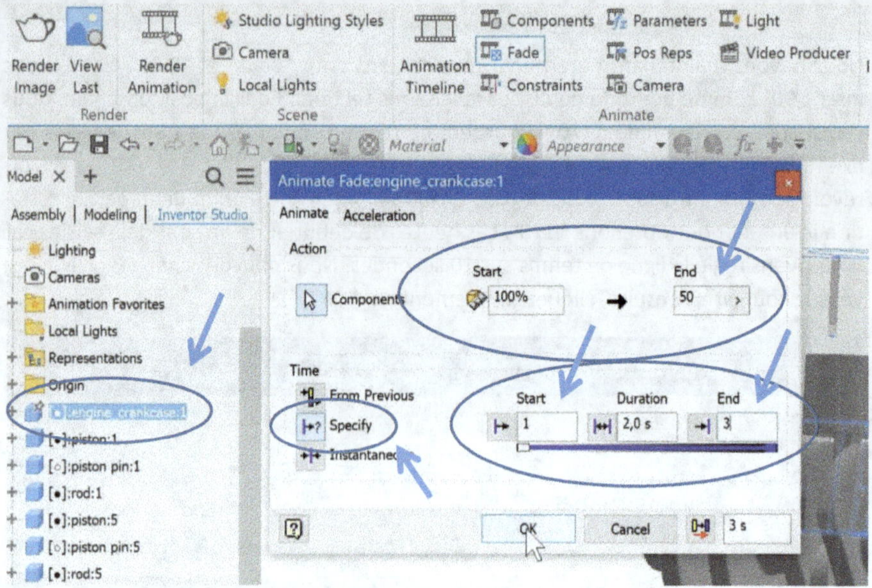

Figure 272: Application de la commande "Fade" avec les paramètres indiqués

à la fin de l'animation, nous pourrions rendre le logement du vilebrequin à nouveau opaque. Nous faisons cela de manière exactement inverse avec la même commande. Réglez d'abord l'heure de début sur sept secondes, par exemple, et l'heure de fin sur neuf secondes, puis le programme adopte automatiquement la valeur 50 % pour le début de la transparence. Nous saisissons 100 % comme valeur finale.

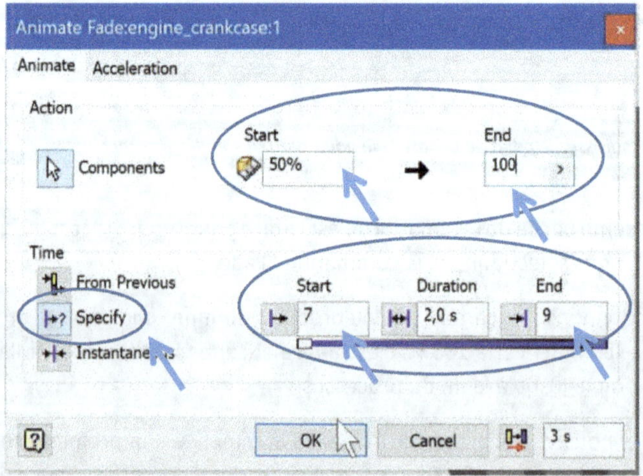

Figure 273: Utilisez à nouveau la commande "Fade" avec de nouveaux paramètres comme illustré ci-dessous

Très bien. Avec un clic sur Play dans la ligne de temps nous pouvons jouer l'animation, le curseur doit être au début. À propos, avec le bouton "Expand Action Editor" en haut à droite de la timeline, nous pouvons regarder toutes les commandes d'animation créées et les modifier à nouveau.

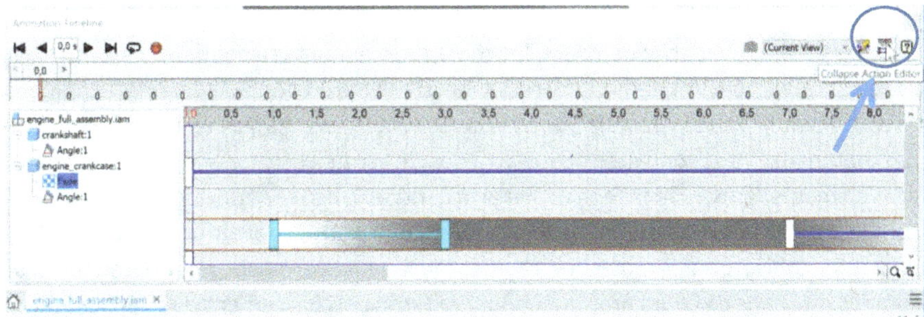

Figure 274: Maximiser / minimiser la "Animation Timeline" avec le bouton dans le coin supérieur droit

En cliquant sur "Render Animation" ou sur le petit bouton rouge dans la ligne de temps de l'animation, nous devons ensuite rendre notre animation en une vidéo avec les paramètres souhaités et pouvons ensuite l'enregistrer.

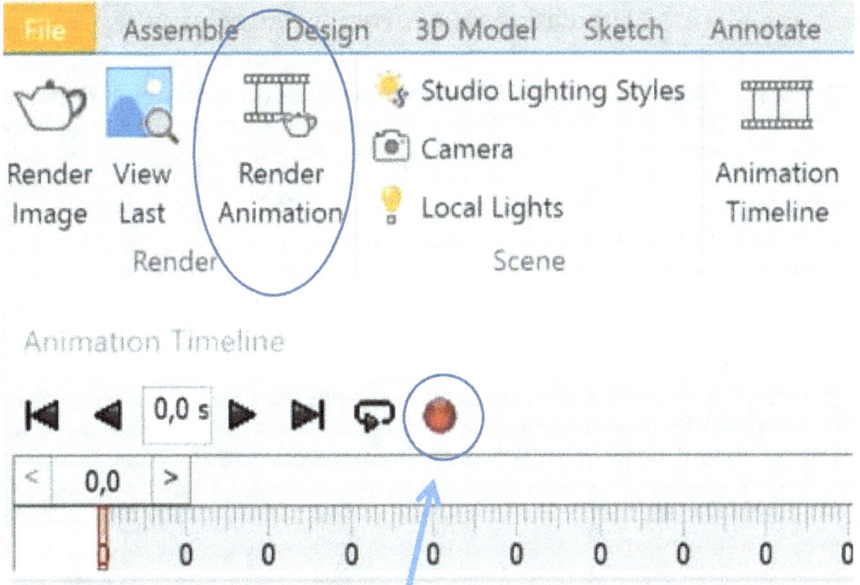

Figure 275: Démarrer le rendu de l'animation ou de l'enregistrement de deux manières différentes

Superbement fait ! C'est tout pour la zone d'animation/de rendu et le "Inventor Studio". Nous continuons avec un domaine très excitant de l'"Inventor". Dans ce qui suit, nous traiterons des simulations FEM dans le domaine de l'"Stress Analysis". Ne manquez pas de continuer !

Section III : Simulations FEM et dessins techniques

Dans cette dernière partie du cours, les choses deviennent vraiment intéressantes, car nous abordons l'environnement "Stress Analysis", et la création de dessins techniques. Avec la section "Stress Analysis", vous pouvez simuler les charges et le comportement des matériaux. Vous connaissez peut-être déjà le terme FEM, c'est-à-dire la "méthode des éléments finis". Sans entrer dans les détails de ce principe mathématique complexe, vous devriez au moins avoir entendu le nom et savoir que le logiciel FEM peut être utilisé pour simuler les charges et le comportement des matériaux d'un composant. Dans ce cours pratique, nous traiterons exclusivement de l'application de la méthodologie. Nous nous penchons ensuite sur la création de dessins techniques. Vous en avez besoin pour la transmission d'informations à la production des machines et à des fins de documentation.

7 simulations FEM avec "Inventor"

7.1 Introduction à la simulation et première étude de simulation

Nous aimerions utiliser le mousqueton créé dans l'un des projets de conception comme échantillon pour nous familiariser avec l'environnement "Stress Analysis" de "Inventor". Dans cet environnement, nous pouvons simuler des charges et obtenir comme résultat, par exemple, les contraintes résultantes dans le composant ou les déplacements résultants, donc en termes simples, par exemple, la flexion d'un composant sous une charge appliquée. Nous devons d'abord créer une étude de charge avec "Create Study".

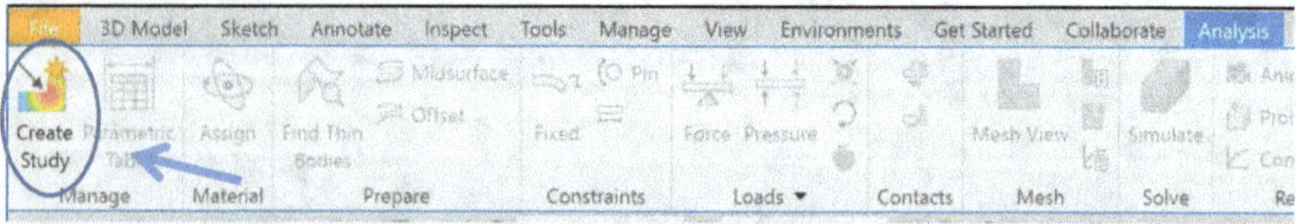

Figure 276: Créez une étude de contrainte avec "Create Study" ; ouvrez d'abord le mousqueton et sélectionnez "Stress Analysis" sous "Environments"

Une fenêtre s'ouvre dans laquelle nous pouvons sélectionner la simulation que nous voulons exécuter. Dans ce cours pour débutants, nous traiterons exclusivement de ce qui est probablement l'application la plus courante : le chargement statique. C'est pourquoi nous le sélectionnons. Nous pouvons laisser les valeurs définies telles quelles.

Figure 277: Une fenêtre s'ouvre ; sélectionnez "Static Analysis" et laissez les paramètres tels quels

Cette étude de charge nous est ensuite présentée avec toutes les options et paramètres pertinents à gauche dans l'arbre de structure.

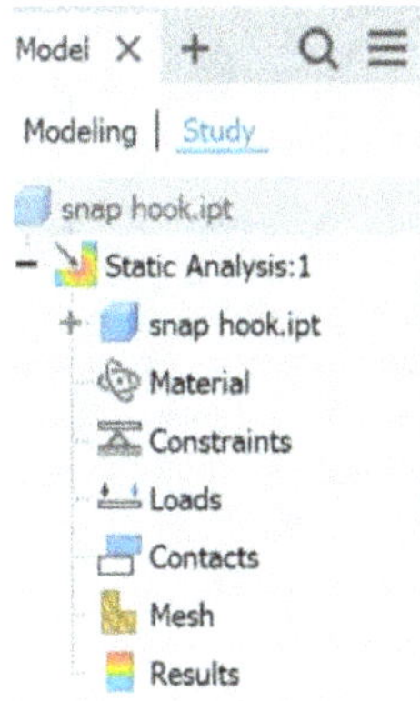

Figure 278: L'étude créée est affichée dans l'arbre de structure

Dans la zone "Analysis" se trouvent tous les paramètres de la barre de menu supérieure dont nous avons besoin pour la simulation. Si nous voulons faire calculer différentes situations de charge, par exemple simuler deux points d'application de force différents, nous pouvons également créer plusieurs études de ce type. Pour ce faire, il suffit de cliquer à nouveau sur "Create Study".

Pour la simulation d'une charge sur un composant, nous procédons maintenant successivement en quatre étapes. Cette procédure est relativement identique pour chaque étude, seul le contenu diffère.

La première étape consiste à vérifier si le bon matériau est attribué à notre composant. Pour cela, nous utilisons le menu "Materials" avec la commande "Assign". En cliquant sur "Assign", une fenêtre s'ouvre et nous montre les matériaux respectifs de tous les composants.

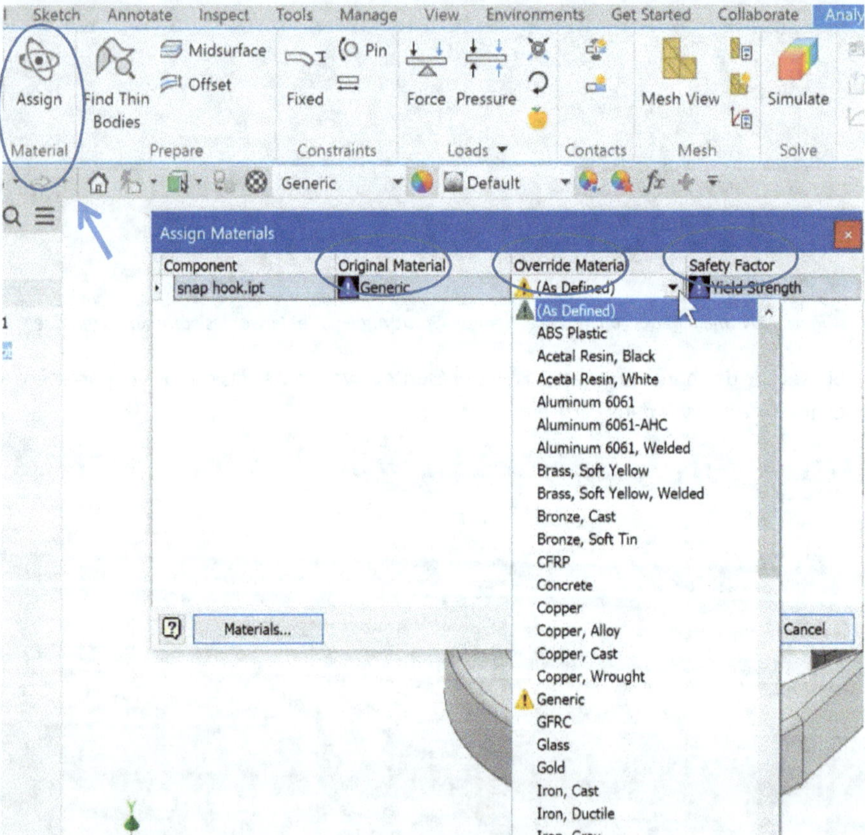

Figure 279: Définissez le matériau du composant pour l'étude de charge avec "Assign"

Dans ce cas, nous n'en avons qu'un seul, car il s'agit d'une pièce unique. En fonction de ce que nous avons sélectionné comme matériau dans la construction, le matériau nous est présenté sous "Original Material". Dans le champ "Override Material", nous pouvons maintenant sélectionner le matériau du composant pour cette étude. Pour le moment, il est réglé sur "As defined", de sorte que le matériau réel de l'objet est utilisé pour notre étude de charge. Si nous voulons sélectionner un matériau différent pour, par exemple, une autre étude de chargement, il nous suffit de le sélectionner dans le menu déroulant. Nous pouvons également modifier le matériau dans l'environnement de conception, mais cela prendra plus de temps pour les études multiples. Pour ce mousqueton simple, par exemple, nous choisissons maintenant "l'aluminium" comme matériau pour le calcul, car l'acier aurait un module d'élasticité beaucoup trop élevé pour ouvrir le mousqueton ici, c'est-à-dire qu'il aurait une trop grande résistance à la déformation. Pour le calcul du facteur de sécurité, il convient d'utiliser la limite d'élasticité du matériau ("Yield Strength"), c'est-à-dire le moment à partir duquel une déformation plastique se produit dans le matériau en raison de la charge. Si nécessaire, nous pouvons également sélectionner la résistance à la traction, la "Ultimate Tensile Strength", c'est-à-dire la contrainte maximale que le matériau peut supporter.

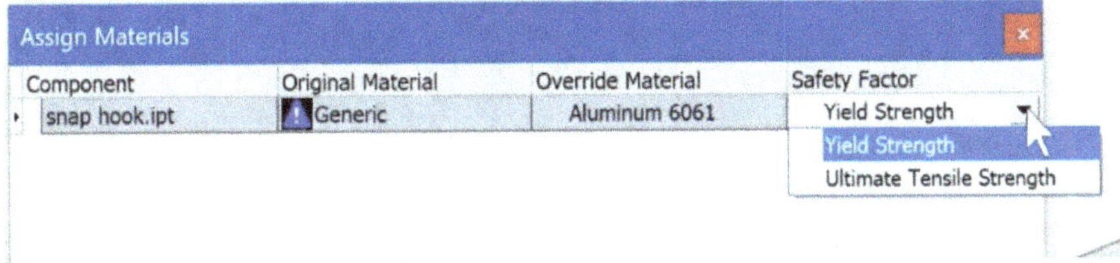

Figure 280: Sélectionnez par exemple "Aluminium 6061" comme matériau ; "Yield Strength" comme facteur de sécurité.

La deuxième étape avant de pouvoir commencer un calcul de la simulation est de sélectionner les "Constraints" et "Contacts" pour le calcul. Nous n'avons besoin de "Contacts" que pour un assemblage avec plusieurs composants, car avec "Contacts" nous définissons le transfert de charge entre les composants individuels, c'est-à-dire les points de connexion entre les composants. Nous examinerons cela de plus près dans le deuxième exemple.

Il suffit donc ici de définir les "Constraints". Les "Constraints" dans le domaine de la "Simulation" représentent simplement des contraintes. C'est-à-dire, à quels points ou surfaces notre composant est fixé dans l'espace ou comment et où il est soutenu. Imaginez cela de manière très pratique : Vous prenez le mousqueton dans une main et vous le tenez avec la paume de votre main contre le dos ou vous appuyez le dos contre la paume de votre main. Nous choisissons donc la surface arrière du mousqueton comme palier. Pour cela, nous créons une contrainte avec la commande "Fixed" dans la section du menu "Constraints".

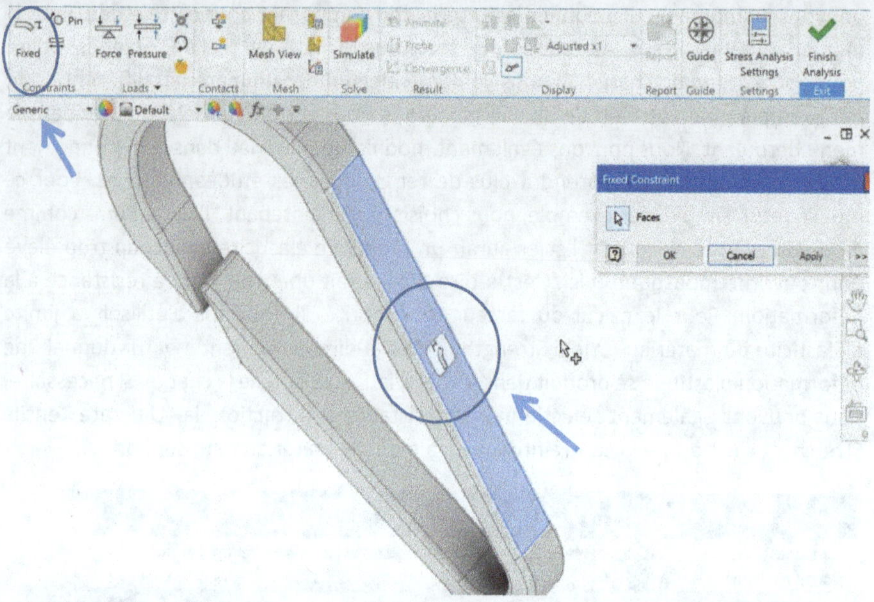

Figure 281: Pour la création, il suffit de sélectionner la commande "Fixed" et la zone souhaitée

Ici, nous pouvons choisir entre "Fixed", "Pin", "Frictionless". Pour le mousqueton, nous choisissons "Fixed" comme contrainte la plus simple et supposons par simplification que cela s'applique dans toutes les directions, c'est-à-dire que le mousqueton ne bouge pas un peu dans la paume de la main.

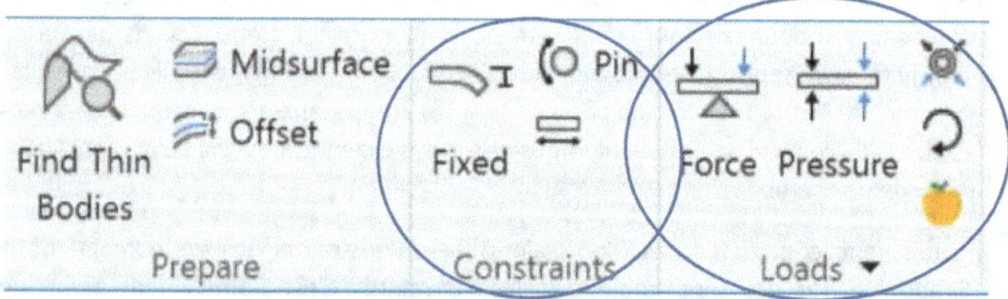

Figure 282: Les "Constraints" disponibles (au centre) et les types de charge (à droite)

Puis, dans la troisième étape, nous avons besoin d'une charge, bien sûr. Nous considérons comment le mousqueton est effectivement chargé. Dans la présente géométrie, l'élément frontal du mousqueton est chargé par pression afin d'élargir l'ouverture du mousqueton, par exemple pour enfiler une corde. Par exemple, on appuiera avec l'index et ou le majeur contre le bord supérieur du mousqueton, c'est-à-dire juste avant l'ouverture. Pour la simulation de cette charge, nous sélectionnons la commande "Loads" et comme type une force, c'est-à-dire "Force". Nous pourrions également appliquer une "charge de pression", un "moment" ou une autre charge ici, selon la situation.

Nous sélectionnons ensuite l'arrondi supérieur avant du mousqueton, juste avant l'ouverture, et saisissons une valeur pour la force de 100 N par exemple. Cela correspond à une charge d'environ 10 kg.

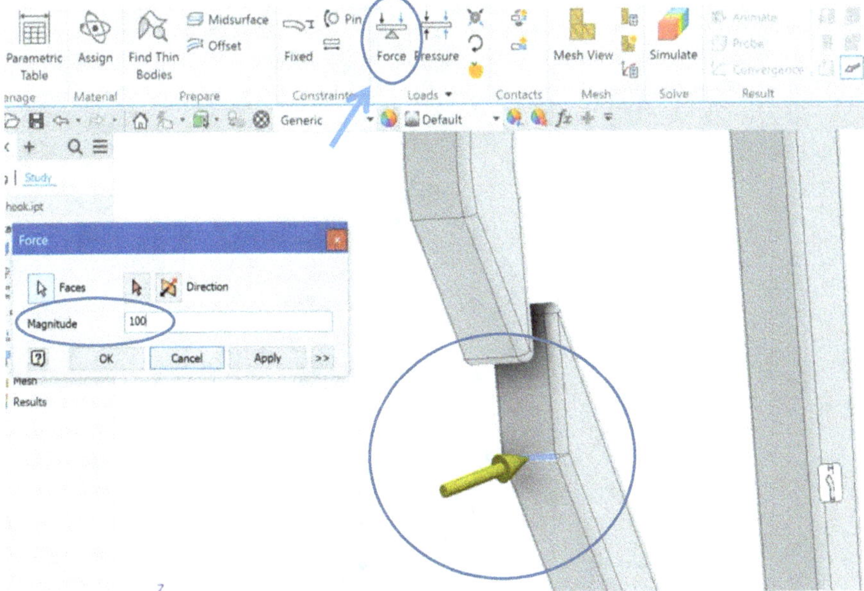

Figure 283: Sélectionnez "Force", sélectionnez le bord de l'ouverture et entrez 100 N comme taille

À propos, un homme peut exercer jusqu'à 500 N de force de préhension en standard, soit environ 50 kg, s'il s'exerce plus fortement. Nous supposons ici une direction perpendiculaire de la force sur la surface. Cependant, nous pourrions également changer la direction du vecteur de force ici. Nous avons alors presque tout ce dont nous avons besoin. Dans la quatrième et dernière étape, avant que nous puissions lancer le calcul de la simulation et que les résultats soient affichés, nous devons générer un maillage. Dans la méthode FEM, le calcul est effectué à l'aide d'un maillage avec des nœuds qui est placé sur le corps solide. Pour ce faire, il suffit de cliquer sur "Mesh View" dans la barre de menu supérieure sous "Mesh". Le maillage généré est ensuite affiché.

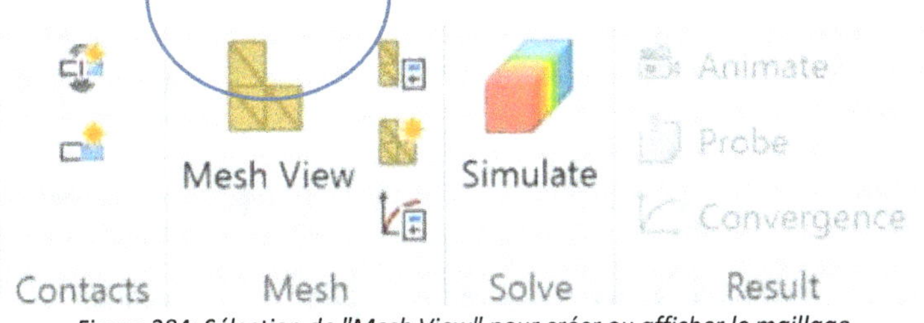

Figure 284: Sélection de "Mesh View" pour créer ou afficher le maillage

Vous pouvez en fait sauter cette étape, car le logiciel crée de toute façon automatiquement le maillage lors d'un calcul.

Nous faisons ensuite calculer les résultats en appuyant sur le bouton "Simulate" en haut et en démarrant la simulation avec "Run".

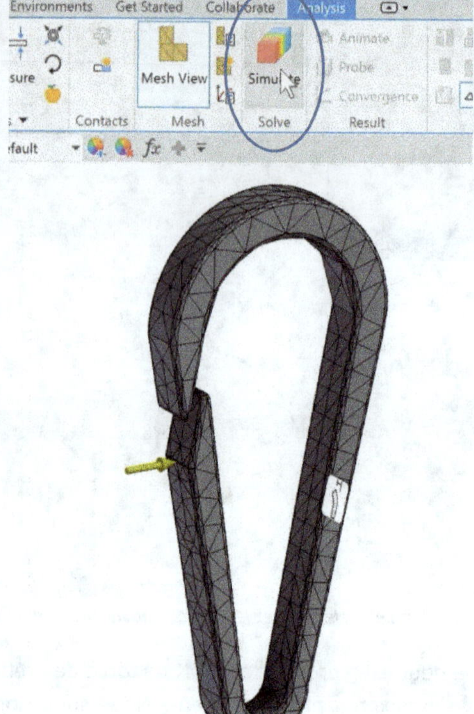

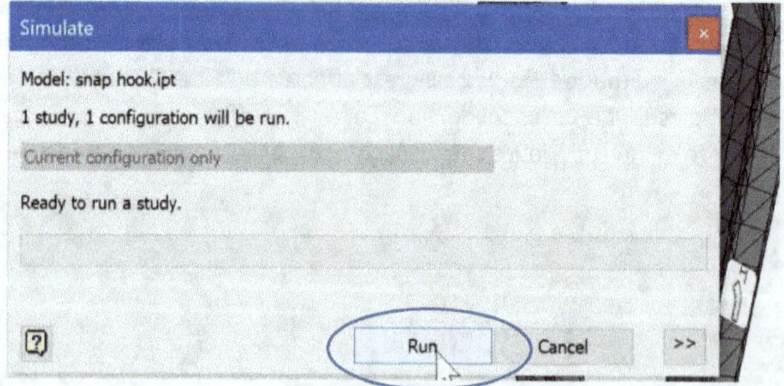

Figure 285: Le réseau a été créé et la simulation peut être lancée

Après le calcul, les résultats sont affichés graphiquement à l'aide d'un dégradé de couleurs. Le gradient de couleur dans le composant indique quelle valeur est présente dans quelle zone.

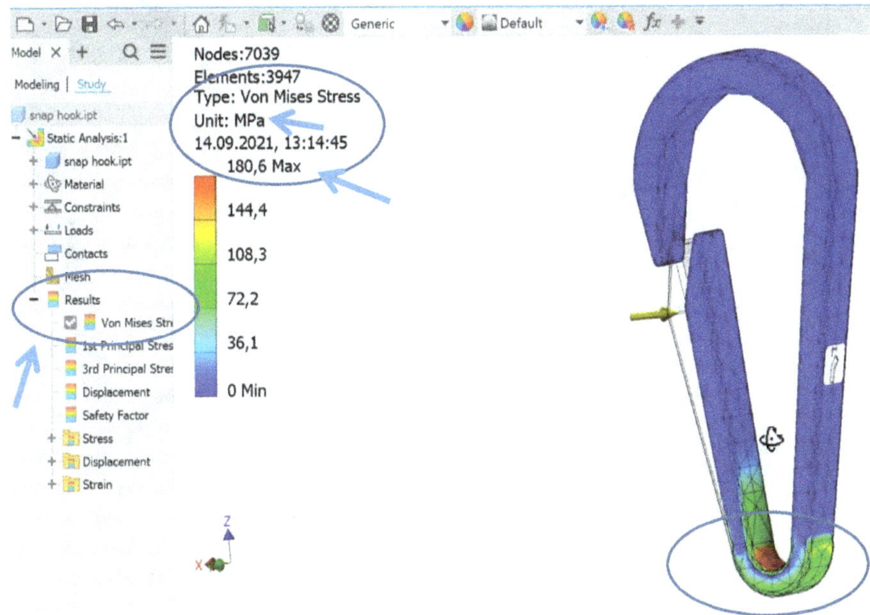

Figure 286: Le résultat de la simulation (tension de Von Mises ; la plus grande en bas)

Actuellement, la "tension de von Mises" est sélectionnée dans l'arbre de structure, c'est-à-dire la contrainte équivalente selon l'hypothèse de changement de forme. Dans la zone de la courbure inférieure du composant, on peut voir qu'une contrainte d'environ 180 MPa probablement prévaut. C'était à prévoir avec cette charge de flexion, et la contrainte dans le composant réel sera également la plus élevée ici. Si le mousqueton se casse lors de son ouverture, il se brisera d'abord quelque part dans cette zone.

Afin d'afficher les déplacements ou le facteur de sécurité, nous passons au résultat respectif dans la zone de l'arbre de structure.

En affichant le déplacement, nous voyons qu'avec la force appliquée, nous avons pu ouvrir le mousqueton d'environ 1,8 mm dans la direction x négative. D'une part, c'est graphiquement exagéré, d'autre part, c'est bien sûr trop peu pour ouvrir le mousqueton. Nous devrions donc appliquer plus de force et, si nécessaire, renforcer notre mousqueton dans la zone inférieure si le facteur de sécurité n'est plus suffisant.

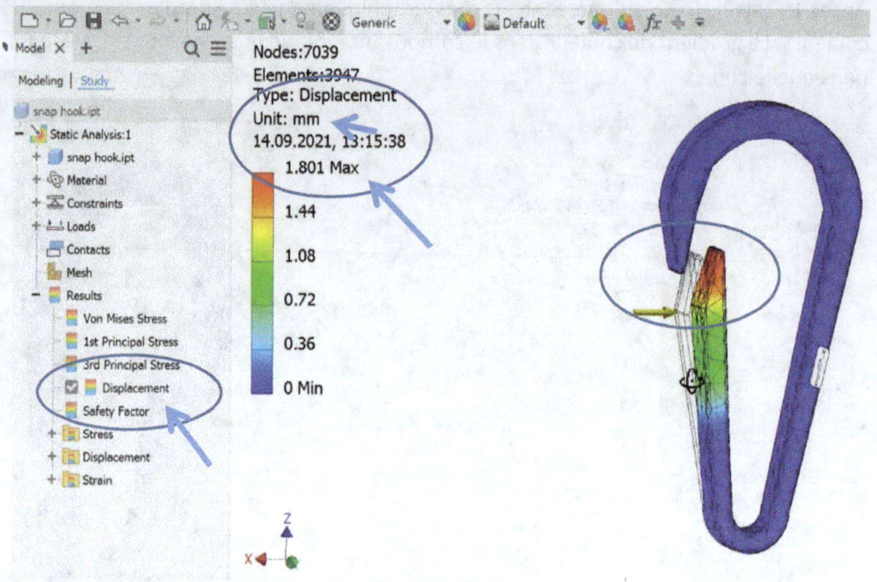

Figure 287: Affichage des déplacements dans le composant

Parfait ! C'était la première partie de la section"Simulation". Avec ces connaissances, nous pouvons déjà simuler un composant simple pour une situation de charge. Dans la deuxième partie, nous examinerons à nouveau notre modèle de moteur. Restez à l'écoute, cela continue de manière passionnante !

7.2 Effectuer une étude de simulation avec un assemblage

Dans ce chapitre, nous voulons approfondir nos connaissances et nos compétences en matière de simulation au moyen d'un assemblage. Il y a quelques petites différences entre les pièces individuelles à considérer ici. Nous choisissons comme modèle notre exemplaire moteur 4 cylindres. Nous commençons une nouvelle étude dans le modèle de moteur.

Avant de commencer, nous allons d'abord simplifier le modèle pour nos besoins. Nous voulons simuler les forces agissant sur un piston et pour cela, nous ne considérerons qu'un piston, avec son axe, sa bielle et le vilebrequin. Par conséquent, nous retirons tous les autres composants. Vous pouvez le faire facilement en cliquant avec le bouton droit de la souris sur les composants dont vous n'avez pas besoin dans l'arbre de structure et en sélectionnant "Exclude from Study". Pour une meilleure vue, nous supprimons également la visibilité de ces composants.

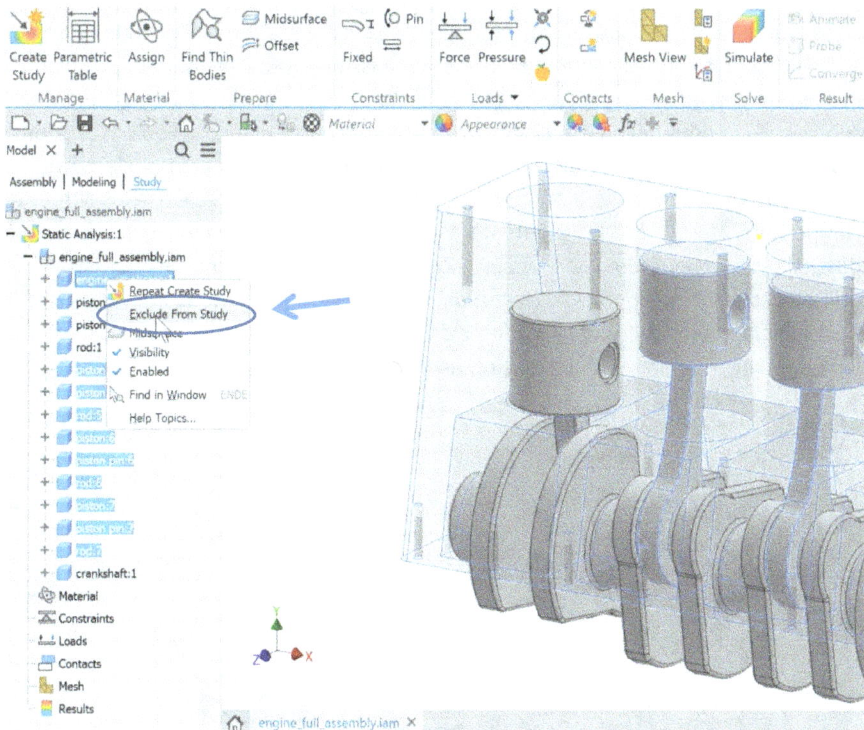

Figure 288: Exclure des composants de l'étude de charge avec "Exclude from Study"

La simulation dans un assemblage se déroule de manière relativement identique à la simulation pour une pièce individuelle, c'est-à-dire que nous devons d'abord sélectionner le bon matériau. Dans notre cas, nous choisissons pour tous les composants : l'acier.

Component	Original Material	Override Material	Safety Factor
engine_full_assembly.iar			
engine_crankcase:1	Generic	(As Defined)	Yield Strength
piston:1	Generic	Steel	Yield Strength
piston pin:1	Generic	Steel	Yield Strength
rod:1	Generic	Steel	Yield Strength
piston:5	Generic	Steel	Yield Strength
piston pin:5	Generic	Steel	Yield Strength
rod:5	Generic	Steel	Yield Strength
piston:6	Generic	Steel	Yield Strength
piston pin:6	Generic	Steel	Yield Strength
rod:6	Generic	Steel	Yield Strength
piston:7	Generic	Steel	Yield Strength
piston pin:7	Generic	Steel	Yield Strength

Figure 289: Sélectionnez "Steel" pour tous ou seulement les trois composants restants

Dans l'étape suivante, nous devons définir les "Constraints" et les "Contacts". Ce que sont les "Constraints" et comment nous les définissons, nous l'avions déjà abordé dans le chapitre précédent. Dans ce chapitre, cependant, nous avons également besoin de "Contacts" car nous devons déterminer comment la charge que nous voulons appliquer plus tard verticalement depuis le haut vers la surface du piston est transférée via les composants. Les "Contacts" définissent donc le transfert de charge entre les différents composants, c'est-à-dire les points de connexion entre les composants. Il y a deux possibilités ici. Nous pouvons laisser le logiciel créer des "automatic contacts" ou utiliser des "manual contacts", c'est-à-dire créer nous-mêmes tous les "Contacts". Il s'est généralement avéré utile d'utiliser d'abord les "automatic contacts", puis de les vérifier manuellement et, si nécessaire, de les modifier selon ses propres souhaits.

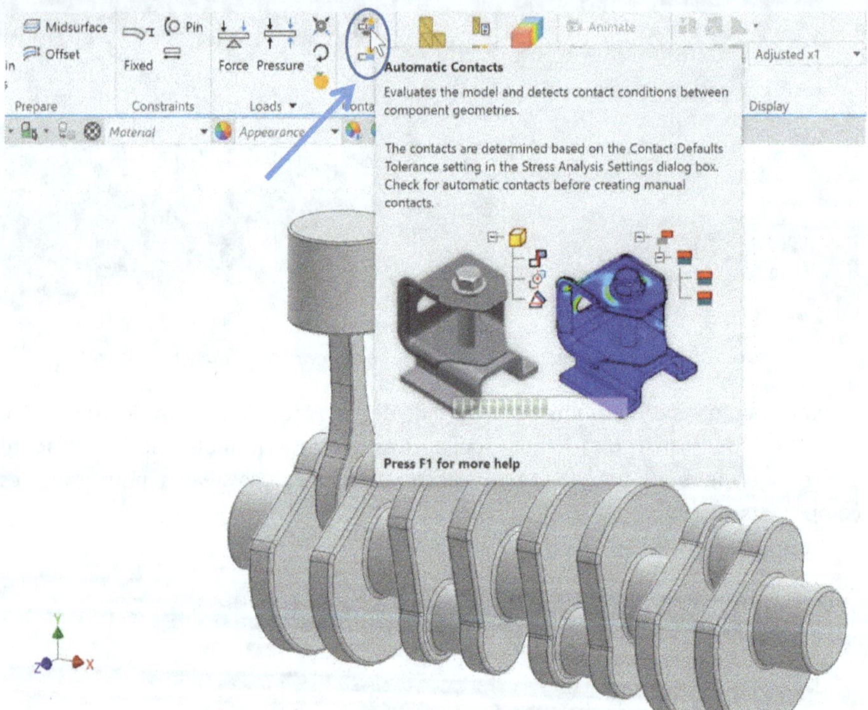

Figure 290: Créez des "automatic contacts" en cliquant sur la commande

Si nous avons activé la commande "Automatic" dans "Contacts", nous voyons les contacts créés dans l'arborescence du dossier "Contacts". Dans notre cas, nous avons besoin de : connexions entre le piston et l'axe du piston, entre l'axe du piston et la bielle, et entre la bielle et le vilebrequin. Avec un clic droit sur un contact et "Edit", nous pouvons le modifier.

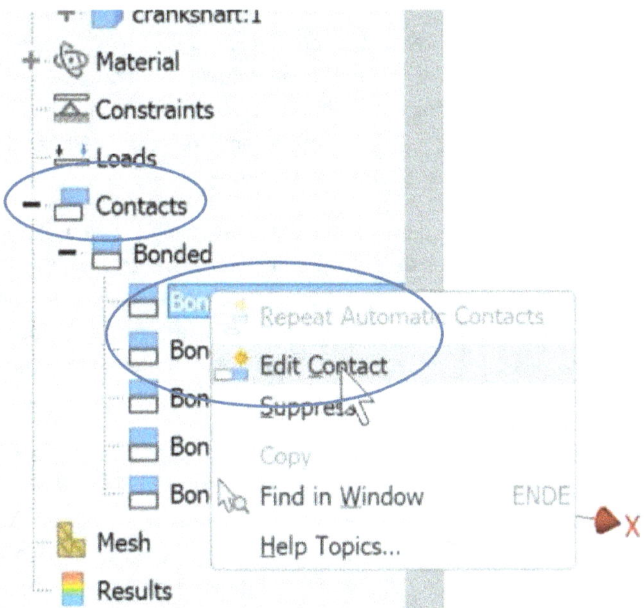

Figure 291: Les contacts créés automatiquement dans l'arborescence ; modifiez-les en faisant un clic droit

Nous pouvons ensuite sélectionner le "Contact Type". Nous disposons de six "Contact Types" de base.

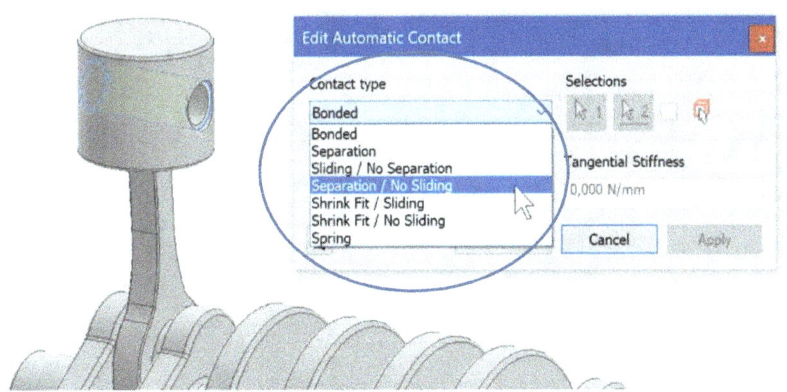

Figure 292: Les différents "Contact Types" qui sont disponibles pour la sélection

"Automatic contacts" a le type "Bonded" sélectionné par défaut, ce qui correspond à un état de connexion fixe ou collé. Dans notre cas, nous laissons tous les "Contact Types" réglés sur "Bonded" pour effectuer un calcul simplifié sur notre modèle déjà simplifié. Cependant, nous allons brièvement examiner de plus près comment sélectionner le "Contact Type" correct dans une création manuelle de contact. Pour ce faire, il est important de connaître les différents "Contact Types". Les plus importants sont "Bonded", "Separation" et "Sliding". Il existe également des "Shrink Fit" et des "Spring" et des combinaisons avec et sans "Sliding / Separation".

"Bonded", comme déjà mentionné, donne une connexion fixe, collée ensemble, pour ainsi dire. "Separation" permet aux corps de s'éloigner les uns des autres pendant le chargement. Le "Sliding" ne permet pas aux composants de s'éloigner les uns des autres, mais les surfaces peuvent se déplacer tangentiellement les unes par rapport aux autres, c'est-à-dire glisser les unes sur les autres. Dans notre modèle, cependant, nous n'utilisons que les "automatic contacts" dans ce cours pour débutants.

Que nous manque-t-il encore pour un calcul ? Exactement ! Les "Constraints", c'est-à-dire la fixation dans l'espace, ainsi qu'une charge qui est appliquée. Comme "Constraints", nous sélectionnons toutes les surfaces du vilebrequin avec lesquelles le vilebrequin est monté dans le carter. Nous les fixons dans toutes les directions et sélectionnons comme "Type" : "Fixed", ce qui signifie que dans ce cas nous simulons que le vilebrequin ne bouge pas, normalement il devrait tourner. Cependant, nous ne voulons simuler qu'un cas statique et non un cas dynamique.

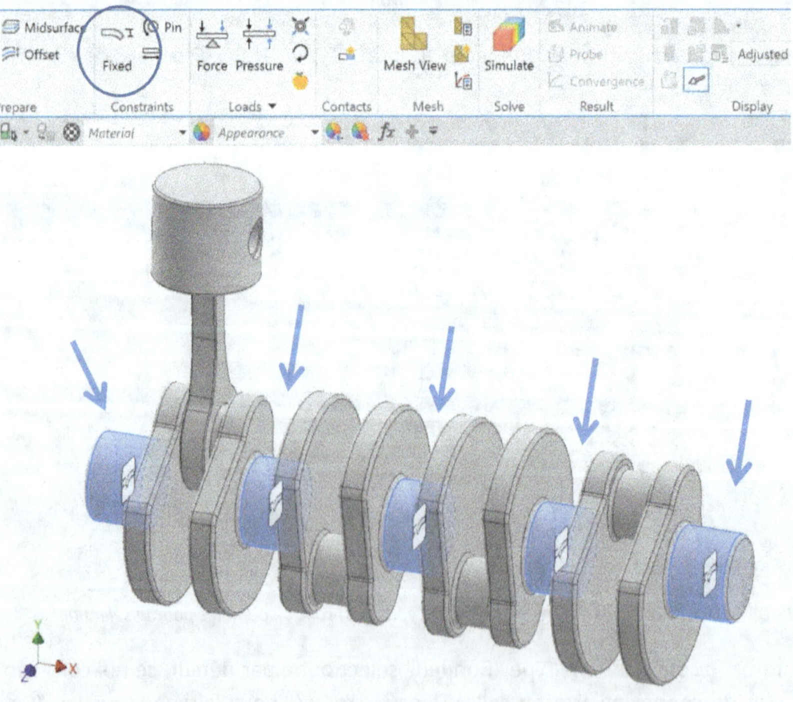

Figure 293: Fixation du vilebrequin sur les tourillons des roulements principaux

Enfin, nous définissons une charge, perpendiculaire à la surface du piston, par exemple 1000 N.

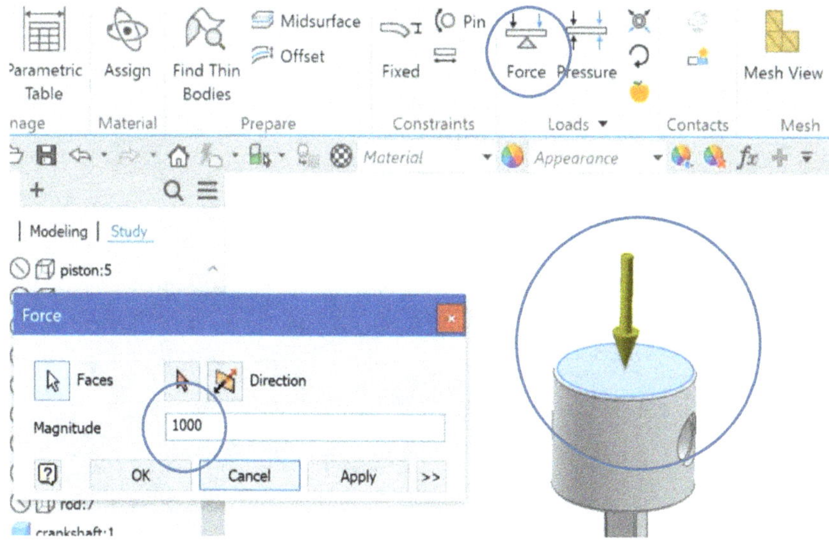

Figure 294: La dernière étape consiste à appliquer une force de 1000 N avec "Force"

Maintenant, nous pourrions créer le maillage, mais avec un clic sur "Simulate", le logiciel le fera pour nous automatiquement. Une fois que le modèle a été calculé avec succès, nous pouvons à nouveau afficher les résultats souhaités tels que la contrainte, la déformation ou le facteur de sécurité. Dans notre cas, nous pouvons voir comment la bielle se déforme sous la charge. Bien sûr, cela est encore une fois très exagéré ici.

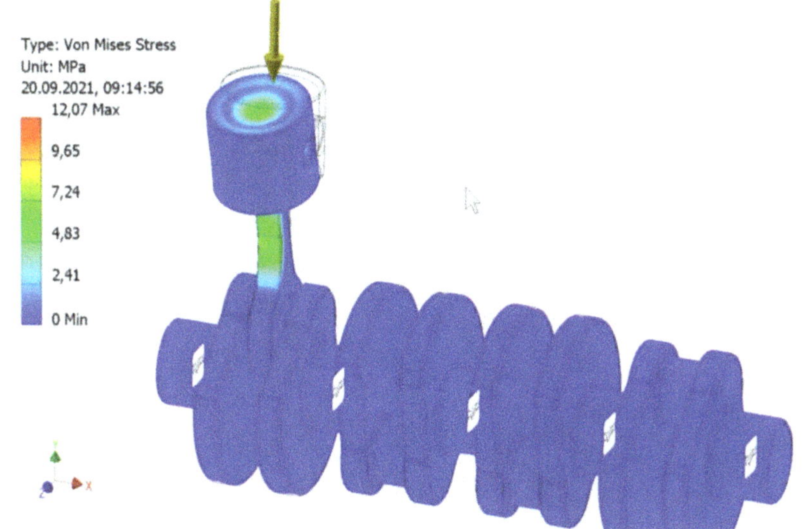

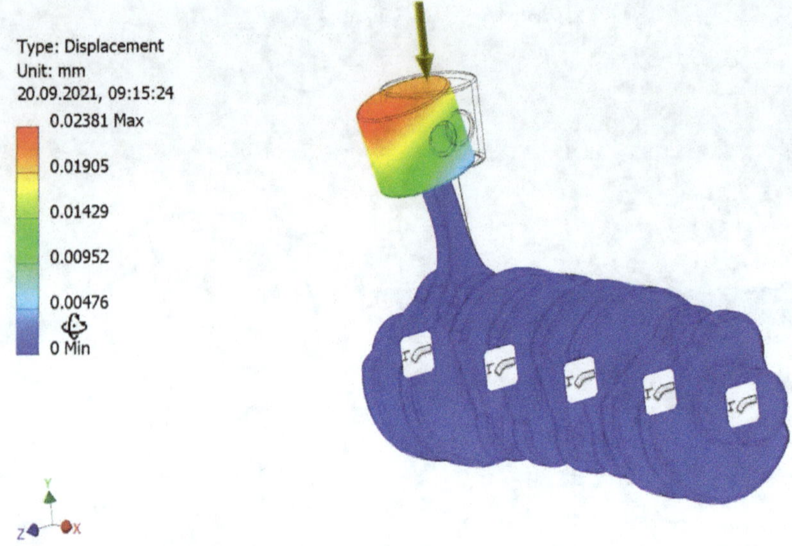

Figure 295: Les résultats de l'étude des contraintes ;
Les contraintes de von Mises (image du haut) et les déplacements (image du bas).

Très bien ! Cela devrait nous suffire comme introduction au monde de la simulation FEM avec "Inventor". Vous avez appris à réaliser une étude de charge sur une pièce individuelle et sur un assemblage.

Des études de cas plus avancées et d'autres applications dépasseraient le cadre de ce cours pour débutants. J'attends avec impatience la suite du cours avancé !

"Inventor", comme tout autre programme professionnel de CAO, nous offre désormais aussi la possibilité de créer des dessins techniques que nous pouvons ensuite transmettre à une entreprise de fabrication. Nous verrons comment cela fonctionne dans le prochain et dernier chapitre. Nous y sommes presque, passons au dernier chapitre !

8 Dessins techniques avec "Inventor" - Une introduction

Bienvenue dans le dernier chapitre de ce cours ! Comme nous l'avons déjà mentionné dans le chapitre précédent, nous pouvons bien sûr aussi utiliser "Inventor" pour créer un dessin technique pour une entreprise de fabrication. Pour cela, nous allons créer une pièce unique très simple qui serait fabriquée, par exemple, par usinage CNC. Veuillez concevoir vous-même la pièce d'exemple très simple en utilisant les dimensions suivantes et comme indiqué ci-dessous.

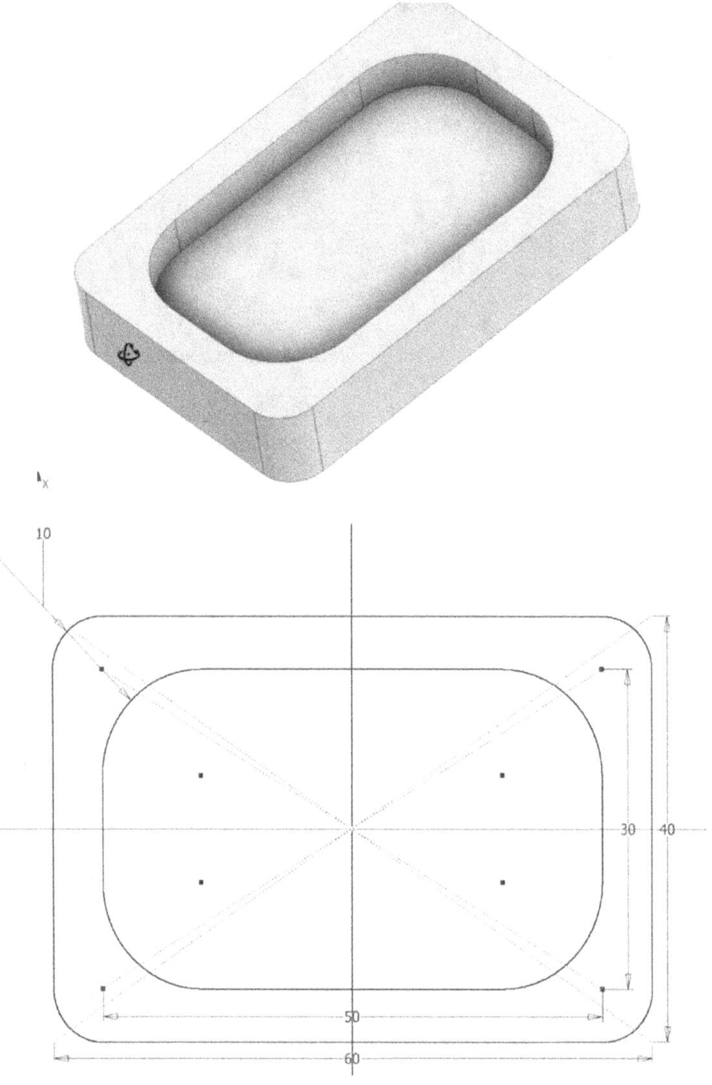

Figure 296: Construisez cette pièce unique ; extrusion : 10 mm ; profondeur de la découpe : 5 mm

Nous ajoutons ensuite quatre trous de 5 mm à notre modèle simple, qui doivent traverser le composant et avoir une distance de 5 mm par rapport au bord supérieur et inférieur et de 15 mm par rapport à chacun des bords latéraux.

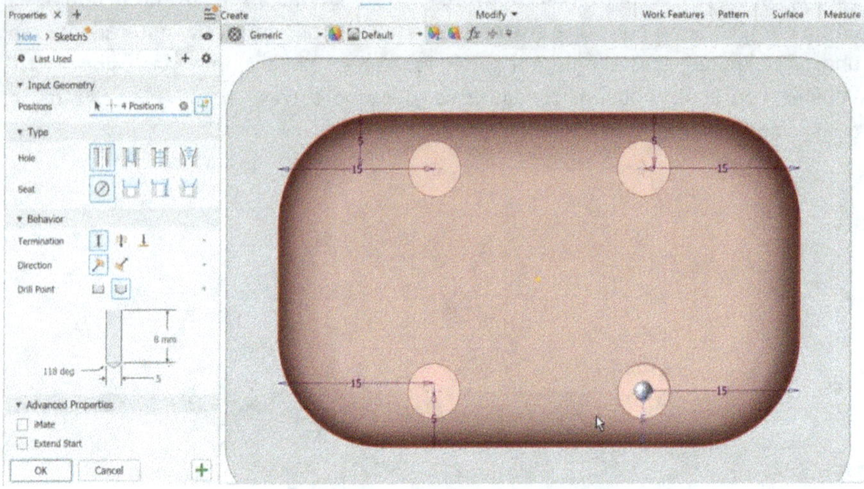

Figure 297: Complétez ensuite la pièce avec quatre trous

Pour créer un dessin technique à partir de ce modèle CAO, nous créons un dessin avec "File" et "New". Tout d'abord, nous décidons d'une taille de papier ou d'un modèle.

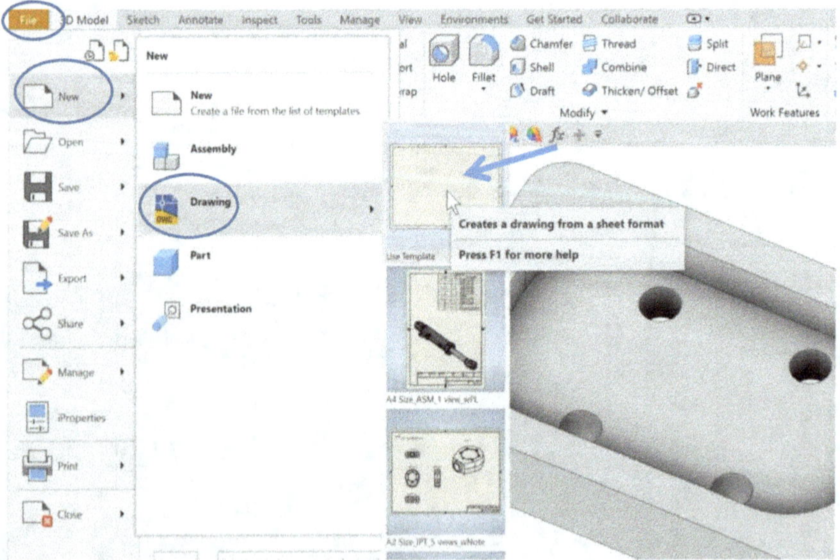

Figure 298: Sélection d'un modèle pour le dessin technique

Le programme nous emmène ensuite dans l'environnement des dessins techniques. Dans la première étape, nous devons placer la vue de base du composant sur le dessin. Pour ce faire, nous sélectionnons la commande "Base" et ensuite le composant ou son emplacement de stockage. Nous pouvons également effectuer de nombreux autres réglages ici, mais nous n'en avons pas besoin pour l'instant - sauf pour la mise à l'échelle. Après avoir agrandi un peu la vue du dessin, par exemple, nous créons la première vue avec "Ok".

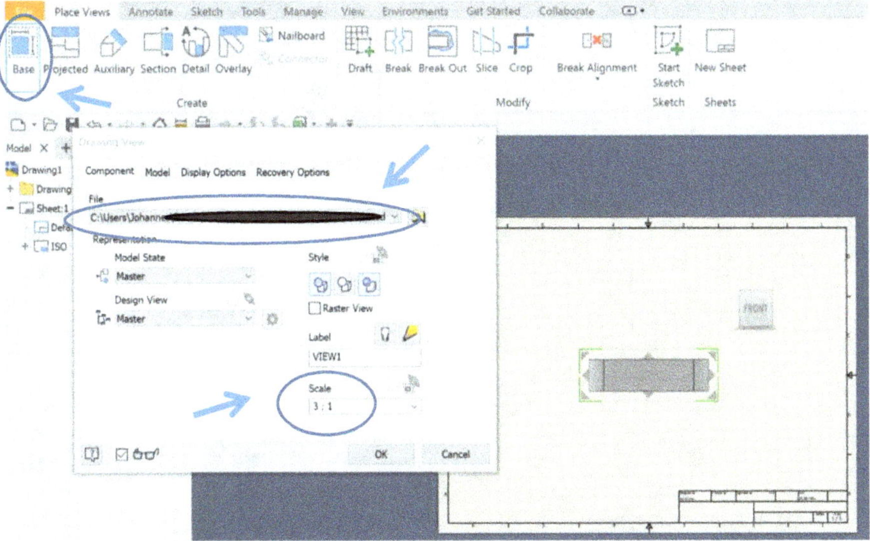

Figure 299: La première vue du composant avec "Base"

En fonction de ce que l'on appelle le pliage, un dessin technique est créé sous la forme d'une vue à trois panneaux. En termes simples, cela signifie que le composant est montré de dessus, de côté et, si nécessaire, de face afin de pouvoir placer toutes les dimensions et autres désignations nécessaires. En outre, une vue isométrique est généralement ajoutée pour faciliter l'imagination spatiale. Pour placer une nouvelle vue, dans ce cas une vue dérivée, sur la feuille, nous utilisons la commande "Projected" et créons une seconde vue souhaitée en cliquant sur le composant à partir duquel nous voulons dériver une vue.

Figure 300: Création de vues dérivées d'un composant avec "Projected"

Selon l'endroit où nous déplaçons le curseur de notre souris, la vue référencée est dérivée. Si nous nous déplaçons vers le haut ou le bas, par exemple, la vue de l'avant ou de l'arrière du composant s'affiche, et il en va de même pour les côtés. Si nous nous déplaçons en diagonale, nous obtenons une vue isométrique. Pour placer une ou plusieurs vues, on clique sur le calque de dessin. Lorsque nous avons placé toutes les vues souhaitées, nous les créons en faisant un clic droit et en sélectionnant "Create".

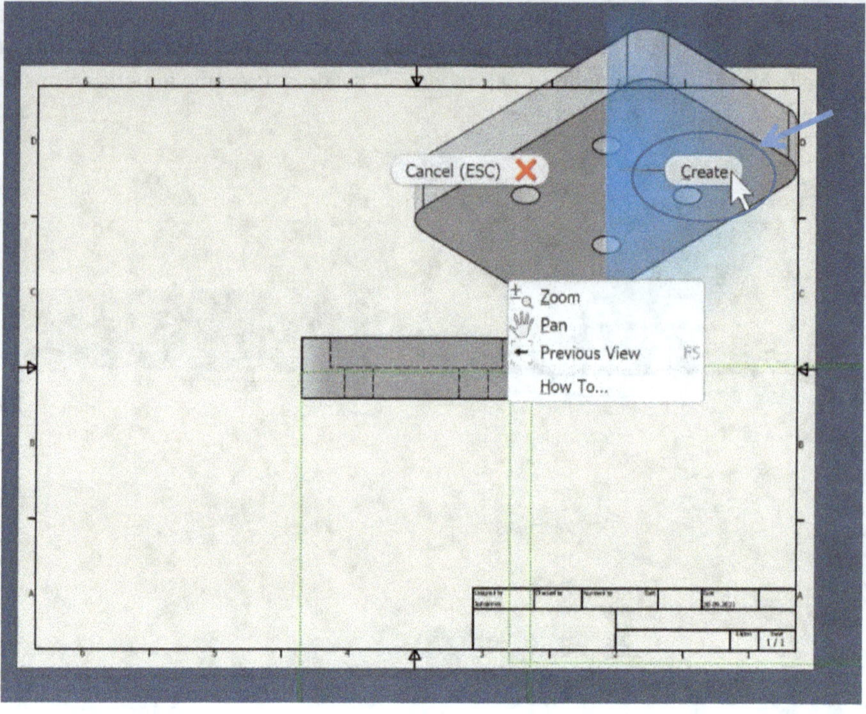

Figure 301: Placez plusieurs vues (cadres verts) et créez-les avec un clic droit et "Create".

La vue isométrique semble un peu trop grande, nous la modifions donc avec un clic droit et "Edit View". Nous pouvons alors choisir une autre échelle, par exemple 1:1.

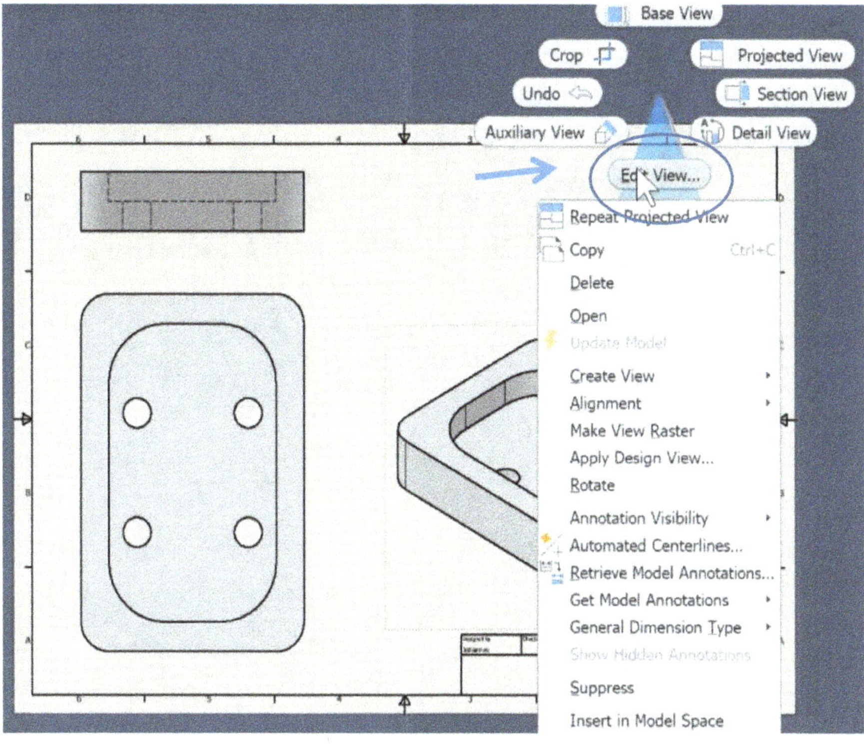

Figure 302: Modifier la vue isométrique ou toute autre vue avec "Edit View"

Dans le menu en haut à gauche, nous pourrions également créer une vue de section : "section", une vue de détail : "detail", un break out : "break out" et plus encore.

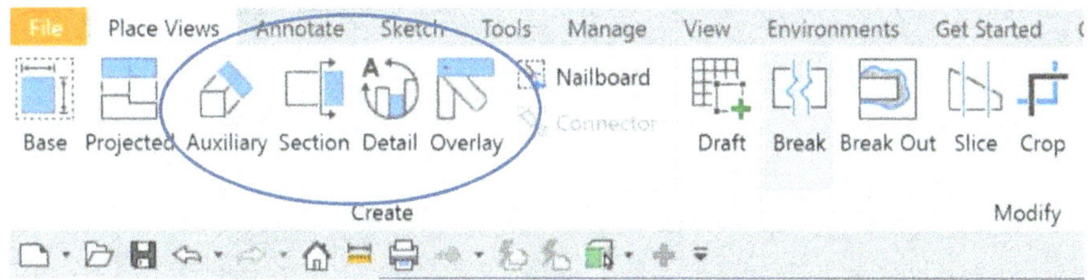

Figure 303: Ajout de différents types de vues

La fonction principale pour les dimensions et les diverses annotations se trouvent dans la section du menu "Annotate".

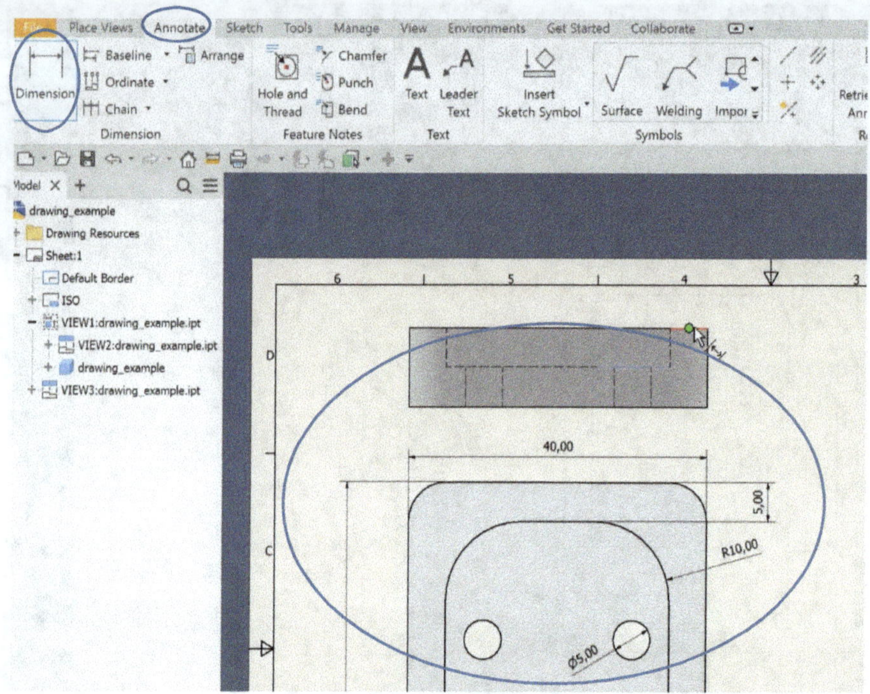

Figure 304: L'ajout des dimensions pour le dessin technique avec "Dimension"

Avec l'aide de "Dimension", nous pouvons créer des dimensions pour notre composant. C'est presque la même chose que de créer une esquisse en 2D, sauf que dans ce cas, nous fournissons à notre composant fini des dimensions déjà définies qui servent d'informations pour la production. Avec les éléments de la zone "Symbols", nous pouvons également dessiner des informations géométriques telles qu'une ligne centrale ou, dans ce cas, des lignes de symétrie et des centres de cercle.

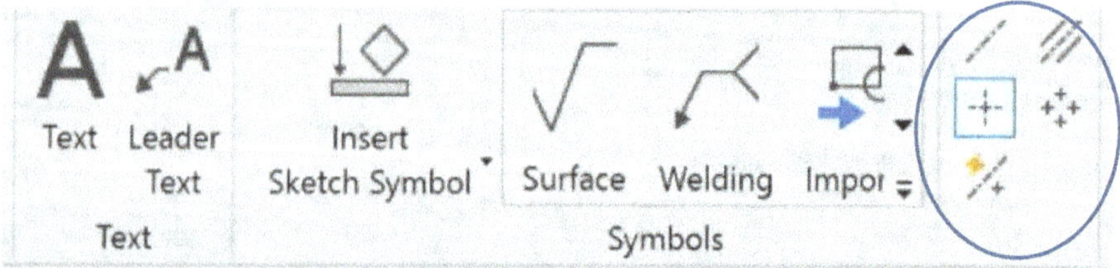

Figure 305: Ajoutez des symboles tels que les centres de cercle et les lignes de symétrie

Pour la ligne de symétrie, nous sélectionnons simplement deux lignes parallèles du composant et pour les centres de cercle, nous sélectionnons simplement les trous ou les cercles souhaités. À propos, en cliquant sur les désignations des dimensions, nous pouvons également les modifier ou ajouter des données supplémentaires, comme un numéro. Parfait, maintenant toutes les informations dont une entreprise a besoin pour la production seraient déjà sur le dessin.

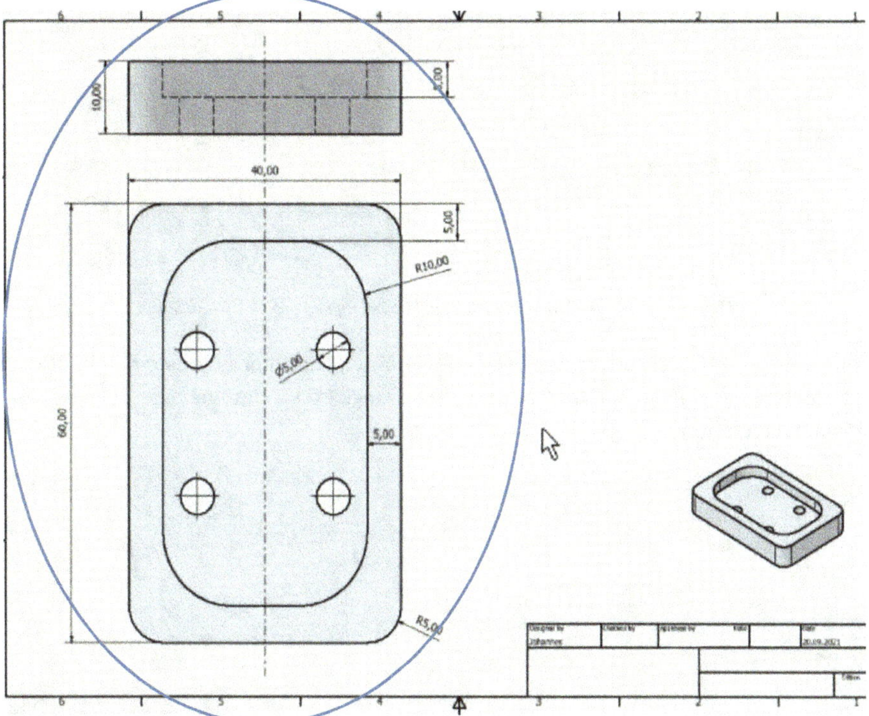

Figure 306: Le dessin technique entièrement dimensionné

Toutes les longueurs et largeurs ainsi que les positions des trous et des évidements sont cotées. Si des caractères spéciaux sont nécessaires pour indiquer les tolérances de forme et de position, les états de surface ou même d'autres textes, vous les trouverez également dans la zone "Symbols". La façon la plus simple de créer une autre feuille est de faire un clic droit et de sélectionner "New Sheet" si nous n'avons pas assez d'espace sur une page.

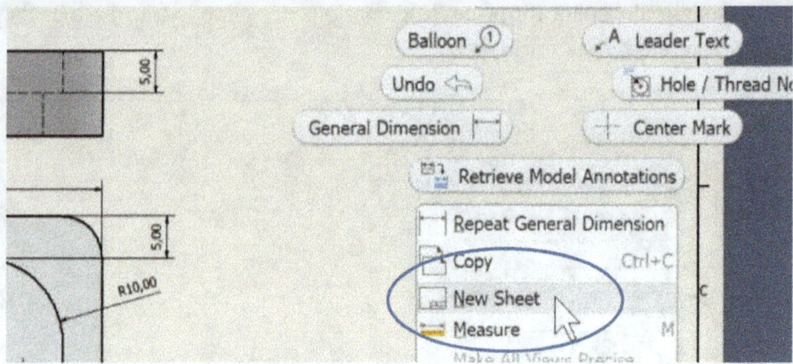

Figure 307: Ajout d'une nouvelle feuille avec un clic droit et "New Sheet"

Après avoir rempli le cartouche avec la désignation, le numéro du dessin, le matériau et d'autres informations, le dessin peut être enregistré et imprimé avec "Export", par exemple en tant que ". pdf" !

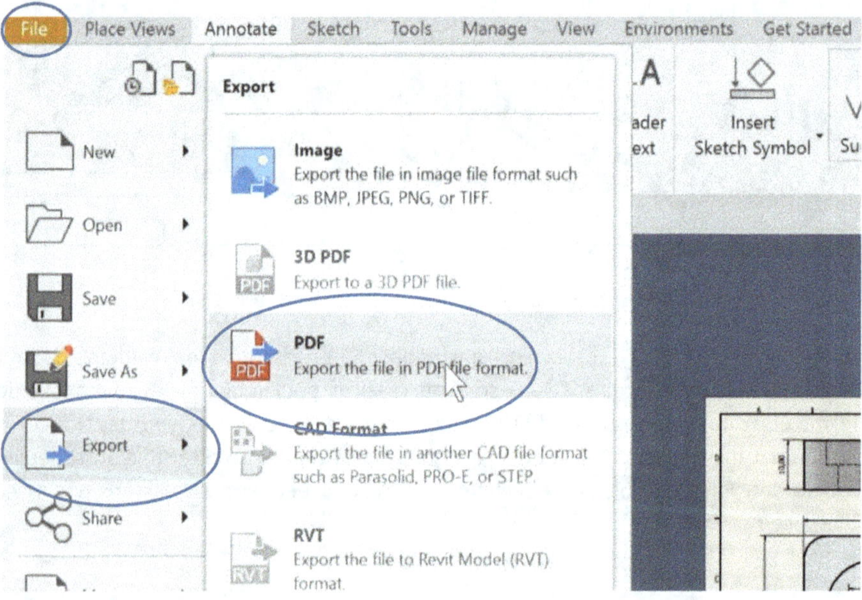

Figure 308: Exportation du dessin technique au format "PDF"

Mot de la fin

Très bien ! Vous l'avez fait, avec ce chapitre nous terminons le cours pour débutants pour le programme "Inventor" d'Autodesk !

C'est maintenant à votre tour d'approfondir ce que vous avez appris et, surtout, de l'appliquer. Vous devriez maintenant maîtriser les fonctions les plus importantes d'"'Inventor" et vous pouvez vous attaquer aux nouveaux projets, aux conceptions CAO, aux simulations et à tout ce qui s'y rattache sous votre propre responsabilité ! Félicitations !

Vous avez appris toutes les opérations et fonctionnalités pertinentes pour les débutants dans ce cours. Cela vous permet de construire, simuler, rendre, animer et produire vos propres fichiers CAO de manière simple et rapide. Ensemble, nous avons réalisé beaucoup de choses dans ce cours ! Soyez à juste titre fier de vous si vous avez réussi à atteindre cette leçon !

Et comme mentionné au début du cours, vous vous penchez également sur l'impression 3D. C'est très amusant et très bénéfique lorsque vous pouvez matérialiser vos propres constructions.

De cette façon, vous pouvez créer des pièces à partir de zéro et avoir une solution à portée de main pour toutes sortes de pièces détachées qui ne sont plus disponibles mais dont vous avez un besoin urgent. Le meilleur moyen d'y parvenir est d'utiliser mon livre : "Impression 3D : un guide étape par étape" et de vous en procurer un exemplaire dès aujourd'hui.

Si vous avez apprécié le cours "Inventor", je serais très heureux que vous me laissiez une note et un bref commentaire, et que vous recommandiez le livre ! Merci beaucoup pour cela !

Livres que vous pourriez également aimer

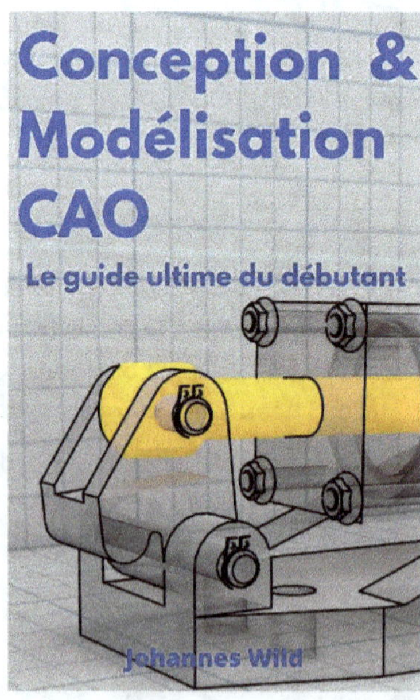